国家社科基金项目（16BTQ073）阶段成果

Research on Knowledge Map of
Library and Information Science:
Theory, Method and Application

图书馆学情报学知识图谱研究
理论、方法与应用

肖明◎等著

中国书籍出版社
China Book Press

图书在版编目（CIP）数据

图书馆学情报学知识图谱研究：理论、方法与应用 /
肖明等著 . —— 北京：中国书籍出版社 , 2017.3
ISBN 978-7-5068-6134-2

Ⅰ . ①图… Ⅱ . ①肖… Ⅲ . ①图书馆学—研究②情报学—研究 Ⅳ .
① G250 ② G350

中国版本图书馆 CIP 数据核字 (2017) 第 061581 号

图书馆学情报学知识图谱研究：理论、方法与应用

肖明 等著

责任编辑 刘 娜

责任印刷 孙马飞 马 芝

封面设计 田新培

出版发行 中国书籍出版社

地 址 北京市丰台区三路居路 97 号（邮编：100073）

电 话 （010）52257143（总编室） （010）52257153（发行部）

电子邮箱 eo@chinabp.com.cn

经 销 全国新华书店

印 刷 北京市媛明印刷厂

开 本 180 毫米 ×260 毫米 1/16

字 数 244 千字

印 张 13.25

版 次 2017 年 5 月第 1 版 2017 年 5 月第 1 次印刷

书 号 ISBN 978-7-5068-6134-2

定 价 42.00 元

前　言

科学知识图谱是以科学知识为对象，显示学科的发展进程与结构关系的一种图形，具有图和谱的双重特性。通过知识图谱，可以直观、形象地展示某个学科或特定领域的内容结构、发展历程、演化与趋势，为科学研究提供方向和指南。因此，如何从知识图谱出发，通过对学科结构和前沿的把握来推动科学研究的发展，是政府管理部门和学术界十分关注的重要课题之一。

本书是作者在从事国家社科基金项目"基于语义识别的引文分析理论、方法与应用研究（项目编号：16BTQ073）""基于多方法融合的中外图书馆学情报学知识图谱实证研究（项目编号：11BTQ019）""北京师范大学 MOOC 课程建设项目'网络信息计量与评价'（项目编号：02200-3122121J1）"以及在讲授"信息计量学""网络计量与评价"等课程的基础上写成的。全书分为三篇七章内容，分别从理论、方法、实证三个维度出发，系统阐述了科学知识图谱的理论、方法及其在图书馆学、情报学领域中的实际应用，为科学知识图谱研究的完善及图书馆学、情报学学科的发展提供科学依据和研究实例。

本书结构合理、内容新颖、方法得当、应用面广，具有较强的系统性、科学性和实用性，既可作为国内高等院校信息管理与信息系统、管理科学与工程、信息资源管理、图书馆学、情报学、科学学与科技管理、科学评价与预测等专业的参考书，也可供广大图书情报档案工作者、科研人员及管理者阅读和使用。

本书是课题组所有成员共同努力的结果，也融合了课题组以及合作者发表的系列期刊论文成果。肖明教授撰写了本书第一章至第七章的主要内容，佟贺丰（第二章）、袁军鹏（第二章）、刘兰（第三章）、邱小花（第五章）、李国俊（第五章）、陈嘉勇（第五章）、黄鹏（第六章）、李立从（第六章）、孔成果（第六章）、曹冰（第七章）参与撰写了初稿的部分内容。本书在编写过程中参考了国内外有关著作和文献，在此对所有原作者表示衷心的感谢！

由于作者水平有限、编写时间紧迫，书中存在不足之处在所难免，恳请读者不吝批评指正。

肖明

2016 年 10 月

目　录

实　证　篇

◎ 理 论 篇

第一章　导论

一、研究背景与研究意义

（一）研究背景

随着科学技术的迅猛发展，知识呈爆炸式增长，导致海量信息出现，由此也给研究人员带来了知识与信息选择上的诸多困难。传统方法主要依靠个人主观经验和简单数量统计的综述，忽视学科体系内文献信息之间的相似性与继承性，因而难以客观、精确、快速地发现海量信息中引人注目的最前沿领域和学科制高点。

随着信息可视化等技术的不断进步，科学知识图谱（Mapping Knowledge Domain）研究逐渐兴起，现已发展成为各学科领域广泛应用的一种重要工具[1]。科学知识图谱简称为"知识图谱"，在图书情报界则被称为"知识域可视化"或者"知识领域映射地图"。概言之，它以图谱化的表达形式来对大量的数据信息和知识进行有效的组织和挖掘，形象直观地展示科学知识之间的关联与结构，发现其中存在的规律，进而揭示科学知识领域发展演进的背景、动力、概貌，达到辅助科学研究者探测相关领域研究的前沿问题、热点问题及其趋势演变分析等目的。借助相关方法，知识图谱可以用来对科学计量结果进行导航和显示，帮助学者了解科学研究领域的科研群体及其复杂关联，还可以用来描述科学研究领域的扩散与传播，揭示知识的发展过程等。具体来说，知识图谱是通过将应用数学、图形学、信息可视化技术、信息科学等学科的理论与方法与引文分析等方法相结合，并且利用可视化的图谱来形象地展示学科的核心结构、发展历史、前沿领域及整体知识架构，以达到多学科融合目的的现代理论。目前，知识图谱已经成为科学计量学、文献计量学、信息计量学、情报计量学等共同关注的一个前沿学术领域[2]，是研究人员用于识别研究领域的学科结构和研究动态的重要方法和工具。

科学知识图谱的研究理论起源于文献计量学、社会学、网络科学等一系列学科的发展。早在 1939 年，英国科学家贝尔纳①就发表了《科学的社会功能》，成为科学学进入常规科学和正式诞生的标志。1961 年，普赖斯②出版了《巴比伦以来的科学》。1963 年，普赖斯出版了《小科学，大科学》。1963 年，加菲尔德③创办了《科学引文索引》，由此开启了文献计量分析的新时代。此后，不断丰富和壮大的引文分析、文献计量理论，深化和扩大了多元统计等多种方法在文献计量学中的应用，成为科学知识图谱的一个重要理论基础。另一方面，瑞士著名数学家欧拉④在 1736 年使用图论对著名的哥尼斯堡七桥问题进行解答，从而奠定了网络科学的理论基础。此后，经过 Erdös、Watts、Albert[1]等众多科学家的不断努力和完善，网络科学目前已成为一门综合自然科学、工程技术与社会科学的交叉学科。自然界与社会生活中众多的复杂现象都可用网络科学来进行刻画和分析，它将自然界中真实存在的大型复杂系统抽象成由节点和边组成的网络，可以用来刻画和分析自然界和社会生活中众多的复杂现象，同时也为科学知识图谱的完善奠定了另一重要理论基础。

---

① 贝尔纳（John Desmond Bernal，1901—1971）是英国著名物理学家、剑桥大学教授，曾担任过"世界和平委员会"主席和"世界科学工作者联合会"的领导成员，是国际上公认的一位杰出的思想家和社会活动家。他在晶体学和生物化学领域享有盛名，对金属结构、激素、维生素、蛋白质、病毒等做出了卓越的学术贡献。他在 1939 年发表的《科学的社会功能》是科学学发展史上的一个重要里程碑。

② 普赖斯（Derek John de Solla Price，1922—1983）是美国科学家、科学计量学奠基人，曾任耶鲁大学教授、皮博迪博物馆的历史科技仪器馆馆长等职。其主要学术贡献是发现了科学文献指数增长规律，绘制了著名的普赖斯曲线。普赖斯发表了 300 余篇论文和 17 本专著。其中，对信息科学产生深远影响的主要有《巴比伦以来的科学》《科学论文网络》《小科学，大科学》等。

③ 尤金·加菲尔德（Eugene Garfield, 1925—2017）是美国著名的情报学家和科学计量学家，SCI（Science Citation Index,即科学引文索引）及 ISI（Institute for Scientific Information，即美国科学信息研究所，现为汤森路透科技集团的一部分）的创始人，曾担任汤森路透科技集团终身名誉董事长。1955 年，加菲尔德第一次在《科学》杂志（Science）上提出了"引文索引"的设想，即提供一种文献计量学的工具来帮助科学家识别感兴趣的文献。他提出了引文索引和引文技术的概念，从而打破了分类法和主题法在检索方法中的垄断地位，开创了从引文角度来研究文献及科学发展动态的新领域。

④ 莱昂哈德·欧拉（Leonhard Euler, 1707—1783）是瑞士著名数学家、自然科学家。欧拉是 18 世纪数学界最杰出的人物之一，他不但为数学界做出了贡献，更把整个数学推至物理的领域。他是数学史上最多产的数学家，平均每年写出八百多页的论文，还写了大量的力学、分析学、几何学、变分法等方面的课本，《无穷小分析引论》《微分学原理》《积分学原理》等都成为数学界中的经典著作。欧拉对数学的研究如此之广泛，因此在许多数学的分支中也可经常见到以他的名字命名的重要常数、公式和定理。此外，欧拉还涉及建筑学、弹道学、航海学等领域。瑞士教育与研究国务秘书 Charles Kleiber 曾表示："没有欧拉的众多科学发现，今天的我们将过着完全不一样的生活。"

（二）研究现状

1. 国内外研究现状述评

知识图谱是显示科学知识的发展进程与结构关系的一种图形，由于它是以科学知识为计量研究对象，所以属于科学计量学（Scientometrics）的范畴。知识图谱的出现和发展，"一方面是揭示科学知识及其活动规律的科学计量学从数学表达转向图形表达的产物；另一方面又是显示科学知识地理分布的知识地图转向以图像展现知识结构关系与演进规律的结果"。最初的知识图谱是在以数学方程式表达科学发展规律的基础上，进而以曲线形式将科学发展规律绘制成二维图形。从这个意义上说，用定量统计方法发现科学知识指数增长规律的普赖斯是科学知识图谱的早期开拓者[3][4]。随着科学计量学的发展，描绘科学知识和科学活动规律的数学模型，逐渐从二维空间模型发展为三维空间模型，知识图谱也相应地从简单的二维曲线图发展为较复杂的三维立体图。克雷奇默（H. Kretschmer）关于科学合作的三维空间模型研究，极大地推动了科学知识图谱的发展[3][5][6]。借助于知识图谱，人们可以透视庞大的人类知识体系中各个领域的结构，理顺当代知识爆炸所形成的复杂知识网络。知识图谱的应用，已经从单纯的科学计量学拓展到几乎所有学科、领域。例如，Cottrill 等人用作者共被引图谱来分析不同的概念连接[7]，Gonzalez 等人利用文献共被引图谱鉴别了在功能主义范式下管理学科的主要研究领域、理论和方法，并且确定了 5 个研究群体[8]。Francisco Jose 和 Carlos Casillas 通过绘制 1997—2000 年在国际管理领域的 5 种最具影响力的期刊上所发表的 583 篇论文的知识图谱，确认了国际管理领域的主要研究范式[9][10]。A.R. Ramos-Rodriguez 和 J. Ruiz-Navarro 通过分析战略管理领域期刊论文的知识图谱，分析了 1980—2000 年战略管理研究及其学科演变[9][11]。Sanjeev Goya 等人分析了 1970—2000 年这三十年间在期刊上发表论文的经济学家之间的社会距离的知识图谱，发现了证明经济学家群体人数正在缩小的重要证据，并且经济学中合著关系的结构具有既稳定又不断变化的特征[9][12]。

在图书馆学情报学领域，加菲尔德和普赖斯被认为是国外知识图谱的早期开拓者，他们分别在 1955 年[13]、1965 年[14]发表了本领域的开拓性文献。此后，知识图谱在图书馆学情报学界获得了广泛关注。其中，White 和 Griffith[15]在 1981 年对 1972—1979 年的情报学论文进行了作者同被引分析。Persson[16]在 1994 年对 1986—1990 年 JASIS 期刊中的 209 篇精选文献进行了引文分析，阐述了研究前沿与知识基础之间的关系。White 和 McCain[17]在 1998 年对 1972—1995 年的情报学论文进行了作者同被引分析，该论文获得当年该期刊的最佳论文。Zhao 和 Strotmann 在 2008

年对 1996—2005 年的情报学论文进行了作者同被引分析[18]和引文耦合分析[19]，不仅发现了五个主要研究领域，还与 White 和 McCain 的结论进行了比较。Åström[20]在 2007 年对 1990—2004 年的图书馆学情报学研究前沿情况进行了文献同被引分析，同样发现了 White 提出的两大阵营结构。美国德雷赛尔大学（Drexel University）的陈超美博士[21]在 2010 年将作者同被引分析和文献同被引分析结合起来分析了1996—2008 年的情报学结构变化，发现了 H 指数等 5 个主要聚类。目前，陈超美将其 CiteSpace 推向 CiteSpace 5.0 版本[22]，并获得广泛关注。

国内在知识图谱方面以定量研究为主，主要利用国外知识图谱绘制软件来绘制不同领域的知识图谱。定性研究则主要侧重于对国外研究进展的介绍和宣传。在知识图谱的基础理论与技术手段等方面，基本上都是由国外学者提出并率先使用的，国内学者往往缺乏自己的独特研究方法、软件和算法语言。例如，刘则渊、陈悦、侯海燕等人系统概述了知识图谱的基本原理与主要方法，详细介绍了知识图谱的专门技术和应用软件，以及代表国际领先水平的信息可视化技术[23]。此外，他们还应用知识图谱的方法来分析创新管理、战略管理等学科的前沿领域、现代工程科技前沿的一般发展趋势、科学技术合作问题的研究成果。汤建民教授提出了一套主要针对各类中文文献数据库[24]，集词频统计、社会网络分析、计算机数据挖掘、数据可视化技术等为一体的学科知识图谱绘制方法，实现了从研究数据获取、数据计算到数据挖掘、数据可视化分析为一体的研究流程。魏瑞斌则对国内知识图谱期刊论文的外部特征和内容特征进行了可视化分析[25]。相关研究结果表明，国内知识图谱研究处于起步阶段，研究人员和研究机构相对集中，研究论文的合著率较高，研究主题鲜明。

陈祖香站在科学知识图谱使用者的角度，对已有知识图谱的内涵、构建方法、可视化软件等相关理论进行了梳理，归纳了各类型知识图谱的特征和构建方法，进而提出了面向科学计量分析的知识图谱构建流程[26]。秦长江以我国农业史学科作为研究对象，全方位地构建了该学科的知识图谱，并通过实证研究，探讨了将知识图谱运用到我国人文学科发展历史研究中的适用性和科学性[27]。黄维和陈勇以《教育与经济》等刊物上所发表文章的关键词、作者、共被引文献作为分析对象[28][29][30][31][32]，进行多元统计分析，运用知识图谱的可视化手段首次形象地展示出我国教育经济学的发展轨迹、合作网络和研究热点，并且发现中外教育经济学研究领域呈现出"融合—分化—融合"的趋势，目前正处于相对分化的阶段。

姜春林、杜维滨、李江波等人采用关键词共现分析方法，对 CSSCI 中收录的20 种经济学期刊在 1998—2006 年所发表的 16406 篇经济论文的关键词进行了统计，得到了高频关键词共词矩阵，进行了多维尺度分析和聚类分析，从而绘制出经济学知识图谱，形象地展示出中国经济学领域十年的研究热点[33]。王琪、胡志刚根据美国科学情报所提供的 SCI 和 SSCI 数据，运用科学计量学中的共词分析方法以及可视化软件 CiteSpace，绘制出 2005—2009 年《锻炼与运动研究季刊》《探索》《运动科学杂志》三种体育学期刊中高频关键词知识图谱，通过对该知识图谱进行分析，表明国际体育科学的研究前沿主要集中在七大领域，即运动成绩、运动心理、儿童与青少年体育锻炼与健康、运动疲劳、运动恢复、运动生物力学、橄榄球运动损伤[34]。陈立新以 SCI 所收录的我国力学各分支学科专业期刊论文作为研究对象，采用 CiteSpace 软件进行分析和处理，最后以知识图谱方式揭示了我国力学各学科的研究热点、前沿领域和发展态势[35]。潘黎和王素等人用 CiteSpace 软件绘制八种 CSSCI 来源教育学期刊 2000—2009 年所刊载文献的关键词知识图谱，探测出中国教育研究热点领域和研究前沿[36]。蔡建东运用 CiteSpace 软件，以教育技术学 CSSCI 期刊 9329 篇来源文献（2000—2009）作为数据，通过 CiteSpace 探索关键路径的 Path Finder 算法绘制了教育技术学主干理论知识图谱及 EM 聚类，在此基础上梳理并分析我国教育技术学主干理论演进的关键路径及各发展阶段的特点[37]。

国内知识图谱的研究还可见于情报学、创新管理研究等领域。例如，宋丽萍在 2004 年对比分析了 White 分别在 1981 年和 1998 年进行的两次作者同被引分析情况[38]；马瑞敏在 2005 年采用 CSSCI 数据对国内情报学进行了同被引分析，并将结果用聚类树图和多维尺度分析图进行展示[39]；马费成教授在 2006 年对 1994—2005 年的国内情报学进行了作者同被引分析[40]；赵蓉英教授在 2010 年使用 CiteSpace 软件分析了文献计量学和组织行为领域的发展演进[41]；邱均平教授等则以 *Scientometrics* 期刊数据为例，采用作者共被引分析方法和社会网络分析技术，对国际科学计量学领域进行了分析[42][43]。

总之，国内外目前有关知识图谱的应用大多停留在自然科学与工程科学领域，在人文社会科学领域的应用以图书情报学、管理科学领域为主，但是停留在概念描述和直接应用阶段，对于知识图谱理论、方法的最新进展很少涉及。人文社会科学与自然科学有所不同，其研究成果多以学术文献，尤其是高水平学术论文的形式来实现知识的传播与交流。

2. 存在的主要问题

以上简略的文献回顾表明，国内外学者对图书馆学情报学领域的出版物数量、作者数量、引文等内容指标进行了计量研究，在一定程度上也使用了引文分析、词频分析和内容分析等科学计量的方法，大大提高了图书馆学情报学的科学性，同时也为实际工作提供了一定的理论指导。但是，这些研究还存在以下局限性：首先，统计方法略为简单，绝大多数研究局限于频数统计，多元统计分析使用较少，如因子分析、聚类分析等辅助科学计量学研究的多元分析统计方法。其次，科学计量学方法较为单一，以科学计量学中最具代表性的引文分析方法为例，引文分析大致可分为引文数量分析、引文网状分析、引文链状分析三种。图书馆学情报学领域的学者大多只关注包括自引量、引文语种、文献类型、年代、国别等内容在内的引文数量分析方法，而忽视了20世纪60年代后兴起的引文耦合分析、共被引分析等引文网络分析和链状分析方法，这两种方法恰恰是研究科学结构、科学发展特点、科技政策的有效方法。再次，尽管国内已有部分学者开始探索知识图谱方法在图书馆学情报学领域的使用，但现有的图书馆学情报学研究中很难看到同时使用多种不同的科学计量学软件和统计工具软件。国内研究者目前大多使用 CiteSpace 等国外现成的可视化工具来研究知识图谱，但 CiteSpace 等工具存在着一定局限性。例如，不支持国内数据库格式，支持的知识图谱方法较少等。

需要特别补充说明的是，尽管国内近年来有关图书馆学情报学发展脉络的研究取得了一定进展，但相关研究的学科维度单一，多是主观定性、非可视化的。廓清学科历史的发展事实是图书馆学情报学亟待突破的瓶颈与关键所在。正如美国经济学家克鲁格曼所说："我们的世界中，真正短缺的不是资源，更不是美德，而是对现实的理解和把握。通向繁荣世界的唯一重要的结构性障碍，正是那些盘踞在人们头脑当中的过时教条。"

（三）研究意义

基于科学史的意义，人们对学科发展历史评估价值已经提出过一些经典论断。例如，萨顿[①]就对一门科学学科史的价值进行过精辟总结：如果一个科学家不了解他所从事的科学分支的历史，就没有资格说对该学科有深刻和完备的知识[44]。戴维·林德伯格[②]在其所著的《西方科学的起源》的序言中指出："倘若我们希望理解科学事业的本质，人类对科学所涉内容的认知程度，深刻认识科学事业的文化背景，那么历史研究，包括对早期科学的研究，就是必不可少的。"[45]上述学者针

---

① 乔治·萨顿（George Sarton，1884—1956）是美国科学史专家，生于比利时的根特。在大学期间，他学习过哲学、化学、数学、结晶学等专业，1911 年获博士学位。1912 年，他创办国际性科学史杂志 *Isis*，担任该杂志主编近 40 年，并发起成立国际科学史学会。他为科学史研究做出重要贡献，一生著述甚丰，出版著作 15 部，发表论文 800 余篇，代表作是《科学史导论》。

② 戴维·林德伯格（David C. Lindberg，1935—　）是美国著名科学史家，威斯康星大学科学史系教授，主要研究领域为中世纪和近代早期科学史，以及宗教与科学的关系。曾任科学史学会主席，1999 年获得科学史研究的最高奖萨顿奖章。

对学科发展进行历史评估价值的论断使得本课题针对图书馆学情报学知识图谱研究的重要意义不言而喻。

对动态发展着的图书馆学情报学进行反思的前提，是必须借助新的技术手段，理清其发展脉络。知识图谱则是根据科学学、科学计量学的相关原则，利用可视化技术来描述学科知识结构，分析学科热点和前沿领域，展示学科变化这样一种分析方法。由于该方法具有相关理论成熟、分析指标众多、可快速处理大量学术文献、清晰直观等众多优点，所以它常被学者们用于进行学科发展状况和发展轨迹的整体分析。

1. 可用可视化方式来展现图书馆学情报学研究的内在发展逻辑

从理论意义上说，对学科发展进行历史评估有利于人们认识学科的特殊发展历程。美国著名科学史家托马斯·库恩①曾经在第十七届国际科学史大会上指出，现在科学史的任务之一是帮助那些对科学外行的人们了解科学[46]。W.I.B.贝弗里奇②也表示，"科学家对科学史都应略有所知。科学史对学科的日趋专门化是最好的弥补，并能扩大视野，更全面地认识科学"[47]。

随着图书馆学情报学的发展，其理论体系繁杂，人们对图书馆学情报学的面貌和本质日渐难以精准把握。此外，随着信息可视化技术的迅速发展，人们开始习惯于采用一种交互式、直观、典型的图谱来进行知识表达，对抽象数据进行研究，进而增强人类的认知能力，以便于发现与吸收各种知识。作为研究结果的知识载体，知识图谱已被各个领域的研究人员所接受并且给予了高度评价，因为它能够以多元化的形式为研究人员提供独特的视角。本课题研究拟绘制多种图书馆学情报学知识图谱，它们既不是描述或者介绍众多的理论和学派，也不是简单地罗列海量相关文献，而是力求从这些海量文献中发现学科主题及其发展的内在逻辑，探究推动图书馆学情报学的学科发展动力机制，并且以科学的、精确的手段来梳理图书馆学情报学的理论体系，以发现学科发展过程中存在的缺失环节和薄弱环节，从而进一步完善图书馆学情报学知识体系，促进图书馆学情报学的理论创新。

2. 可用图形化方式来探测图书馆学情报学的研究前沿及其演变

图书馆学情报学在其发展历程中，已经积累了为数较多的研究成果。时至今

---

① 托马斯·库恩（Thomas Samuel Kuhn，1922—1996）是美国科学史家、科学哲学家，代表作有《哥白尼革命》和《科学革命的结构》。

② 贝弗里奇（William Ian Beardmore Beveridge，1908—2006）从1947年起任英国剑桥大学动物病理学教授，是一位卓有成效的科学家。其代表作是《科学研究的艺术》，该书论点鲜明，语言风趣。

日，研究人员如果想要利用库恩所界定的"纵深性发展"方式来实现未来理论上的拓展，就必须要了解如何从其历史发展过程中来探明学科研究前沿。研究人员如果对前人的研究茫然不知，就不能很好地把握学科的研究前沿及演变过程，很可能会重复前人的劳动，从而阻碍学科进步的深度和广度。因此，准确探测图书馆学情报学的学科前沿，就需要及时地对学科以往的历史进行探究和评估。只有熟悉图书馆学情报学的学科发展史，才能将该学科引向更深的发展阶段。本课题研究的一项重要的基础性工作就是要尽可能详细地分析图书馆学情报学发展历程中所积累的各种学术论文。因此，本课题中涉及的前人研究成果及研究前沿都对当前图书馆学情报学的发展具有一定指导价值。

传统研究方式对学科发展历史和研究前沿进行评估主要依赖本学科专家根据各自对该学科发展的了解程度来进行定性研究，这就要求学者们对其所研究的学科能有足够深刻的理解。但是，即便对于那些足够资深的学科专家们来说，尽管他们曾经在某一科学领域进行过长期的、系统的研究，能够把握学科发展的主要脉络，但人的记忆难免有疏漏和遗忘的地方。

对于学科领域的新生力量，由于他们自身专业素质欠缺，如果想用传统方式来深入探究学科发展历程，就必须阅读学科领域内的大量文献，这是一件非常难以完成的任务。知识图谱则以图形化方式来显现相关重要文献及其相互关系，它能够科学、精确、客观地帮助研究人员对学科发展轨迹及未来走向等能够有大致的、初步的认识，如果再深入研究重要文献，借助于相关知识图谱所反映的这些文献间的继承关系，就可以为研究人员正确把握研究方向，找准研究切入点等提供可靠的量化信息。

3. 可以进一步推动图书馆学情报学的学科发展

尽管图书馆学情报学研究已取得一定的丰硕成果，但仍然有部分研究人员愿意以传统的、文字表述式的、简单数字统计式的方法来进行学科回顾和总结。本课题借助知识图谱的理论与方法，展示图书馆学情报学发展的总体图景、理论结构、研究前沿与合作网络，是对前人研究成果的再现和深层次挖掘，既扩大了知识图谱的应用范围，又在图书馆学情报学领域内尝试采用一种全新的方法来进行学科回顾与总结，这在某种程度上将有利于推动该学科的整体发展，因而具有重要研究意义。

总之，以知识图谱的方式来考察图书馆学情报学的发展历程具有不可替代的学术价值，是学科建设过程中不可缺少的一项基础性工作。从公开发表的图书馆学情报学的学术论文中挖掘出该学科的发展轨迹、理论结构、研究前沿和合作网络，剖析该学科发展的普遍特征与一般特征，反思其发展过程中存在的诸多问题，同时探测研究前沿和优化学科合作网络，既具有重要的学术意义，又具有较高的实践价值。

二、研究内容与研究方法

（一）研究内容

本课题研究采取的逻辑主线是在明确图书馆学情报学概念和范围的基础上，以 1976 年以来图书馆学情报学研究的发展及其现实变革历程为背景，遵循"历史主线"和"动态演化"规律，以图书馆学情报学期刊及其所载文献的数据作为基础，综合运用科学计量学方法和信息可视化技术，不仅绘制了不同类型的图书馆学情报学知识图谱，而且进行了认真解读和详细分析。

概言之，本课题主要包括以下研究内容。

1. 知识图谱理论

知识图谱将复杂的学科知识领域通过数据挖掘、信息处理、知识计量和图形绘制而显示出来，使人们得以了解某个学科、研究领域、期刊，甚至某位学者在科学知识版图中所处的位置。知识图谱是一个多学科交叉的领域，它的兴起主要与科学计量学领域的共词分析法、社会学领域的社会网络分析法、物理学和系统科学领域的复杂网络研究，以及计算机科学领域的信息可视化技术等理论与方法的兴起和发展密切有关。遗憾的是，国内在这方面的研究尚不够深入。本课题拟在广泛调研的基础上对此展开系统研究。

本课题除了对图书馆学情报学学科知识图谱的相关理论进行了分析和研究之外，还对其中涉及的多种方法及用到的不同数据来源、可视化工具软件进行了介绍和评价。

2. 知识图谱方法

绘制学科知识图谱主要用到词频分析、共词分析、引文分析、共引分析、多云统计分析、社会网络分析等主要方法。①词频分析方法。词频分析方法是文献计量学的传统分析方法之一，其中的词频统计、关键词分析经常被用来描述某学科领域的研究状况，进而揭示该领域的研究热点和发展轨迹。②共词分析方法。共词分析方法是一种内容分析技术，它利用文献集中的词汇对或是名词短语共同出现的情况，来确定该文献集所代表学科中各个主题之间的关系。一般认为词汇对在同一篇文献中出现的次数越多，则代表这两个主题的关系越紧密。由此，统计一组文献的主题词之间两两在同一篇文献中出现的频率，就可以形成一个由这些词对关联所组成的共词网络，网络内节点之间的远近便可反映主题内容的亲疏关系。共词分析正是以此为原理，将文献主题词作为分析对象，利用包容系数、聚类分析等多种统计分析方法，将众多分析对象之间错综复杂的共词网状关系简化为以数值、图形直观地表示出来的过程。共词分析同样也可以用来分析作者合作等情况。③引文分析法。引文分析是指对大量的引文数据进行定量分析研究，即利用各种数学和统计学的方法及比较、归纳、抽象、概括等逻辑方法，对科学期刊、论文、著者等各种分析对象的引用与被引用频率等进行分析，以便揭示其数量特征和内在规律。概言之，引文分析追寻的是文献的引用和被引用之间的重要关联关系，通过找到一系列内容、主题相关的文献，就可探测某些学科观点的演化发展脉络，学科发展的动态轨迹、走向和演化规律。④共引分析法。共引分析是指两篇或两篇以上的文献同时被其他文献引用。共引分析最大的优势是其客观性、分类原则的科学性及数据的有效性。共引分析还可以进一步细分为文献共引分析、期刊共引分析、作者共引分析、学科共引分析等子类型。⑤多元统计分析法。多元统计分析法是对若干（可能）相关的随机变量观测值的分析。"维度降低技术"是多元统计分析的一个重要特征，它主要包括因子分析（主成分分析）、多维尺度分析及聚类分析。⑥社会网络分析法。社会网络分析也被称为"结构分析"，并不是一个正式的理论，而是一个广义的研究社会结构的战略，起源于人类学家对复杂社群中人际关系的探讨，是对社会关系结构及其属性加以分析的一套理论和方法。在科学合作网络中，如果两位科学家共同发表了一篇合作文献，就可以界定他们之间存在着联系，能够组成一个适度规模的合作网络。例如，在本课题研究中，将以发表图书馆学情报学论文的合著者作为分析对象，将他们之间的关系视为科研合作网络关系，并进行相应的社会网络分析。

3. 知识图谱应用

本课题以图书馆学情报学期刊及其所载文献的数据作为基础，综合运用科学计量学方法和信息可视化技术，分别绘制包括图书馆学情报学发展轨迹、理论结构、研究前沿和合作网络等在内的不同知识图谱，试图描述不同时期图书馆学情报学的学科特点。①图书馆学情报学发展轨迹知识图谱。先将不同的时间段论文的关键词进行规范化、标准化处理，然后运用词频分析、共词分析、多元统计分析等方法，以这些关键词之间关联关系的强弱来挖掘学科知识结构之间的亲疏程度，从而将海量的文献数据信息转换成可视化的知识图谱，客观、形象地展示出不同时期高频关键词所代表的研究热点的变迁，为考察图书馆学情报学的学科演进全景提供一个新的视角。②图书馆学情报学理论结构知识图谱。首先在中外引文数据库中下载作者的引证数据，分析图书馆学情报学高影响力作者及其影响力变化。然后，运用作者共被引分析法，绘制图书馆学情报学理论结构知识图谱，从而揭示图书馆学情报学研究领域的演进，即通过图书馆学情报学领域作者的共被引情况，分析和发现图书馆学情报学的理论结构及特点。③图书馆学情报学研究前沿知识图谱。通过对图书馆学情报学文献的参考文献进行文献同被引分析，分别利用 CiteSpace、SPSS 等软件来展示图书馆学情报学文献共被引的群体网络结构及其变化，科学、直观地识别学科前沿的演进路径及学科领域的经典基础文献，从而揭示图书馆学情报学的研究前沿及其演化过程。④图书馆学情报学合作网络知识图谱。利用社会网络分析方法，对论文的作者及其所属机构进行定量分析，以可视化的知识图谱来展示图书馆学情报学的作者合作网络及机构合作网络，展现出由核心合作者和典型机构构成的图书馆学情报学合作网络的宏观结构与微观结构。

此外，本课题还运用科学知识图谱的技术和方法，进行了知识图谱的专题性应用研究和知识图谱可视化软件的设计与实现等专门研究。

（二）研究方法

在科学研究领域，研究方法是打开科学宝库的钥匙，是驶向真理彼岸的航船。

本课题研究是在传统文献研究法和比较分析法的基础上，采用科学计量学方法与可视化方法相结合的知识图谱绘制方法，将定量分析结果与前人定性研究的结论进行比较，以验证结论的有效性，并结合定性分析的方法，深入诠释不同知识图谱的定量分析结果。

1. 文献研究法

文献研究法主要是指搜集、鉴别、整理文献，通过对文献的加工形成对事实的科学认识的方法。本课题通过对已有资料进行阅读和分析，全面、系统地归纳图书馆学情报学的学科要素、历史脉络和研究方法。同样，本课题归纳了知识图谱的产生背景、构建方法、可视化软件及其应用领域，这个归纳过程本身就是一种知识的再造，同时也为本课题的进一步研究提供坚实的理论依据和方法基础。

2．比较分析法

比较是人类认识事物的一种基本方法。马克思和恩格斯在《德意志意识形态》中就认为，科学由于比较和确定了被比较对象之间的差异而获得了巨大的成就。本课题拟运用比较分析的方法，讨论了图书馆学情报学在不同历史阶段的发展轨迹知识图谱、主流研究领域、研究前沿和合作网络的知识图谱，分析其变迁特征，并用可视化手段展示了图书馆学情报学的学科全景，为进行科学合理的学科布局、把握重点研究方向、选择前沿课题奠定实证基础。

3．科学计量学方法

科学计量学方法是一种基于数学和统计学的著名定量分析方法。它以各种科学文献的外部特征作为研究对象，以输出量必定是量化的信息内容为主要特点，采用数学与统计方法来描述、评价和预测科学技术的现状与发展趋势。科学计量学方法研究的对象可以是一切与文献有关的媒介及其特征（如引文、所属学科、主题词、关键词、作者所属的机构、地区和国家等）。本课题研究中应用的科学计量学方法主要包括词频分析法、共词分析法、共被引分析法等，这些方法需要与信息可视化方法进行融合，才能以人们容易辨识的知识图谱方式展现出来。

4．信息可视化方法

信息可视化方法是指将抽象数据以可视化形式表示出来，以利于进行分析数据、发现规律和决策制定，其内涵就是将数据通过图形形象直观地展现出来并且找出数据背后蕴含的信息。该方法能够实现对海量信息数据的分析和提取，并将原始数据间的复杂关系、潜在信息及发展趋势，以图形或图像等为人们所容易辨识的方式展现出来。本课题应用的信息可视化方法主要包括聚类分析、因子分析、多维尺度分析和社会网络分析，这些信息可视化方法需要进行有机的融合，才能绘制出主题研究等知识图谱。

三、研究思路与组织框架

（一）研究思路与技术路线

1．研究思路

本课题研究的基本思路概述如下：本课题研究选题源于对图书馆学情报学整体性的自我认识与反思，遵循历史与逻辑相统一的原则，以 1976 年以来图书馆学情报学的发展历程为主线，以中国学术期刊网络出版总库以及美国 Thomson Scientific 公司基于 Web 开发的 Web of Science 中所刊载的图书馆学情报学文献为基础数据，综合运用知识图谱的原理与方法，考察图书馆学情报学的学术演进特点，揭示学科的发展轨迹、理论结构、研究前沿和合作网络。

2. 技术路线

本课题研究拟采取的技术路线如下所述（如图 1-1 所示）：①从数据库中获得引文和文献数据。拟选用的数据库包括中国社会科学引文（CSSCI）、中国知网（CNKI）、台湾社会科学引文索引（TSSCI）、台湾人文学引文索引（THCI）、SCImago 期刊和国家排名、科学引文索引（SCI）、社会科学引文索引（SSCI）、艺术与人文科学引文索引（A&HCI）、期刊引用报告（JCR）、Elsevier[①]的 Scopus 及 Google 学术搜索等。②先将来自不同数据源的原始数据进行格式化统一和预处理，然后进行初步的数据探索并返回修正。③计算节点相似度，构建共现矩阵，将矩阵转换成节点边线图，并进行适当的修剪；针对文献数据不同属性的共现或共引关系生成若干聚类，选用中心度、模块性、突发性、新颖性等指标来评估聚类的效果。④解释聚类结果，构建不同的图书馆学情报学知识图谱，包括引文时序分析网络、引文耦合分析网络、共引分析网络等多种知识图谱。

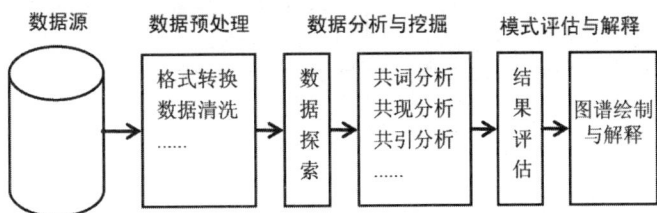

数据源　　数据预处理　　数据分析与挖掘　　模式评估与解释

格式转换 数据清洗 …… → 数据探索 → 共词分析 共现分析 共引分析 …… → 结果评估 → 图谱绘制与解释

图 1-1　本课题技术路线示意图

（二）组织框架

本书以图书馆学情报学为例，选择学科知识图谱这一关键命题，从理论、方法和应用三个维度出发，详细探讨了图书馆学情报学学科知识图谱的创建及应用问题。在课题研究过程中，主要采用了文献计量分析、社会网络分析、比较分析

---

① Elsevier 中文名称为"爱思唯尔"，它是一家荷兰的国际化多媒体出版集团，主要为科学家、研究人员、学生、医学及信息处理的专业人士提供信息产品和革新性工具。Elsevier 公司沿用了 Elzevir 书屋的名字，并将 Elzevir 改为更为现代的书写方式 Elsevier。历经数百年沧桑，Elsevier 已从一家小小的致力于传播经典学术的荷兰书店发展为一个向全球科技和医学学术群体提供超过 20000 本的刊物和图书的国际化多媒体出版集团。

等多种研究方法，坚持理论与实践相结合、定量分析与定性分析相结合等原则，对图书馆学情报学学科的发展历史、总体研究概况，并运用知识图谱工具，进行相关主题研究和工具软件的分析与设计等专门性研究。

本书的组织框架如图 1-2 所示。

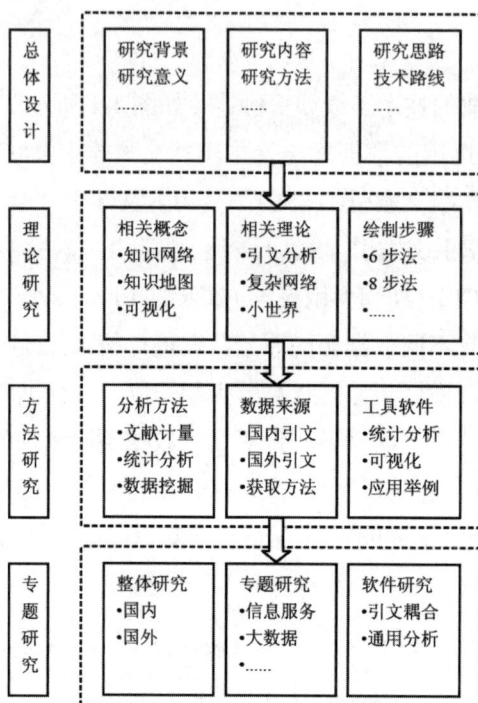

图 1-2　本书组织框架示意图

参考文献

[1]　曹冰. 基于网络科学的国内图书情报学知识图谱构建及解读[D]. 北京师范大学，2012.

[2]　汤建民. 基于中文数据库的知识图谱绘制方法及应用[M]. 杭州：浙江大学出版社，2010.

[3]　陈悦，刘则渊. 悄然兴起的科学知识图谱[J]. 科学学研究，2005，23（02）：149-154.

[4]　Price, Derek de Solla.Science Since Babylon[M]. New Haven:Yale University Press,1961:23-44.

[5]　Kretschmer H. Coauthorship networks of invisible colleges and institutionalized communities[J]. Scientometrics, 1994, 30(1):363-369.

[6]　Kretschmer H. A new model of scientific colloboration part 1. Theoretical approach[J]. Scientometrics, 1999, 46(3):501-518.

[7]　Cottrill C A, Rogers E M, Mills T. Co-citation analysis of the scientific literature of innovation research traditions:Diffusion of innovations and technology transfer [J].Science Communication, 1989, 11(2):181-208.

[8]　Gonz á lez F J, Castro C B, Bueno J C C, et al. Dominant approaches in the field of management [J]. International Journal of Organizational Analysis, 2001, 9(4):327-353.

[9]　Casillas J C, Moreno A M, Acedo F J, et al. An integrative model of the role of knowledge in the internationalization process[J]. Journal of World Business, 2009, 44(3):311-322.

[10]　刘昆. 中国教育经济学研究前沿的知识图谱分析（1980-2010）[D]. 长沙理工大学，2012.

[11]　Ramos-Rodríguez A R, Ruíz-Navarro J. Changes in the intellectual structure of strategic management research: a bibliometric study of the Strategic Management Journal, 1980–2000[J]. Strategic Management Journal, 2004, 25(10):981-1004.

[12]　Fafchamps M, Leij M J, Goyal S. Matching and network effects[J]. Working papers = Documentos de trabajo: Serie AD, 2009, 8(1):203-231.

[13]　Garfield E. Citation indexes for Science: A new dimension in documentation through association of ideas[J].Science,1955,122(3159):108-111.

[14]　Price DJ. Networks of scientific papers[J].Science,1965(149):510-515.

[15]　White HD, Griffith BC. Author cocitation: A literature measure of intellectual structure[J].Journal of the American Society for Information Science,1981,32(3): 163-171.

[16]　Persson O. The intellectual base and research fronts of JASIS 1986-1990[J]. Journal of the American Society for Information Science,1994,45(1):31-38.

[17]　White HD, McCain KW. Visualizing a discipline: An author co-citation analysis of information science,1972-1995[J]. Journal of the American Society for Information Science,1998,49(4):327-355.

[18]　Zhao DZ, Strotmann A. Information science during the first decade of the web: An enriched author co-citation analysis[J].Journal of the American Society for Information Science and Technology,2008,59(6):916-937.

[19]　Zhao DZ, Strotmann A. Evolution of research activities and intellectual influences

in information science 1996-2005:Introducing author bibliographic-coupling analysis[J].Journal of the American Society for Information Science and Technology,2008,59(13):2070-2086.

[20] Åström. Changes in the LIS research fronts: Time-sliced co-citation analyses of LIS journal articles, 1990-2004[J].Journal of the American Society for Information Science and Technology,2007,58(7):947-957.

[21] Chen CM, SanJuan FI, Hou JH. The structure and dynamics of co-citation clusters: A multiple-perspective co-citation analysis[J].Journal of the American Society for Information Science and Technology,2010,61(7):1386-1409.

[22] Chen Chaomei. CiteSpace Ⅱ:Detecting and visualizing emerging trends and transient patterns in scientific literature[J].Journal of the American Society for Information Science and Technology,2006,57(3):359-377.

[23] 刘则渊等. 科学知识图谱：方法与应用[M]. 北京：人民出版社，2007.

[24] 汤建民. 基于中文数据库的知识图谱绘制方法及应用[M]. 杭州：浙江大学出版社，2010.

[25] 魏瑞斌. 国内知识图谱研究的可视化分析[J]. 图书情报工作，2011，55（08）：126-130.

[26] 陈祖香. 面向科学计量分析的知识图谱构建与应用研究[D]. 南京理工大学，2010.

[27] 秦长江. 基于科学计量学共现分析法的中国农史学科知识图谱构建研究[D]. 南京农业大学，2009.

[28] 黄维，陈勇. 中国教育经济学研究者合作网络的社会网络分析[J]. 现代大学教育，2010（02）：14-19.

[29] 黄维，陈勇. 中国教育经济学发展轨迹的知识图谱研究——基于《教育与经济》所载论文的关键词共词分析[J]. 教育与经济，2010（03）：68-72.

[30] 黄维，陈勇. 我国教育经济学研究的知识图谱——基于2000—2008年文献共被引分析[J]. 高教发展与评估，2010，26（6）：87-95.

[31] 黄维，陈勇. 中国教育经济学研究热点的可视化研究：基于关键词的共词分析[J]. 长沙理工大学学报（社会科学版），2011，26（1）：47-51.

[32] 黄维，陈勇. 中国教育经济学合作网络的社会网络分析[C]//中国教育经济学学术年会，2009.

[33] 姜春林,杜维滨,李江波. 经济学研究热点领域知识图谱:共词分析视角[J]. 情报杂志，2008，27（9）：78-80.

[34] 王琪，胡志刚. 国际体育科学研究前沿探讨——3 种体育科学国际著名综合性期刊关键词共词分析[J]. 体育学刊，2010，17（5）：110-114.

[35] 陈立新. 国际力学论文关键词的共现分析[J]. 现代情报，2009，29（10）：196-200.

[36] 潘黎，王素. 近十年来中国教育研究热点主线的计量研究——基于八种 CSSCI 教育学期刊文献关键词共现知识图谱的分析[J]. 教育研究与实验，2011（6）：20-24.

[37] 蔡建东. 我国教育技术学主干理论演进的关键路径——基于科学知识图谱的分析[J]. 现代远程教育研究，2011（1）：38-44.

[38] 宋丽萍. 从两次 ACA 分析看情报科学的发展[J]. 图书情报工作，2004（10）：35-37，44.

[39] 马瑞敏，邱均平. 基于 CSSCI 的论文同被引实证计量研究——以图书馆学、情报学为例[J]. 图书情报知识，2005（5）：77-79，98.

[40] 马费成，宋恩梅. 我国情报学研究分析：以 ACA 为方法[J]. 情报学报，2006，25（3）：259-268.

[41] 赵蓉英，许丽敏. 文献计量学发展演进与研究前沿的知识图谱探析[J]. 中国图书馆学报，2010，36（5）：60-68.

[42] 邱均平，吴慧. 基于 SNA 的国际科学计量学作者共被引关系研究——以 Scientometrics 期刊 2000—2010 年数据为例[J]. 情报科学，2012，30（2）：166-172.

[43] 邱均平，柴雯. 国际科学计量学研究的进展与趋势[C]//中国科技政策与管理学术年会. 2014:1-8.

[44] 乔治·萨顿. 科学的生命[M]. 刘珺珺，译，上海：上海交通大学出版社，2007.

[45] 戴维·林德伯格. 西方科学的起源[M]. 王珺，等译，北京：中国对外翻译出版公司，2001.

[46] 关增建. 关注科学史教材编著[N]. 光明日报，2000-8-23（1）.

[47] 贝弗里奇. 科学研究的艺术[M]. 陈捷，译，北京：科学出版社，1979.

[48] 黄维. 基于多方法融合的中国教育经济学知识图谱[M]. 北京：经济科学出版社，2012.

第二章　图书馆学情报学知识图谱理论基础

一、知识图谱相关概念

知识图谱与知识网络、知识地图、信息可视化等概念存在一定的相关性。

（一）知识网络

1. 知识网络的含义

人类在知识活动实践中，不断进行着各种形式的知识生产和创新，编织和完善知识网络。知识网络（Knowledge Network，KN）这个概念最早是由现代认知心理学家加涅提出来的[1]。加涅认为，陈述性知识和程序性知识两大类型知识的关系是产生式镶嵌在命题网络之中，共同构成"知识网络"。他从知识网络的构成内容和知识网络的作用来描述其概念[2]。在管理学领域，瑞典工业界在 20 世纪 90 年代中期从知识管理的角度开始研究知识网络[1]。Beckmann 提出知识网络的经济学模型，他认为知识网络是进行科学知识生产和传播的机构和活动[3]。美国国家科学基金会（National Science Foundation，NSF）①则从自身开展工作的角度认为，知识网络是一个社会网络，该网络提供知识、信息的利用等内容，聚焦于跨越时间、空间的知识整合，其构成要素有硬件、软件、人、过程。

国外的管理学界和情报学界对知识网络的研究形成的定义可以看出，知识网络指的是一批人、资源和它们之间的形成的网状系统，为了知识的积累和利用，通过知识创造、知识转移，促进新的知识的利用。知识网络是一种复杂、动态、开放，以知识价值和物质价值的增值为目的的社会网络，这种复杂网络关联的观点可以在一定程度上解释知识的衍生、演化。

"知识网络"在国内学术界最早见于郭其旭在 1989 年发表的《漫谈知识网络——例举杜甫研究图书资料在〈中图法〉中的分布状况》一文[4]。但其定义并未引

---

① 美国国家科学基金会（National Science Foundation，United States）是美国独立的联邦机构，相当于中国国家自然科学基金委员会，成立于 1950 年。任务是通过对基础研究计划的资助，改进科学教育，发展科学信息和增进国际科学合作等办法来促进美国科学的发展。

用国外的相关概念，而是作者在中文图书的分类和校对工作中自悟的，可见国内外研究者对于知识的网状结构存在，都有各自的认识。直到 20 世纪 90 年代末期，国内才开始有了与国际接轨的知识网络相关研究。

（1）李丹等人在分析组织存在知识缺口问题的基础上，指出了构建知识网络的实际意义，并进一步提出了知识网络构建过程中的构成要素、构建原则和构建方法[5]。最后通过春兰集团的一个实际分析案例，说明了组织如何构建知识网络以及知识网络所体现的显著成效。

（2）李姝兰认为，知识网络的构建是为了实现以下目标：促进跨学科、跨语言和跨文化的交流；提高不同知识源、不同领域和非媒体类型的知识处理和集成；提高团队、组织或社区有效率、跨地区或跨时间的工作；理解这种新链接的伦理、法律和社会隐含意义[6]。

（3）马费成、刘向则建立了知识网络的增长模型，研究知识网络的演化问题，提出知识老化曲线形成的一种客观性的新解释[7]。所建模型揭示了知识产生的时点与知识增长老化之间的关系：在所属学科的扩展期产生的知识节点历时被连接数先上升后下降，而在衰退期产生的节点的历时被连接数一直是衰减的；知识的利用效率随其所属知识领域的扩张而增加，随衰退而减少。

（4）姜永常从理论基础和基本原则揭示了知识网络链接的原理，知识网络链接是进行动态知识构建的本质要求，有助于泛在知识服务的实现[8]。

（5）王斌运用知识转移理论、创新理论和知识网络理论的分析方法，提出了知识网络创新路径的问题。认为按照知识转移存量和开放度两个维度，知识网络创新可沿着 3 条非线性路径展开[9]。

从国内知识网络的研究可以看出：国内研究人员主要是从引介国外知识网络概念入手，对已有的概念进行扩充和改进，或是利用国外的相关理论和模型进行应用性研究，原创性研究相对较少。

2. 知识网络的类型

可以依据构成要素、网络层次、演化进程等不同标准，来对知识网络的类型进行不同的划分[1]。

从构成知识网络的结点形态看，知识网络主要有以下三种情形：①人、企业等知识主体之间的网络，其实质是知识在不同的主体之间流动或传播的网络，研究比较多的是科研工作者之间、科研团体之间或企业之间的知识合作网络；②知识与人之间的网络，即知识网络是将人和观念、知识、信仰等联结起来的网络；③知识与知识之间的网络，以知识为结点，以知识分类或语义分类为基础，建立知识之间的分类网络。

从知识网络层次来划分，根据 NSF 的观点，商业环境中知识网络存在于个体、群体、公司这三个层次，而社会学和交流学的研究表明这个概念可以延伸至公司外部更大的范围，企业联盟可以作为知识网络存在的第四个层次。另外，商业和职业协会组织跨越了复合的标准，代表了更高水平的进行知识积累传递的外部组织，属于知识网络的第五个层次。赵蓉英则将其归纳为三种类型：①个体知识网络，是指个体大脑中所构成的知识网络图；②组织知识网络，包括群体和公司这两个层次；③社会知识网络，包括企业联盟与商业和职业协会组织这两个层次[1]。

从知识网络演化的角度来看，Seufert 等人（1999）将其分为两类[10]：一类是自然形成的，对于这类知识网络所需要做的是怎么提供一定的外界环境对其加以培育以提高其绩效；另外一类则是人为形成的，这类知识网络被看作人为构建的网络。但无论哪种网络，其参与者都需要以共同的语言、共同的价值观和共同目标作为基础。

Büchel 和 Raub 从管理支持及收益水平角度将知识网络划分为爱好网络（Hobby Network）、职业学习网络（Professional Learning Network）、最佳实践网络（Best Practices Networks）、商业机会网络（Business Opportunity Network）四种类型[11]。其中，爱好网络关注个人兴趣，通常得不到管理支持；职业学习网络中，知识的迁移一般能得到管理的支持，但是用户是否参与学习一般是自愿的，用户根据所迁移的知识的价值与自身兴趣来决定是否学习以及学习什么；最佳实践网络中，管理者扮演了协调者的作用，所有的网络成员都要参与彼此的知识迁移与学习；商业机会网络是商业目的驱动的网络，但是其关注的视角是创新与成长方面。

（二）知识地图

1. 知识地图的含义

"知识地图"一词最早是由布鲁克斯提出来的[1]。他认为，人类的知识结构可以绘制成以各种单元为节点的"认知图"，反映的是人类的客观知识。美国捷运公司绘制的展示知识资源地理分布的美国地图，则是知识地图的雏形。还有目前广泛应用于知识管理领域的"知识地图"概念，有别于前两者，指的是运用可视化的直观手段使知识在组织成员中有效地传递和共享。刘则渊指出，在知识管理中应用的"具有知识导向的自组织知识地图"，基本上属于知识图谱和知识可视化范畴。随着知识地图的不断发展，其与知识图谱等概念上的交互也不断增多。知识地图更强调对客观知识的描绘和直观显示，它主要起到"地图"的作用，而对于知识发展的动态过程缺乏有效的描述。

与之类似，国内外一些学者还使用"科学地图"（Science Map）的概念。美国印第安纳大学的 Katy Börner 和国内学者陈云伟等指出[12]，科学地图是一种采用图形的方式来描述科学问题的研究方法，即基于科学数据对其所反映的科学信息进行可视化。可以看出，"科学地图"的概念同知识地图和知识图谱均有交叉部分，很多国外文献其研究内容并没有对这些概念严格加以区分，三者具有很多重合部分，有时则完全等同。这里也不做严格区分。

我国学者关于知识地图的理论与方法研究较为薄弱。早期的理论性文章主要是知识地图的介绍性、综述性文章，大多是对国外相关理论、先进算法等成果的展示。胡立勇、陈定权等介绍了引文分析可视化的理论基础和相关算法，并提出了引文分析可视化系统的设计方案。陈悦、刘则渊等人根据国外学者有关知识地图的研究情况，首次提出了"科学知识地图"的概念[13]，并对其在国外的发展情况进行了介绍。随后，知识地图的相关概念和理论逐渐受到了国内学者的关注，廖胜娇等人也先后对知识地图的相关理论和概念进行了介绍[14]。有关知识地图绘制过程中的相关方法、算法和可视化技术的研究也较少，但近年来有所改观。康永兴构建了一套科研机构知识地图系统来促进科研机构的知识管理，在一定意义上属于知识地图的方法研究范畴。张婷在 DIVA 软件的基础上对原有软件进行了二次开发，绘制出了科学传播研究前沿演进的时间线和地形式可视化图谱。

目前，国内有关知识地图的应用研究已经取得了一些成果。总结起来，目前国内知识地图的应用研究主要分布在以下几个领域[1]：①管理学学科下的相关领域，如科学学、管理学、战略管理学、工商管理、科学哲学、情报学、科学计量学、信息管理、知识管理等方面的研究，揭示了这些学科的学科结构、发展历程、主流学术群体等；②前沿科技领域方面的研究，如生物相关领域、纳米科技、能源技术、先进工业技术等；③有关创新理论与实践的研究，如创新系统、创新管理等；④教育领域的研究，对高校自然科学学科分布于合作网络知识地图进行了绘制，对推动高校自然科学教育的发展与改革提供资鉴。此外，还有一些经济学相关领域研究、新兴交叉学科的研究和针对个别期刊、机构的知识地图研究等。

2. 知识地图的绘制方法

知识地图绘制的方法很多，主要有以下几种[1]。

（1）引文分析

引文分析方法是知识地图绘制最主要的方法。可以说，引文分析方法是知识地图产生与发展的根基所在。所谓引文分析，就是利用各种数学及统计学的方法和比较、归纳、抽象、概括等逻辑方法对科学期刊、论文、著者等各种分析对象的引证与被引证现象进行分析，从而揭示其数量特征和内在规律的一种方法。具体的方法有引文时序分析、论文共被引分析、作者共被引分析、期刊共被引分析、论文耦合分析等。

（2）共词分析

共词分析是通过对一组词语两两统计其在同一文献中的出现次数来对词进行聚类分析，从而反映出词间的亲疏关系，进而分析这些词所代表的学科研究热点、主题结构变化和转移趋势[45]。较为常见的共词分析为关键词共现分析。关键词是文章内容的直接体现，常被用来进行前沿研究领域的研究热点和发展趋势的辨析。

（3）社会网络分析

前文提到，社会网络分析是人、集团、组织或者其他信息与知识处理实体的关系和流动的映射和测量。社会网络分析可以建立网络关系模型，并对网络中各成员的关系进行描述。在知识地图研究中，社会网络分析方法可以用来对学术群体的合作关系以及引文网络中的层次关系进行研究。

（4）多元统计分析

多元统计分析是对若干相关的随机变量观测值的分析。多元统计分析的核心思想是降维，即数据结构的简化。在知识地图研究中，多元统计分析可以将复杂的文献信息进行简化，从大量的资料中提取有用的信息，一方面可以对图谱进行简化，另一方面又可以对图谱中所展示的复杂信息进行解释。使用较多的多元统计分析方法主要为因子分析法、聚类分析法和多维尺度分析法。

（5）词频分析

词频分析在知识地图的绘制中主要是同上述方法相结合，通过论文标题、关键词等的词频分析，确定领域具体研究内容及名称等。

（三）信息可视化

信息可视化（Information Visualization）以信息科学、计算机科学、地图学、认知科学、信息传播学与信息系统为基础，通过计算机技术、数字技术、多媒体技术，动态、直观、形象地表现、解释、传递信息并揭示其规律。信息可视化技术的核心是将各类信息及其不可见的内部语义关系转换成图形，展示在一个低维的可视化空间中，提供一种有效的信息反馈机制。

1. 信息可视化的发展历程

信息可视化起源于多个方面。可视化来源于英文单词"Visualization"，是指把文本、数字等信息转化为图形、图像等直观的视觉表现形式的过程。从当前发展的可视化技术来看，主要包括科学可视化、数据可视化、信息可视化和知识领域可视化等几个分支。信息可视化最早的理论来源于图形理论。1967 年，法国制图工作者巴顿（J. Bertin）发表了图形理论。这一理论指明了图表的基本元素，描述了图表的设计框架[15]。

1987 年，美国国家科学基金会的小组报告中提出立即建立并长期从事研究"科学可视化"的新兴领域，第一次提出了科学计算可视化的概念。信息可视化是在科学可视化的基础上发展起来的，虽然两者在研究对象、方法和应用领域等方面有着本质区别，但是科学可视化的发展对信息可视化研究起到了极大的推动作用[1]。

自 20 世纪 80 年代以后，美国耶鲁大学统计学教授爱德华·塔夫特（Edward Tufte）先后于 1983 年、1990 年和 1997 年发表了三本关于信息可视化的代表性著作[1]，为信息可视化研究奠定了重要的理论基础。巴顿的理论在许多领域是著名的和有影响的，并引起了信息可视化的大发展。1989 年，信息可视化的概念由罗伯斯顿（G. Robertson）和卡特（S. Card）等在其发表的论文中首次提出。随后"信息可视化"迅速发展成为与科学可视化并列的研究领域[16]。

信息可视化已经成为信息情报学领域研究的新热点。20 世纪 90 年代以后，关于信息可视化的论文和著作迅速增长，陈超美博士于 1999 年首次专门论述了信息可视化[17]，是信息可视化领域最早的开拓者之一。他在信息可视化领域引入 Pathfinder 算法，提高了文献引文网络分析的效率和范围，对科学知识图谱理论与方法做出奠基性贡献。

利用计算机软件绘制知识地图是近年来信息可视化技术发展的重要手段。通过知识地图的手段实现信息可视化开始于 20 世纪 80 年代，计量学家怀特（Howard D.White）等学者首先通过绘制科学知识图谱的方法对学科领域的知识结构进行可视化分析[1]，掀起了科学计量学与情报计量学等学科的信息可视化研究，这种直观地展现学科知识结构的方法迅速得到了广泛传播和深入发展。陈超美创造性地将信息可视化技术和科学计量学结合起来，把对科学前沿的知识计量和知识管理研究推进到以知识图谱与知识可视化为辅助决策重要手段的新阶段，开创了知识单元的可视化技术与应用领域，推进和推广了科学前沿图谱及可视化分析。

2．信息可视化流程

信息可视化的目的是与大规模数据集进行高效交互，发现隐藏在信息内部的特征和规律。各种可视化方法（或工具）充分利用了人类对可视模式快速识别的自然能力，可将人类对信息阅读、判别和理解等认知负担转变为简单、直观的视觉感知，对于科学研究工作的重要性日益凸显。特别是当研究问题的规模和复杂性日益增长，在对研究结论和成果进行展示、说明时，对各种可视化工具的需求越来越迫切。

可视化流程的关键在于精简的概括性及自然的交互性。可视化的一般流程可以概述为：原始数据经过数据过滤获得可视化数据，可视化数据通过映射获得对应的表示形式，再将这些表示通过渲染获得可视化效果并输出（如图2-1所示）[1]。

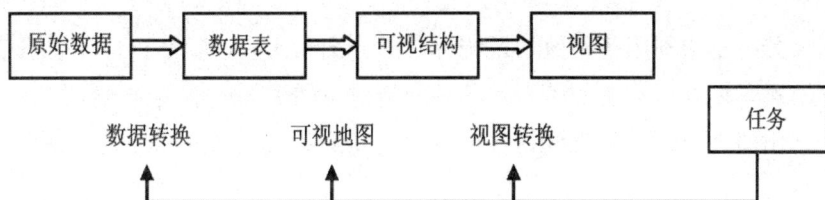

图 2-1　可视化流程

（1）原始数据到可视化数据的过程。可视化项目背景和目标决定了该过程和数据的具体内容。

（2）可视化数据的映射。映射是指将抽象数据转换为可视化表示的过程，例如通过颜色映射数值关系。映射可以将复杂抽象的数据形象直观地概括到一张或多张图形中，有利于人类有效地理解数据。可视化的难点就在于从数据表到可视化结构的映射，可视化结构包括三个基本组成部分：空间基（Spatial Substrate）、图形元素（Graphical Elements）和图形属性（Graphical Properties）。空间基决定了最终视图的空间维度；图形元素是可视化视图中的主体，通常用来代表要表现的数据特征，常用的包括点、线、面、体；而图形属性为图形元素的一些视觉属性，包括静态和动态属性（如闪烁等动态）。常用的图形属性包括尺寸、形状、方向、颜色（细分为色相、明度、饱和度）、纹理等。在可视化过程中，数据表被映射为可视化结构，可视化结构在一个空间基中用图形元素和图形属性对信息进行编码，三者交叉构成不同的视图对象。

（3）渲染与可视化效果输出。交互是指计算机对人类所做行为的反应，通过设计便捷有效的交互有利于人类自由地对复杂数据进行探索。映射完成后，就有了视图，但用户看到的视图对象，大多是由交互操作决定的。

为了提高可视化的效率，还需要对其中的关键步骤进行优化，并添加交互功能。从原始数据到可视化数据，需要进行层次化结构的表示、特征提取等操作；从可视化数据到渲染数据，需要进行多边形消减、自适应算法等处理；从渲染数据到渲染结果，需要借助硬件加速等技术。

目前，信息可视化在多个领域获得了广泛的应用[1]，包括医药学、生物学、工业、农业、军事等领域。最近几年，信息可视化在金融、网络通信、商业信息等领域也获得了大范围的应用，受到社会各界的关注。

二、知识图谱相关理论

（一）引文分析理论

引文分析是指利用各种数学及统计学的方法和比较、归纳、抽象、概括等逻辑方法对科学期刊、论文、著者等各种分析对象的引证或被引证现象进行分析，以便揭示出研究对象所具有的特征或它们之间的关系及其规律性的一种文献计量研究的方法。

1．引文分析的发展简史

最早对科学论文的参考文献加以分析，以求达到某种目的的实践的是俄罗斯科学院院士瓦尔金。他于 1911 年首次运用引文分析方法研究了包括俄罗斯在内的化学家们对世界化学发展所做出的贡献。但是，当年的化学史著作并没有现代引文制度所规范的引文形式，瓦尔金所研究的是在正文中直接引的叙述及脚注中出现的叙述，所以人们并没有认为瓦尔金是开引文分析的先河者。

目前，学术界普遍承认的引文分析先行者是格鲁斯（Gross）等人[18]，他们统计并分析了化学中某些科技期刊论文的参考文献。1927 年，他们依据期刊刊登被引论文多少将期刊排列制表，建立起围绕化学教育所必备期刊的顺序表，并称之为核心期刊表。1956 年，布朗（Brown）依据统计所得的引文频次，评价并确定了期刊的重要性，其统计领域扩大到化学、物理、地理、生理、植物、动物、昆虫学等学科[18]。1962 年，哈里格用引文分析法追踪研究一种新的学术思想是怎样传接的，他发现某些论文由于多次被引用，成了社会计量学领域的明星——核心论文，而其他多数论文几乎没有得到什么引用。1973 年，斯莫尔提出同被引技术[18]。从 20 世纪 80 年代开始，人们充分利用《科学引文索引》（Science Citation Index，SCI）和《期刊引用报告》（Journal Citation Reports，JCR）数据来进行多方面的研究。

2．引文分析的主要类型

如果从不同的角度、基于不同的标准来进行划分，就会得到不同的引文分析方法。例如，如果从获取引文数据的方式来划分，则可将引文分析方法分为直接法和间接法。其中，直接法是直接从来源期刊中统计原始论文所附的被引文献，从而取得数据并进行引文分析的方法；间接法则是通过"科学引文索引（SCI）""期刊引用报告（JCR）"等引文分析工具，查得引文数据再进行分析的一种方法。如果从文献引证的相关程度来划分，则可将引文分析方法分为自引分析、双引分析、三引分析等三种类型。如果从分析的出发点和内容来划分，则可将引文分析方法分为以下三种类型[19]：①引文数量分析。主要用于评价期刊和论文，研究文献情报流的规律等。②从引文间的网状关系或链状关系进行研究。科学论文间存在着一种引用关系网，研究这种关系主要用于揭示学科的发展与联系，展望未来前景等。③从引文反映出的主题相关性方面进行研究。主要用于揭示科学的结构和进行文献检索等。

此外，如果从引文的其他不同特征出发，则可以派生出许多其他类型的引文分析。例如，从引文的语种、国别、类型、年代等进行引文分析。其中，引文语种分析对于人们有计划地引进外文文献、译文选题、外语教育等，颇有参考价值。引文国别分析可以探明各国互引文献的状况，弄清国际文献交流的数量和流向。引文类型分析有利于确定文献情报搜集的重点。引文年代分析不仅可以了解被引文献的出版、传播和利用情况，而且可以研究科学发展的进程和规律。

3．引文分析的应用领域

引文分析技术日趋完善，应用不断扩大。目前，引文分析方法主要应用在以下几个领域[20]：①测定学科的影响和重要性。通过文献引用频率的分析研究可以测定某一学科的影响和某一国家某些学科的重要性。②研究学科结构。通过引文聚类分析，特别是对引文间的网状关系进行研究，能够探明有关学科之间的亲缘关系和结构，划定某学科的作者集体；分析推测学科间的交叉、渗透和衍生趋势；还能对某一学科的产生背景、发展概貌、突破性成就、相互渗透和今后发展方向进行分析，从而揭示科学的动态结构和某些发展规律。③研究学科信息源分布。通过文献间的相互引证关系，分析某学科（或专业）文献的参考文献的来源和学科特性，不仅可以了解该学科与哪些学科有联系，而且还能探明其信息的来源及分布特征，从而为制定本学科的信息管理方案和发展规划提供依据。④确定核心期刊。引文分析方法是确定核心期刊的常用方法之一。这种方法的主要特点是从文献被利用的角度来评价和选择期刊的，比较客观。加菲尔德通过引文分析，研究了文献的聚类规律。他将期刊按照期刊引用率的次序进行排列，发现每门学科的文献都包含有其他学科的核心文献。这样，所有学科的文献加在一起就可构成一个整体的、多学科的核心文献，而刊载这些核心文献的期刊不过1000种左右。利用期刊引文的这种集中性规律可以确定学科的核心期刊。⑤研究文献老化规律。有关文献老化的研究一般是从文献被利用角度出发的。普赖斯曾利用引文分析探讨文献的老化规律。通过对"当年指标"和"期刊平均引用率"的分析，他认为期刊论文是由半衰期决然不同的两大类文献构成的，即档案性文献和有现时作用的文献。科学文献之间引文关系的一种基本形式是引文的时间序列。对引文的年代分布曲线进行分析，可以测定各学科期刊的"半衰期"和"最大引文年限"，从而为制定文献的最佳收藏年限、对文献利用进行定量分析提供依据。同时，一个学科的引文年代分布曲线与其老化曲线极为相似。这有力地说明文献引文分布反映了文献老化的规律性。因此，从文献引用的角度研究文献老化规律是一种有效的途径和方法。⑥研究信息用户的需求特点。利用引文分析方法进行信息用户研究是一种重要途径。根据科学文献的引文可以研究用户的信息需求特点。一般来说，附在论文末尾的被引用文献是用户（作者）所需要和利用的最有代表性的文献。因此，引文的特点可基本反映出用户利用正式渠道获得信息的主要特点，尤其是某信息中心对其所服务的用户所发表的论文的引文分析，更具有直接的指导意义。通过对同一专业的用户所发表的论文的大量引文统计，可以获得与信息需求有关的许多指标，如引文数量、引文的文献类型、引文的语种分布、引文的时间分布、引文出处等。⑦评价人才。在人才评价方面，常采用引文分析方法。这是因为某著者的论文被别人引用的程度可以是衡量该论文学术价值和影响的一种测度，同时，也从科研成果被利用的角度反映了该著者在本学科领域内的影响和地位。因此，引文数据为人才评价提供了定量依据。

（二）复杂网络理论

1. 复杂网络的含义

复杂网络（Complex Network）的研究始于 20 世纪 60 年代[21]。数学家 Erdös 和 Rényi 提出的随机图模型（现在被称为 ER 模型）是该领域的奠基性数学理论。小世界现象和无标度网络的发现，统计物理学研究手段的进步，促进了复杂网络研究的发展。20 世纪 90 年代末期，复杂网络理论被西方学者广泛关注，国内则从 2002 年开始相关研究。复杂网络的理论研究主要由图论、统计物理学、计算机网络研究、生态学、社会学以及经济学等领域的学者进行，他们主要考虑建模问题、网络性质、网络形成机制、网络演化统计规律、网络上的模型性质、网络的结构稳定性以及网络的演化动力学机制等问题。应用研究则非常广泛，应用到自然科学和社会科学的多个领域。现实世界中有许许多多的复杂网络（如互联网、科研合作网、无线通信网络、电力网络、生物神经网络和 DNA、社会关系网、航空网络等）。钱学森对复杂网络进行了比较深入的描述，指出复杂网络是具有自组织、自相似、吸引子、小世界、无标度中部分或全部性质的网络。

2．复杂网络的类型

如果按模型结构来区分，则可将复杂网络细分为以下四种类型[1][21]。

（1）规则网络

规则网络包括常见的具有规则拓扑结构的网络，如完全连结图、星状网络、邻近节点连接图等。用得最多的规则网络是由 N 个节点组成的环状网络。

（2）随机网络

Erdös 和 Rényi 提出一种构造网络的方法，在此方法下两个节点之间连边与否不再是确定的事情，而是根据一个概率决定。这是一种完全随机的网络模型，这样生成的网络叫作随机网络。

（3）小世界网络

前文提到，Watts 和 Strogatz 提出了小世界模型，构造出一种介于规则网络和随机网络之间的网络——小世界网络。

（4）无标度网络

许多实际的复杂网络的连接度分布具有幂律函数形式，由于幂律分布没有明显的特征长度，该类网络又被称为无标度网络（Scale-Free）。

3．复杂网络的特征

复杂网络的两个最基本的特点是小世界性和无尺度性，这些特性可以在情报学的某些领域应用（如信息传播领域、信息资源配置领域、信息检索、知识地图、知识交流、科研合作网络、引文网络、网络信息资源的组织与服务等）。更重要的是，复杂网络的研究视角是从整体角度来关注网络结构对其功能的影响，运用计算机进行大规模网络分析，这为信息计量学研究提供了一种新的研究问题的方法。此外，复杂网络的特征还包括[21]：①连接结构的复杂性，网络连接结构既非完全规则也非完全随机，但却具有其内在的自组织规律；②网络的时空演化的复杂性，复杂网络具有空间和时间的演化复杂性，展示出丰富的复杂行为，特别是网络节点之间的不同类型的同步化运动。

（三）小世界理论

1．小世界理论的含义

1967 年，哈佛大学社会心理学家米尔格兰姆（Stanley Milgram）进行了一项连锁信件实验，提出了著名的"六度分离"（Six Degrees of Separation）假设，即"小世界现象"（Small World Phenomenon）。通过实验，他证明了地球上任何两个人之间联系起来，经过的中间人平均值为 6 个[22]。1998 年，Watts 和 Strogatz 在研究规则网络和随机网络理论的基础上提出了"小世界模型"[23]，即 W-S 模型，该模型说明了小世界网络的构建过程。研究表明，许多实际网络（社会、生态等）都具有小世界性质。"小世界现象"目前还没有精确的定义，较为合理的解释为：网络中任意两点的平均距离 L 随网络大小（结点数 N）呈对数增长，即 L-lnN，也就是说网络中节点数量增加很快时，L 的变化相对较慢，这种现象称为"小世界现象"。

当年，米尔格伦的实验只涉及 300 余人，但借助先进的科技，研究所用的信息量被扩大到 300 亿条之多，为理论提供了更坚实的基础。现在，"六度分离"理论已在实践中得到广泛应用，不少商人和求职的大学生更是将它作为认识朋友、扩展人脉的金玉良言加以实践。

2001 年，哥伦比亚大学社会学系的一个研究小组开始在互联网上进行了这个实验。他们建立了一个实验网站，终点是分布在不同国家的 18 个人（包括纽约的一位作家、澳大利亚的一名警察以及巴黎的一位图书管理员，等等），志愿者通过这个网站把电子邮件发给最可能实现任务的亲友。结果一共有 384 个志愿者的邮件抵达了目的地，电子邮件只花了五到七步就传递到了目标。这个活动现在还在继续。

美国的一个脱口秀节目有一次请了三个大学生来参加，主题是证明好莱坞的任何其他明星与演技派男星凯文·贝肯之间都能通过五个人联系起来。他们甚至成功地把已经去世的卓别林与凯文·贝肯之间通过三个人建立了联系。节目引起了巨大反响。

微软公司的研究人员为证实这种理论的可行性而开展实验，随意挑选了 2006 年的某一月，记录下当月所有通过微软网络发送短信的用户地址，分析了 300 多亿条地址信息，最终统计得出，多达 78% 的用户仅通过发送平均 6.6 条短信，或者说通过 6.6 步，就可以和一个陌生人建立起联系。按照这种理论，每个人都可以利用关系网与陌生人搭上关系，甚至像麦当娜、英国女王这样的名人从某种意义上来说都是我们的"熟人"。

2. 小世界网络的特征

小世界网络是一种特殊结构的复杂网络，可以使用特征路径长度和聚合系数两个特征来衡量小世界网络，其点之间特征路径长度小，而聚合系数高[1][21]。

（1）特征路径长度

在网络中，任选两个节点，连同这两个节点的最少边数，定义为这两个节点的路径长度，网络中所有节点对的路径长度的平均值，定义为网络的特征路径长度（Characteristic Path Length）。这是网络的全局特征。其中，最短的路径也称为两点间的距离，记作 Dist（i,j）。而平均路径长度定义为：

$$Dist_c = \frac{2}{N(N+1)} \sum_{j \geq i} dist(i,j) \qquad （式 2-1）$$

其中 N 是节点数目，并定义节点到自身的最短路径长度为 0。如果不计算到自身的距离，那么平均路径长度的定义就变成：

$$Dist_c = \frac{2}{N(N-1)} \sum \quad dist(i,j) \qquad （式 2-2）$$

（2）聚合系数（Clustering Coefficient）

假设某个节点有 k 个边，则这 k 条边连接的节点（k 个）之间最多可能存在的边的个数为 k(k-1)/2，用实际存在的边数除以最多可能存在的边数得到的分数值，定义为这个节点的聚合系数。所有节点的聚合系数的均值定义为网络的聚合系数。聚合系数是网络的局部特征，反映了相邻两个人之间朋友圈子的重合度，即该节点的朋友之间也是朋友的程度。

三、知识图谱绘制步骤

早在 1997 年，White 等人将文献计量的可视化步骤归纳为 5 点[24]。2003 年，Börner 等人提出了知识图谱的 6 步绘制法[25]。2011 年，Cobo 等人提出了知识图谱的 8 步绘制法[26]。2012 年，杨思洛等人提出了知识图谱的 8 步绘制法[27]。

（一）Börner 等人的 6 步绘制法

2003 年，Börner 等人将知识图谱绘制分为 6 个步骤[25]：提取数据、定义分析单元、选择测度指标、计算分析单元之间的相似度、排序分析、数据显示（如图 2-2 所示）。

1. 提取数据

Börner 等人认为，无论我们绘制哪一种类型的知识图谱，其中第一个步骤都会是提取合适的数据。Börner 没有详细讨论提取数据时需要考虑的检索策略等相关问题，而是特别强调提取数据的质量非常重要。

1 提取数据	2 定义分析单元	3 选择测度指标
1.1 数据检索	常用分析单元包括：	3.1 引用频次
1.1.1 ISI	2.1 期刊	3.1.1 属性（如术语）
1.1.2 INSPEC	2.2 文档	3.1.2 作者引用
1.1.3 Eng Index(EI)	2.3 作者	3.1.3 按年引用
1.1.4 Medline	2.4 术语	3.2 阈值
1.1.5 Patents(专利)		3.2.1 按引用次数
1.1.6 其他		
1.2 数据扩检		
1.2.1 通过引用		
1.2.2 通过术语		

6 数据显示	5 排序分析	4 计算相似度
6.1 交互	5.1 降维	4.1 标量（单元*单元矩阵
6.1.1 浏览	5.1.1 特征值/特征向量分解	4.1.1 直接引用
6.1.2 平移	5.1.2 因子分析	4.1.2 同引
6.1.3 缩放	5.1.3 主成分分析	4.1.3 组合链接
6.1.4 过滤	5.1.4 多维尺度	4.1.4 共词
6.1.5 查询	5.1.5 寻径网络	4.1.5 共类
6.1.6 命令细节	5.1.6 自组织映射	4.2 向量（单元*属性矩阵）
6.2 分析	5.2 聚类分析	4.2.1 向量空间模型
	5.3 标量	4.2.2 潜在语义分析
	5.3.1 三角法	4.2.3 单值分解
	5.3.2 力导向布局	4.3 相关性
		4.3.1 皮尔森的R相关性

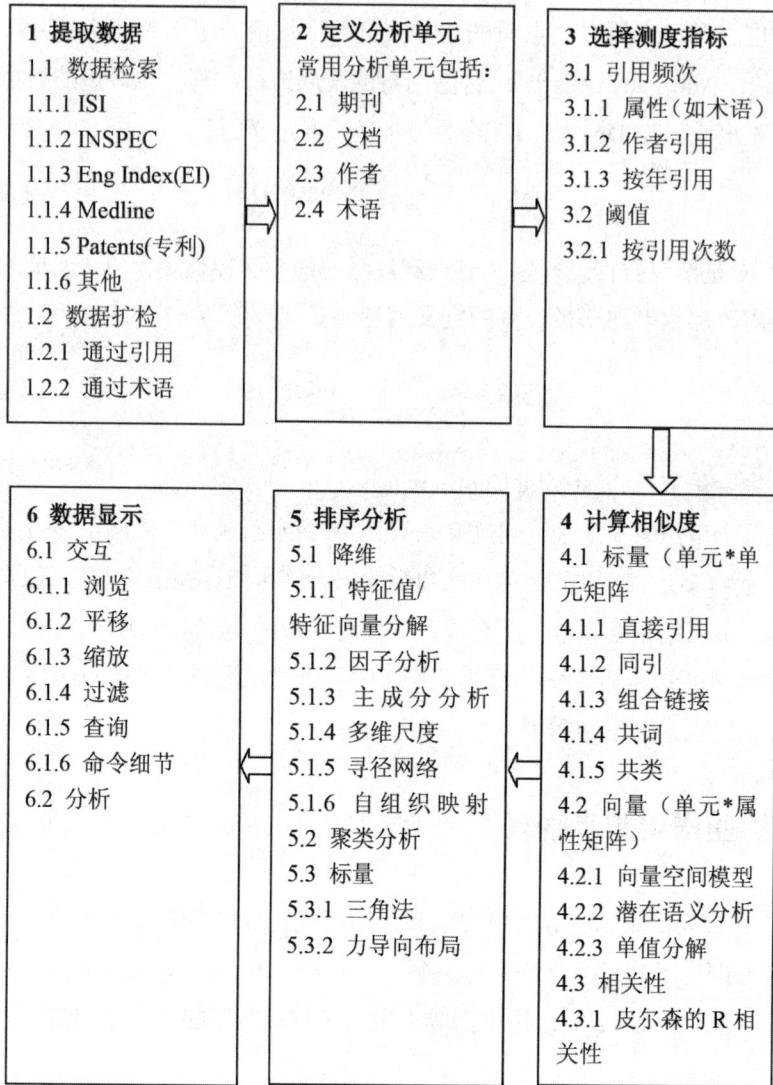

图 2-2　Börner 等人提出的 6 步绘制法示意图

2. 定义分析单元

选择分析单元是绘制知识图谱的第二个步骤。绘制知识图谱时最常见的分析单元是期刊（journals）、文档（documents）、作者（authors）、词语（descriptive terms or words）。不同的分析单元可以用来构建不同类型的知识图谱。例如，期刊知识图谱可以帮助读者了解学科的全貌，显示各个学科的相对位置及其关系，还可以用来对特定学科进行更细粒度的分析。又如，文档（包括论文、专利等）也是绘制知识图谱时使用最为广泛的分析单元，利用它绘制的知识图谱可以用于多种目的，包括文档检索、领域分析、信息政策制定、评估科研绩效，以及科学技术管理、竞争情报等。

3．选择测度指标

对知识单元进行测度的方法主要是统计引用频次和阈值。

4．计算相似度

为了便于进行可视化，通常需要计算不同分析单元之间的相似度。不同分析单元之间的相似度计算方法有多种，主要有三种，即标量方法、向量方法、相似性方法。

其中，标量方法的测度指标包括：① 引用链接相似度（Citation linkages），包括：直接引用链接、共引链接、引文耦合、时序耦合以及 Small 提出的组合链接方法。引用链接相似度的计算通常受限于引文数据库和专利数据库中用户所能够使用的数据。② 共现相似度（Co-occurrence similarities）。最常用的共现相似度指标包括共词（co-term）相似度、共类（co-classification）相似度、作者共引（author co-citation）相似度、论文共引（paper co-citation）相似度等。有多种常用的相似度计算公式可用来计算共现相似度。例如，Cosine 和 Jaccard 指数就是两种简单的共现相似度计算算法。向量方法主要包括向量空间模型、潜在语义分析、单值分解。相关性方法主要是指皮尔森的 R 相关性。

5．排序分析

为了便于对样本数据进行可视化分析，通常需要对它们进行简化处理，即排序分析。其中涉及的技术包括降维技术、聚类分析技术以及标量技术（包括三角法和力导向布局）。其中，降维技术是指将样本数据从多维空间变换映射到低维空间，从而获得关于原数据集的低维表示。常用的降维技术包括特征向量分解、因子分析、主成分分析、多维尺度、寻径网络、自组织映射等。其中，特征向量分解是指将矩阵分解为由其特征值和特征向量表示的矩阵之积的方法。因子分析是指研究从变量群中提取共性因子的统计技术。因子分析可在许多变量中找出隐藏的具有代表性的因子。将相同本质的变量归入一个因子，可减少变量的数目，还可检验变量间关系的假设。主成分分析通过正交变换将一组可能存在相关性的变量转换为一组线性不相关的变量，转换后的这组变量叫主成分。多维尺度法是一种将多维空间的研究对象（样本或变量）简化到低维空间进行定位、分析和归类，同时又保留对象间原始关系的数据分析方法。寻径网络通过模拟人的记忆模型和联想式思维方式，建立知识单元之间的有效连接路径，经过复杂的模型运算删除网络中的大部分连接，只保留最重要的连接，从而达到最大限度地简化复杂网络的目的。自组织映射采用无导师学习的分类方法，将任意输入信息变换到二维离散网格上，并且尽可能地保持原知识的拓扑有序结构。

6. 数据显示

在绘制知识图谱过程中，通常还需要对图谱进行浏览、平移、缩放、过滤、查询等一系列交互操作。然后对生成的图谱进行后续的详细分析和解读。

（二）Cobo 等人的 8 步绘制法

2011 年，Cobo（2011）等人将知识图谱绘制分为 8 个步骤[26]：数据检索、处理、网络提取、标准化、作图、分析和可视化（如图 2-3 所示）[28]。

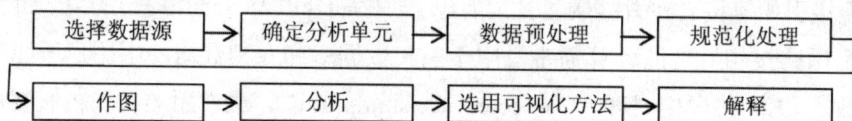

图 2-3　Cobo 等人总结的知识图谱绘制步骤

1. 选择数据源

可以用来进行知识图谱分析的国外常用数据源主要有 ISI Web of Science（WoS），Scopus （http://www.scopus.com），Google Scholar（http://scholar.google.com），NLM 的 MEDLINE （http://www.ncbi.nlm.nih.gov/pubmed）[29]。这几个数据库有各自的特点和优势，收录的文献也有一定的差异。另外，还有其他一些文献计量数据源。例如，arXiv（http://arxiv.org），CiteSeerX （http://citeseerx.ist.psu.edu），Digital Bibliography&Library Project （DBPL;http://dblp.uni-trier.de），SAO/NASA Astrophysics DataSystem（ ADS; http://adswww.harvard.edu），Science Direct （http://www.sciencedirect.com）。国外的一些专利数据和基金数据也可以利用。例如，the United States Patent and Trademark Office （USPTO;http://www.uspto.gov），European Patent and Trademark Office （http://www.epo.org）和 National Science Foundation （http://www.nsf.gov）。

2. 确定分析单元

绘制知识图谱时可用的分析单元包括期刊（journals）、文档（documents）、作者（authors）、词语（descriptive terms or words）。这些分析单元可以从文档的标题、摘要、正文等选取。不同的分析单元可以用来构建不同类型的知识图谱。

3. 数据预处理

数据预处理是整个分析的重点，要想获得理想的绘制结果，更好地显示数据之间的关系，就必须依赖于数据的质量和较好的预处理方法。其中，主要包括：
① 查重：数据中常常会有用不同的拼写方式来表示同一概念或主题的情况，这时就需要进行必要的查重处理，提高数据的精确性。② 拼写错误或不完整。由于一些人为的原因，可能会出现作者的名字、期刊名、参考文献名拼写错误或通信地址不明确，网址不完整的情况，这时就得额外添加一些信息来补充、验证、最终唯一确定该数据。③ 时间切片。首先就将数据分为不同时间的子周期，便于对不同时间段进行分析、研究，全面了解发展的前因后果；时间切片可积累计算，即后面的数据表格可包括所有先前的时间间隔内的信息，也可以进行完全切片，即每个数据表格只包括其自身的时间间隔的数据信息。累计的数据表格可用于查看其随时间的发展变化，而被完全切片的数据表格可以用于显示随着时间的推移其结构的变化。④ 典型数据的选取。通常情况下，在拥有很多数据时，图谱很难正确、清晰地表现出数据之间的关系，为了获取更好的显示效果、更准确的数据分析结果，通常就要对数据进行缩减，选取一些典型的数据来分析，如选取被引次数最多的文章来分析，选择核心期刊上的数据，选择 H 指数较高的作者等。⑤ 选取前 N 个节点数和边来分析，同时去掉孤立节点，对边进行修剪，这样可以用更少量的数据来更清晰地展现网络的重点。

4. 规范化处理

当选定的分析单元之间的关系网络已经建成时，就需要利用相似度指标来对数据进行规范化处理。目前，最受欢迎的相似性测度指标包括 Salton 余弦、Jaccard 指数、Equivalence 指数、关联强度等。通常情况下，有必要对文档中的术语进行规范化处理。可以使用的文本标准化指标包括 TF-IDF、潜在语义分析、对数熵、交互信息等。

5. 作图

作图主要是运用各种不同的算法，利用所选的分析要素来构建整个网络图谱。常用技术主要有：降维技术，使用 MDS 把网络转化成一个低维空间（通常是二维）；聚类技术，使用一些聚类算法把大的网络聚类成一些小的子网络；还有最近出现的一些新的聚类算法，如 streemer、spectralclustering、modularity maximization、a bootstrap resampling with asignificance clustering 等。

6. 分析

接下来，可以使用不同的分析方法来提取有用的知识。如果想要了解某学科的发展历史、现实发展状况，以及未来的发展趋势，可以选择使用时间序列分析；

如果想要了解某个学科在某个有限的持续的时间段内的高密性，可以使用时间序列分析中的一个重要方法——突发性检测；如果想分析要素的空间属性或地理位置情况，可以使用地理空间分析。例如，可以运用共作者（或合作者）作为分析单元，然后进行突发检测，再将属性相近的作者进行聚类。同时，在网络中，还可以将每个节点上显示作者的国家/所属机构情况。

7. 选用可视化方法

每种分析方法的输出各不相同。因此，选用一种能够很好地理解和解释输出的可视化技术就显得很重要。例如，网络和子网的映射展现方式包括日心图（heliocentric maps）、几何模型（geometrical models）、主题网络（thematic networks）。另外一种方法就是用距离来衡量两个节点之间关系的强弱程度，关系强的距离近。

8. 解释

前面所做的所有努力，都是为对最终结果的解释服务的，但结果解释的深度和质量则因分析者的经验、知识、学术背景、学术功底不同而存在很大差异。

（三）杨思洛等人的 8 步绘制法

杨思洛等人将知识图谱绘制分为 8 个步骤[27]（如图 2-4 所示）。

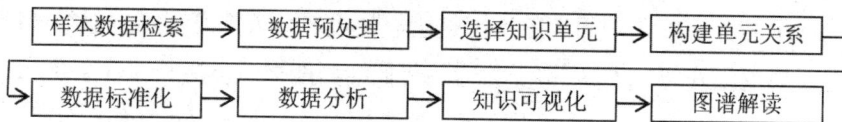

样本数据检索 → 数据预处理 → 选择知识单元 → 构建单元关系 →
数据标准化 → 数据分析 → 知识可视化 → 图谱解读

图 2-4　杨思洛等人总结的知识图谱绘制步骤

1. 样本数据检索

样本数据的检索与获取是绘制知识图谱的前提和基础。最常用的数据库除了 WoS、Scopus、Science Direct、USPTO 等之外，还包括 Google Scholar、arXiv、CiteSeer 等网络数据库。

2. 数据预处理

知识可视化的质量、合理性和可靠性很大程度上依赖于所用数据的精确性和全面性。但是，即使是最权威、公认质量很高的 WoS，也存在数据著录格式（如人名和地名的不统一）和遗漏的问题。因此，从数据库中检索出原始数据以后，还需要经过分词、去停用词、去重、勘误等一系列预处理后才能够进行分析。另外，为进行历时或分时段的对比分析需要对数据进行分段处理；如果样本数据过大，则需要进行有代表性的抽取（例如，选择高被引论文、机构或发文最多的作者等）。

3. 选择知识单元

知识单元是知识处理的基本单位。在知识绘制过程中，通常选择的知识单元有关键词、题名、作者、机构、刊名、分类号、学科等。目前，也有人将其扩展到摘要、参考文献和全文中。另外，也可以将两种或两种以上的知识单元结合起来进行可视化分析，以达到更好的效果。

4. 构建单元关系

对知识单元关系可视化研究需要定义测算指标，目前一致认同的是 1997 年 White 的描述[30]。他把知识单元关系分为两种：一种是文献（单元）间的直接联系，用前缀 "inter" 表示；另一种是知识单元在一个文献（单元）内的共现，用前缀 "co"表示，如共词、共被引、共分类号、共标引词等。另外，Zitt 等人将知识单元关系分为基于引证关系的和基于词语义的两种不同方式，通过实证分析，以块状矩阵图对比其异同，认为两者不能替代或混合，而只能相互补充[31]。

5. 数据标准化

为了便于进行可视化，往往还需要对单元数据进行标准化处理。标准化常常通过数据间的相似度测量，主要有两大类：一是集合论方法（Set-theoretic measures），包括 Cosine、Pearson、Spearman、Ochiai 指数和 Jaccard 指数；二是概率论方法（Probabilistic measure），主要有合力指数（Association Strength）和概率亲和力指数（Probabilistic Affinity）。

6. 数据分析

为了发现知识之间的关系，更好地展示各个知识单元，必须对样本数据做进一步处理（即简化分析），主要包括因子分析、多维尺度分析、自组织映射图（SOM）、寻径网络图谱（PFNET）。此外，还有聚类分析（Cluster）、潜在语义分析（Latent Semantic Analysis）、Force Directed Placement（FDP）、三角法（Triangulation）、最小生成树法和特征向量法（Eigenvector）等。

7. 知识可视化

经过上述步骤处理后的知识还需要在人机界面中进行有效、精确的展示。知识单元及其关系可以通过不同模拟来可视化展示，包括几何图、战略图、冲积图、主题河图、地形图、星团图、簸幅图等。

8. 图谱解读

在知识图谱解读过程中，常常需要对知识图谱进行相应操作，包括浏览、放大、缩小、过滤、查询、关联和按需移动等。对知识图谱进行解读的方法主要有：①历时分析。从时间角度对系列知识单元的模式、趋势、季节性和异常等进行分析，发现领域（知识）在不同时期的变化情况。②突变检测。通过检测短时间内知识单元的急剧变化，主要分析知识的前沿趋势，发现知识演变的转折点和焦点。③空间分析。主要分析知识的空间分布，明晰知识的地理位置关系。④网络分析。一般借鉴社会网络分析理论，对知识节点及其关系进行测定，相关指标有中心性分析、凝聚子群分析、核心-边缘结构分析，通过在理论结构、模型和概念间构建网络来可视化科学知识。⑤地理分布。对于知识的地理位置分布，可使用通用软件（如 Google Earth 和 Google Maps）、地理信息系统软件 ArcGis、空间计量软件 Geoda、社会网络分析软件 Pajek 等来进行可视化。

目前，上述 8 个步骤还都是针对中小型数据集，而且步骤之间多以手工过渡为主，缺少对海量文献数据处理过程和全自动完成知识图谱绘制方面的研究。

四、知识图谱分析方法

知识图谱的绘制需要综合运用文献计量、统计分析、数据挖掘、信息可视化、社会网络分析和信息分析等领域的研究方法，大致可分为文献计量方法、统计分析方法、数据挖掘方法三大类方法[32]。但目前为止还未有对这些方法实现并行化算法实现方面的研究。

（一）文献计量方法

文献计量学的方法主要包括以下内容。

1. 引文分析方法

引文分析是利用各种数学、统计学方法和比较、归纳、抽象、概括等逻辑方法，对科学期刊、论文、著者等各种分析对象的引用与被引用现象进行分析，以便揭示其数量特征和内在规律的一种文献计量分析方法。引文分析大致有三种类型：①引文数量研究，主要用于对科学家、出版物和科学机构的定性和定量评估；②引文结构（网状或链状关系）研究，主要用于揭示科学的发展与联系；③引文主题（相关性）研究，主要用于揭示科学的结构以及进行信息检索。

2．共引分析方法

共引分析是斯莫尔等人在1973年提出的将文献共引分析作为计量文献之间关系的一种方法。共引（co-citation）又称被共引，即两篇文献同时被一篇或多篇文献所引用，同时把共同引用这两篇文献的文献数称为共引强度（或共引频率），共引强度越大这两篇文献关系越密切。在共引图谱中，点表示文献，当相关文献对的共被引强度等于或大于某个阈值时，两点就被连接起来。共引分析多用于作者共引分析和期刊共引分析。

3．耦合分析方法

与共引分析相对应的是耦合分析。几篇文献具有相同的参考文献就形成了文献耦合关系。具有相同参考文献的文献数被称为耦合强度。耦合分析包括文献耦合分析、期刊耦合分析、作者耦合分析、学科耦合分析等，分别表示文献、期刊、作者、学科之间具有主题和内容相似性，可作为相关文献分析、作者群体分析和科学演化分析等的依据。

4．词频分析方法

词频分析是以齐普夫定律为理论基础进行文献内容分析方法。词频分析可分为标题关键词词频分析、摘要词频分析、内容词频分析、引文词频分析和混合词频分析等。词频分析大量应用于科学前沿主题领域和发展趋势等研究。

5．共词分析方法

共词分析属于内容分析法的一种。它的原理主要是对一组词两两统计它们在同一篇文献中出现的次数，以此为基础对这些词进行聚类分析，生成共词文献簇，进而分析这些词所代表的学科和主题的结构变化。利用共词分析法及其相关的可视化方法可以进行深入的主题分析，系统而直观地了解学科结构和发展状况，并进行学科发展预测。

6．链接分析方法

利用图计算、拓扑学和文献计量学等方法，对网络连接文档、自身属性、连接对象、连接网络等进行分析。链接分析涉及的文档包括页面、目录、域名和站点。在理论上，链接分析与文献计量学中的引文分析有高度的相似性[11]。

链接分析运用拓扑学知识通过分析链接网络来研究网络结构，结合社会网络分析可以分析研究和绘制网络信息知识图谱，展示网络信息、知识分布结构和演化规律等。

（二）统计分析方法

科学知识图谱构建使用的统计分析方法主要是多元统计分析[12]。多元统计分析是经典统计学的分支，在多个对象或指标相互关联的情况下分析其统计规律。"维度降低技术"是多元统计分析的一个特征，从几何学看这个过程是讲高维空间的目标投影到低维空间。其中主要包括以下两方面内容：

1．因子分析

因子分析（Factor Analysis，FA）是用少数几个因子来描述许多指标之间的关系，即将较密切的几个变量归为同一类，每一类变量成为一个因子，以较少的几个因子来反映原资料的大部分信息。

2．多维尺度分析

多维尺度分析（MultiDimensional Scaling，MDS）通过低维空间展示作者（文献）之间的联系，并利用平面距离来反映作者（文献）之间的相似度。多维尺度分析的图形显示结果更加直观和形象，因子分析则更容易确定各个学术群体的边界和数目，因此需要同时借助因子分析的结果，进行知识图谱的绘制。

（三）数据挖掘方法

数据挖掘是指从大量的数据中通过算法提取、挖掘未知的、有价值的模式或规律等知识的复杂过程。科学知识图谱的绘制使用了很多数据挖掘方法，常用的方法有聚类分析、数据可视化和社会网络分析等。

1．聚类分析

聚类分析是指将物理或抽象的对象集合分成相似的对象类的过程。簇是数据对象的集合，同一个簇中的对象彼此相似，而不同的簇彼此相异。文献聚类分析是聚类分析技术在引文分析中的具体应用。处理方法是将文献通过分词、去停词等方法转化为词向量，并将每个词条赋予不同的权重，这样一篇文献就可以由词条权重值组成的特征向量来表示，所有文献将组成特征向量空间模型，在该模型中使用聚类分析技术来进行引文分析。

2．数据可视化

数据可视化又称信息可视化，是指将抽象数据用图形图像等可视化形式表示出来，以利于分析数据、发现规律和支持决策。常用的可视化算法有：①自组织特征映射网络（Self Organizaing Feature Map，SOFM），这是一种基于神经网络的算法，它通过把高维数据映射到低维空间进行聚类，并保持一定的拓扑有序性；②寻径网络图谱（Path Finder NETwork，PFNET），这是对不同的概念或实体间联系的相似或差异程度进行评估，应用图论中的原理和方法来生成一类特殊的网状模型的算法。

3. 社会网络分析

社会网络分析（Social Network Analysis，SNA）又称结构分析，是将社会结构界定为一个网格，这个网格由成员之间的联系进行连接。社会网络分析聚焦于成员之间的联系而非个体特征，并把共同体视为"个体的共同体"，即视为人们在日常生活中所建立、维护并应用的个人关系的网络。社会网络分析方法被证明可以成功地研究科学合作网络和互联网所得到的可视化网络，并被用于展示科学计量学的合作网络结构与发展。

参考文献

[1]　肖明. 信息计量学[M]. 北京：中国铁道出版社，2014.

[2]　陈琦. 当代教育心理学[M]. 北京：北京师范大学出版社，2007.

[3]　Beckmann M J. Economic models of knowledge networks[M]// Networks in Action. Springer Berlin Heidelberg, 1995:159-174.

[4]　郭其旭. 漫谈知识网络：——例举杜甫研究图书资料在《中图法》中的分布状况[J]. 福建图书馆学刊，1989（1）：14-17.

[5]　李丹，俞竹超，樊治平. 知识网络的构建过程分析[J]. 科学学研究，2002，20（06）：620-623.

[6]　李姝兰. 知识网络与哈耶克的知识观[J]. 农业图书情报学刊，2005，17（1）：87-88.

[7]　马费成，刘向. 知识网络的演化（Ⅰ）：增长与老化动态[J]. 情报学报，2011，30（8）：787-795.

[8]　姜永常. 知识网络链接的理论基础与基本原则[J]. 图书馆，2012（02）：31-34.

[9]　王斌. 基于网络结构的集群知识网络共生演化模型的实证研究[J]. 管理评论，2014，26（09）：128-138.

[10]　Seufert A, Krogh G V, Back A. Towards knowledge networking[M]// Business Engineering — Die ersten 15 Jahre. Springer Berlin Heidelberg, 1999:180-190.

[11]　Büchel B, Raub S. Building knowledge-creating value networks[J]. European

Management Journal, 2002, 20（6）:587-596.

[12] 陈云伟，Katy, Börner.论科学地图的科学价值[J]. 图书情报知识，2009，（6）: 27-33,74.

[13] 陈悦，刘则渊. 悄然兴起的科学知识图谱[J]. 科学学研究，2005，23（02）: 149-154.

[14] 廖胜姣，肖仙桃. 科学知识图谱应用研究概述[J]. 情报理论与实践，2009，32（01）: 122-125.

[15] Sindiy O, Litomisky K, Davidoff S, et al. Introduction to information visualization (InfoVis) techniques for model-based systems engineering[J]. Procedia Computer Science, 2013, 16:49-58.

[16] Robertson G, Card S K, Mackinlay J D. The cognitive coprocessor architecture for interactive user interfaces[C]// ACM Symposium on User Interface Software and Technology, UIST 1989, Williamsburg, West Virginia, Usa, November. 1989:10-18.

[17] Chen C, Carr L. A semantic-centric approach to information visualization[C]// International Conference on Information Visualisation. IEEE, 1999:18-23.

[18] 刘永胜. 国内情报学文献的引文分析[J]. 晋图学刊，1986（2）:38-43.

[19] 邱均平.信息计量学（九） 第九讲 文献信息引证规律和引文分析法[J].情报理论与实践，2001（3）:237.

[20] 庞龙，张培富，杨立英. 引文分析方法在国内外应用的比较研究[J]. 山西大学学报（哲学社会科学版），2006，29（3）: 134-137.

[21] 陈关荣. 复杂网络及其新近研究进展简介[J]. 力学进展，2008，38（06）: 653-662.

[22] 董月红. "六度分离"理论在语文教学中的应用[J]. 语文教学通讯，2015（2）:78-79.

[23] Watts D J, Strogatz S H. Collective dynamics of "small–world" nettworks[J]. Nature, 1998,393（6684）:440-402.

[24] White H D, McCain K W. Visualization of literatures[J]. Annual Review of Information Science and Technology, 1997,（32）: 99-168.

[25] Börner K, Chen C, Boyack KW.Visualizing knowledge domains[J]. Annual Review of Information Science and Technology, 2003, 37（1）:179-255.

[26] Cobo M. J., L ó pez-Herrera A. G., Herrera-Viedma E. Science mapping software tools: Review, analysis, and cooperative study among tools[J]. Journal of the

American Society for Information Science and Technology, 2011,62（7）: 1382-1402.

[27] 杨思洛，韩瑞珍. 国外知识图谱绘制的方法与工具分析[J]. 图书情报知识，2012，6（6）：101-109.

[28] 肖明，邱小花，黄界，李国俊，冯召辉. 知识图谱工具比较研究[J]. 图书馆杂志，2013，32（03）：61-69.

[29] E.Falagas Matthew，I.Pitsouni Eleni，A.Malietzis George etal. Comparison of pubmed，scopus，web of science，and google scholar:strengths and weaknesses[J]. The Journal of the Federation of American Societies for Experimental Biology，2008,22（2）:338-342.

[30] White H D, Mccain K W. Visualizing a discipline: An author co-citation analysis of information science, 1972-1995[J]. Journal of the American Society for Information Science, 1998, 49（4）:327-355.

[31] Zitt M., Lelu A., Bassecoulard E. Hybrid citation-word representations in science mapping: Portolan charts of research fields?[J]. Journal of the American Society for Information Science, 2011, 62（1）:19-39.

[32] 科学知识图谱绘制方法、步骤及工具[EB/OL].http://www.360doc.com/content/ 15/0403/15/13987479_460345596.shtml.

[33] 黄维.基于多方法融合的中国教育经济学知识图谱[M]. 北京：经济科学出版社，2012.

[34] Park H. W. Mapping the e-science landscape in South Korea using the webometrics method[J]. Journal of Computer-Mediated Communication, 2010,15（2）: 211-229

[35] Waltman L., Van Eck N. J., Noyons E. C. M. A unified approach to mapping and clustering of bibliometric networks[J]. Journal of Informetrics, 2010,4（4）: 629-635

[36] Khan G. F., Moon J., Park H. W. Network of the core: Mapping and visualizing the core of scientific domains[J]. Scientometrics, 2011, 89: 759-779.

第三章　图书馆学情报学知识图谱数据来源

用于绘制科学知识图谱的数据来源经常会伴随时代的变化而变化。本章主要介绍国内外学者在绘制图书馆学、情报学知识图谱时使用的多种引文数据来源，主要包括以下三方面的内容：国外引文数据库、国内引文数据库、网络引文数据库。

一、主要引文数据来源

（一）国内外常用引文数据库概述

引文索引思想最早是由美国学者尤金·加菲尔德（Eugene Garfield，1925—2017）在 1955 年提出[1][2]。1963 年，美国科学信息研究所（Institute for Scientific Information，ISI）研制成功了《科学引文索引》（Sciences Citation Index，SCI）。后来，《社会科学引文索引》（Social Sciences Citation Index，SSCI）和《艺术与人文科学引文索引》（Arts & Humanities Citation Index，A&HCI）也相继于 1973 年和 1978 年正式出版[3]。此后，我国也相继研制出各种中文引文索引库。

1. 中国大陆地区引文数据库

（1）中国科学引文数据库

中国科学引文数据库（Chinese Science Citation Database，CSCD）[4]由中国科学院文献情报中心创建于 1989 年，收录了我国数学、物理、化学、天文学、地学、生物学、农林科学、医药卫生、工程技术、环境科学和管理科学等领域出版的中英文科技核心期刊和优秀期刊千余种，目前已积累从 1989 年到现在的论文记录 4466152 条，引文记录 53187605 条[5]。系统除具备一般的检索功能外，还提供新型

---

① 史继红，李志平. 尤金·加菲尔德与 SCI 述论[J]. 医学与哲学，2014，35（11）：6-10.

② 张耀铭. 学术评价存在的问题、成因及其治理[J]. 清华大学学报（哲学社会科学版），2015（06）：73-88.

③ 肖宏. 美国科学信息研究所及其产品[J]. 科学，1999（03）：60-61.

④ 中国科学引文数据库[EB/OL]. http://sciencechina.cn/cscd_source.jsp.

⑤ 中国科学引文数据库[EB/OL]. http://sciencechina.cn/cscd_source.jsp.

的索引关系——引文索引。使用该功能，用户可迅速从数百万条引文中查询到某篇科技文献被引用的详细情况，还可以从一篇早期的重要文献或著者姓名入手，检索到一批近期发表的相关文献，对交叉学科和新学科的发展研究具有十分重要的参考价值。中国科学引文数据库还提供了数据链接机制，支持用户获取全文。

中国科学引文数据库是我国第一个引文数据库，曾获中国科学院科技进步二等奖。1995 年，CSCD 出版了我国第一本印刷本中国科学引文索引。1998 年，出版了我国第一张中国科学引文数据库检索光盘。1999 年，出版了基于 CSCD 和 SCI 数据、利用文献计量学原理制作的《中国科学计量指标：论文与引文统计》。2003 年，CSCD 推出网络版。2005 年，CSCD 出版《中国科学计量指标：期刊引证报告》。2007 年，中国科学引文数据库与美国 Thomson-Reuters Scientific 合作，中国科学引文数据库将以 ISI Web of Knowledge 为平台，实现与 Web of Science 的跨库检索，是 ISI Web of Knowledge 平台上第一个非英文语种的数据库。CSCD 分为核心库和扩展库，数据库的来源期刊每两年评选一次。核心库的来源期刊经过严格评选，均为各学科领域中具有权威性和代表性的核心期刊。扩展库的来源期刊也经过大范围遴选，入选者是我国各学科领域的优秀期刊。此外，CSCD 还是中国科学院院士推选人指定查询库、自然科学基金委国家杰出青年基金指定查询库、第四届中国青年科学家奖申报人指定查询库、自然科学基金委资助项目后期绩效评估指定查询库、自然科学基金委国家重点实验室评估查询库。

（2）中文社会科学引文索引数据库

中文社会科学引文索引（Chinese Social Sciences Citation Index，CSSCI）启动于 1998 年底，首次发布于 2000 年 5 月，由南京大学中国社会科学研究评价中心开发研制，用来检索中文社会科学领域的论文收录和文献被引用情况，被列为教育部人文、社会科学重大研究项目，是我国重要的基础性信息资源之一[①]。CSSCI 包括数据处理、信息检索和统计分析三个子系统，具有控制数据质量、提高检索效率、保存引文分析数据、分析学科研究特征等功能。CSSCI 能够提供来源文献、被引文献、优化检索等多种信息检索。利用它，可以为人文社会科学研究、社会科学研究评价与管理、人文社会科学期刊评价与管理、学校管理部门等提供多种服务。对于社会科学管理者来说，CSSCI 可以提供地区、机构、学科、学者等多种类型的统计分析数据，为制定科学研究发展规划、科研政策提供科学合理的决策参考。对于期刊研究与管理者来说，CSSCI 可以提供被引频次、影响因子、即年指标、期刊影响广度、地域分布、半衰期等多种定量数据，通过多种定量指标

---

① 中文社会科学引文索引[EB/OL]. http://cssci.nju.edu.cn.

的分析统计，可以为期刊评价、栏目设置、组稿选题等提供科学依据。CSSCI 还可以为出版社与各学科著作的学术评价提供定量依据。此外，CSSCI 还可以应用在以下领域：借助引文索引数据来分析学科研究特征，观察学科的成长性和国际化程度，探究学科研究热点和趋势、发现重要学术论著、构建学术网络等研究。目前，CSSCI 的内容覆盖经济学、教育学、心理学、管理学、系统科学、图书馆学、情报学、历史学、地理学、哲学、语言学、文学、政治学、艺术学、军事学、环境科学、法学、社会学、人文科学、体育等领域，时间跨度为 1998 年至今。

（3）中国科技论文与引文数据库

中国科技论文与引文分析数据库（Chinese Science and Technology Paper Citation Database，CSTPCD）[1]是在中国科技信息研究所（Institute of Scientific and Technical Information of China，ISTIC）历年开展科技论文统计分析工作的基础上开发的一个集多种检索与评价功能于一体的大型文献数据库，目前分为网络版和光盘版两种版本。其中，网络版覆盖国内发行的重要科技期刊 2800 余种，光盘版收录核心期刊 1300 余种。提供的文献信息包括作者姓名、论文题目、作者单位地址、期刊引用参考文献，以及其他重要的文献计量数据。受国家科技部委托，中国科技信息研究所从 1987 年开始对我国科技人员在国内外发表论文数量和被引用情况进行统计分析，并利用统计数据建立了中国科技论文与引文数据库，受到社会各界的普遍重视和广泛好评。中国科技论文统计源期刊是 CSTPCD 的数据来源。通过中国科技期刊综合指标评价体系对期刊学术质量的考核，CSTPCD 每年对收录期刊的范围进行调整。该数据库的主要功能包括：查找国内发表的重要科技论文；了解历年来我国科技论文统计分析与排序结果；了解各地区、部门、单位、作者及各学科及基金资助论文发表的详细情况；开展科技论文的引文分析。该数据库集文献检索与论文统计分析于一体，它既是科技人员查找有关参考文献的重要依据，又是各级科技管理部门和各科研机构、高等院校了解全国和各单位、各部门科技论文发表情报的重要工具。目前，CSTPCD 广泛应用于国家科技政策决策、科研成果管理、科技期刊评价和文献计量学的研究，为各级科技管理部门、科研机构、期刊编辑人员和广大科研人员提供服务。

（4）中国人文社会科学引文数据库

中国人文社会科学引文数据库（Chinese Humanities and Social Science Citation Database，CHSSCD），由中国社会科学院文献信息中心研制，以中国社会科学院文献信息中心首创的人文和社会科学论文统计分析数据库和中国学术期刊综合评

---

① 中国科技论文与引文分析数据库[EB/OL]. http://www.periodicals.net.cn/jwsj.asp?fname=zbsm.

价数据库为基础，总结首次用大规模数据对我国社会科学类论文进行统计分析的经验而建立的我国第一个人文社会科学引文数据库，并与美国 SSCI 接轨，填补了我国人文社会科学文献计量统计分析领域的空白①。从1996 年开始，中国社会科学院文献信息中心进行社科期刊论文的量化分析研究和相关的理论方法研究。经过对社科论文的宏观分布和微观产出的统计分析，以及多次学术会议的专家研讨和期刊状况调查，中国社会科学院文献信息中心在 1999 年 5 月与中国学术期刊（光盘版）电子杂志社合作，开展了大规模的文献计量学的基础工程人文社会科学引文数据库数据建设。中国社会科学院文献信息中心出版的中国人文社会科学引文数据库（2002 版）（首创版），它收录了 1999—2001 年的学术文献记录 34 万条，引文记录120 万条，学科范围涉及哲学、政治、法律、经济、文学、历史等众多领域。其收录的来源刊（含核心期刊和扩展期刊），是从中国大陆3000 多种人文社会科学期刊中遴选出来的，基本上反映了中国人文社会科学论文的学术水平，以及我国人文社会科学研究的总体水平和发展现状，是中国文献评价研究的重要信息基础。中国人文社会科学引文数据库（2000 版）吸取了中国科学引文数据库建设的成功经验，充分考虑了社会科学文献的特点，系统功能比较完备，具有良好的可操作性。该数据库采用先进的数字化加工模式和多种数据规范控制手段，在较短时间内解决了社会科学文献不规范等疑难问题，使该数据库的数据质量达到了较高水平。中国人文社会科学引文数据库主要从来源文献检索和被引文献检索两个方面为用户提供信息。其中，来源文献的主要检索途径有论文作者、篇名、作者机构、作者地区、期刊名称、关键词、文献分类号、学科类别、基金资助项目等；被引文献的主要检索途径有被引文献、被引作者、被引机构、被引期刊等。中国人文社会科学引文数据库以文献计量的方法，通过系统自动生成统计排序，客观地反映我国社科研究中作者、机构和地区发文情况、作者的被引情况、论文的被引情况、期刊的被引情况、出版社的被引情况及期刊影响因子等的统计分析报告，据此定量地分析与评价我国人文社科研究机构、高校、地区和个人的科研产出能力、学术成果及学术影响力。

（5）中国知网引文数据库

中国知网引文数据库是中国知网（http://www.cnki.net）众多信息产品中的一个②。中国知网引文数据库主要用来体现学术文献的被引情况，从而评价学术文献

① 周霞.《中国人文社会科学引文数据库（CHSSCD）》的建设、应用与发展[J]. 情报资料工作，2002（04）：30-32.

② CNKI 中国引文数据库[EB/OL]. http://epub.cnki.net/KNS/brief/result.aspx?dbprefix=CRLD.

的价值。收录了中国学术期刊（光盘版）电子杂志社出版的自 1979 年至今的所有源数据库产品的参考文献，并且揭示了各种类型文献之间的相互引证关系。它不仅可以为科学研究提供新的交流模式，而且可以作为一种有效的科学管理及评价工具。中国学术期刊（光盘版）电子杂志社出版的所有源数据库产品的参考文献。其中，源数据库包括中国期刊全文数据库、中国优秀博硕士学位论文全文数据库、中国重要会议论文全文数据库、中国重要报纸全文数据库、中国图书全文数据库、中国年鉴全文数据库等。在真实、客观、公开、全面地反映学术文献生产、传播的理念下，中国知网引文数据库从引文分析角度为用户提供一个客观、规范、正确的综合评价分析工具，使得用户能够全面、系统地了解分析对象，从定量角度综合判断分析对象的学术综合实力，从而促进期刊文献质量和科研绩效管理水平的提高。该数据库收录了中国学术期刊（光盘版）电子杂志社出版的所有源数据库产品的参考文献，涉及期刊类型引文、学位论文类型引文、会议论文类型引文、图书类型引文、专利类型引文、标准类型引文、报纸类型引文等。该数据库通过揭示各种类型文献之间的相互引证关系，可为科学研究提供新的交流模式，同时也可作为一种有效的科学管理及评价工具。

（6）维普引文数据库

中文科技期刊数据库（引文版）（Chinese Citation Database，CCD）[1]是维普在 2010 年推出的全新期刊资源整合服务平台的重要组成部分，是目前国内重要的文摘和引文索引型数据库。中文科技期刊数据库（引文版）是以全文版作为基础开发而成的，利用它可以检索 1989 年以来国内 5000 多种重要期刊（含核心期刊）上所发表论文的参考文献，该数据库可独立实现参考文献与源文献之间的切换检索。用户如果同时购买了全文数据库和引文数据库，则可以通过开放接口将引文检索功能整合在全文数据库中，实现引文检索与全文检索的无缝链接操作。中文科技期刊数据库（引文版）是科技文献检索、文献计量研究和科学活动定量分析评价的强力工具。该产品采用科学计量学中的引文分析方法，对文献之间的引证关系进行深度数据挖掘，除提供基本的引文检索功能以外，还提供基于作者、机构、期刊的引用统计分析功能，可以广泛用于课题调研、科技查新、项目评估、成果申报、人才选拔、科研管理、期刊投稿等。

目前，中文科技期刊数据库（引文版）收录文摘覆盖 8000 多种中文科技期刊，引文数据加工追自 2000 年，是全新的引文索引型数据库，能帮助客户实现强大的引文分析功能，并采用数据链接机制实现同维普资讯系列产品的功能对接定位，

① 中文科技期刊数据库（引文版）[EB/OL]. http://csi1.cqvip.com/productor/pro_zkyw.shtml.

提高科学研究的效率。该引文数据库是汇集海量科技文摘与引文数据、追踪和揭示中文期刊文献引证关系全貌的全新引文索引型数据库，可以一键式双重检索来源文献和被引文献，集信息查询、引文分析、数据统计三重功能于一体，支持图书、学位论文、标准、专利等文献的被引统计。能够深入解析期刊引文价值，检索入口多，检索方式灵活，让引文分析更轻松，并使用了基于引用关系的多途径数据分析方法，获取信息更快更准。该数据库提供作者、机构、期刊元素的引文数据统计功能及 H 指数计算，提供自定义文献集合的引用追踪、排除自引等分析功能。

2. 中国台湾地区引文数据库

（1）台湾科学引文索引数据库

台湾科学引文索引数据库（Taiwan Science Citation Index，TSCI）基于 SCI 的创办理念和经验，是收录台湾地区科技期刊的引文数据库，该系统是一个作为查询、研究及评估台湾科学研究的引文索引信息系统。

（2）台湾人文及社会科学引文索引数据库

台湾人文及社会科学引文索引（Taiwan Citation Index-Humanities and Social Sciences，TCI-HSS）数据库是台湾社会科学研究中心推出的数据库，汇集了台湾地区权威人文社科类期刊 87 种，大部分期刊可以免费浏览全文[①]。由于台湾地区的中文期刊很少被 SCI、SSCI 等国际性英文引文数据库所收录，为了纠正台湾学术界不正的评鉴之风，台湾在 1999 年成立了"社会科学"和"人文学"研究中心，负责建制《台湾社会科学引文索引》（Taiwan Social Science Citation Index，TSSCI）、《台湾人文学引文索引》（Taiwan Humanities Citation Index，THCI），又于 2006 年提出《台湾人文学引文索引核心期刊》（Taiwan Humanities Citation Index Core，THCI Core）的实验性计划，试图以三年的试行效果来探讨是否能够以客观的计量方法与同行评价相结合的方法来建立核心期刊。其中，《台湾社会科学引文索引》的收录对象为台湾地区社会科学领域的核心期刊，即学术水平较高、影响力较大、出刊过程较严谨的期刊，其收录条件包括：非综合性大学学报；过去 3 年期刊出版规范；过去 3 年每期刊登经匿名评审的学术论文至少 4 篇；过去 3 年期刊评量分数平均达 60 分以上。由于 THCI 定位为检索工具与研究工具，所以《台湾人文学引文索引》必须尽可能多地收录期刊，故只有少数期刊被排除。基于这样的初衷，凡是台湾地区出版的人文学领域的学术期刊几乎都被收录在 THCI 内。因此，三者

---

① 台湾人文及社会科学引文索引数据库[EB/OL]. http://tci.ncl.edu.tw/cgi-bin/gs32/gsweb.cgi?o=dnclresource&tcihsspage=tcisearcharea&loadingjs=1&ssoauth=1&&cache=1465810060661.

在收录范围方面各具特色，TSSCI 为了评估台湾地区社会科学领域的期刊影响力与研究者的研究成果，以"求精而不求多"为原则，仅收录社会学领域的核心期刊，因此评鉴是 TSSCI 的主要功能，收录期刊的条件非常严格，这一方面有利于对期刊的编辑形式进行规范，提高期刊的质量水平，但另一方面收录论文质量要求高，期刊收录数量相对较少，导致学术发表空间过小，学者自由对话的空间小，不利于学术的自由发展，也容易导致马太效应（即强化个别核心期刊），以至于会扭曲学术的自由发展及多元化发展。与 TSSCI 不同，THCI 定位于资料库的检索功能，以丰富的来源期刊通过引文分析呈现人文学的学术研究状况，这比较符合加菲尔德创建引文索引的初衷。THCI Core 也是一个评鉴工具，它是应 TSSCI 形成的评鉴制度而建立的。

3. 国外引文数据库

（1）Web of Knowledge

引文数据库（Web of Science，WoS）是美国 Thomson Scientific 公司开发的一款 Web 产品[①]。目前，Web of Science 主要包括三大引文库（SCI、SSCI 和 A&HCI）、两个国际会议录（CPCI-S 和 CPCI-SSH）、两个化学数据库（CCR、IC）等。Web of Science 以 ISI Web of Knowledge 作为检索平台。在该平台上使用的数据库除了 Web of Science 以外，还包括 Derwent Innovations Index（德温特专利索引）、Journal Citation Reports on Web（期刊引用报告）、Essential Science Indicators（基本科学指标数据库）等。

1）科学引文索引库

科学引文索引（Science Citation Index，SCI）是由美国科学信息研究所（ISI）于 1963 年研制成功的一种引文数据库[②]。它是根据现代情报学家加菲尔德（Eugene Garfield）在 1953 年提出的引文思想而创立，1965 年起每年出版一卷，1979 年起改为双月刊，自 1996 年起改为旬刊。目前，SCI 除了印刷版以外，还有磁带版、光盘版、联机版和网络版。SCI 收录文章的作者、题目、来源期刊、摘要、关键词等，不仅能够从文献引证的角度评估文章的学术价值，而且可以迅速方便地组建研究课题的参考文献网络，其内容涵盖自然科学领域内最具影响力的学术期刊，包括生命科学、临床医学、物理化学、农业、生物、兽医学、工程技术等学科领域。SCI 主要运用科学的引文数据分析和同行评估相结合的方法，

① 齐青.Web of Science 的检索和应用[J]. 图书馆工作与研究, 2013（2）:110-112.

② The Thomson Scientific.Web of Science : Science Citation Index（ISI web of knowledge）[EB/OL].
http://www.webofknowledge.com/wos.

综合评估期刊的科学和学术价值。由于 SCI 遵循严格的选刊原则及严格的专家评审制度，使之具有一定的客观性，较真实地反映了论文的水平和质量。根据 SCI 收录及被引证情况，可以从一个侧面反映学术水平的发展情况，特别是每年一次的 SCI 论文排名成了判断一个学校科研水平的重要标准。许多国家和地区均以被 SCI 收录及引证的论文情况作为评价学术水平的一个重要指标。目前覆盖了 1900 年至今的农业、神经系统科学、天文学、肿瘤学、生物化学、儿科、生物学、药理学、生物技术、物理、化学、植物科学、计算机科学、精神病学、材料科学、外科、数学、兽医、医学、动物学等 150 个学科领域中最具影响力的学术期刊（约 6650 种期刊）。

2）社会科学引文索引库

社会科学引文索引（Social Science Citation Index，SSCI）[①]与"SCI"一样，同样由美国科学信息研究所（ISI）创建，是 ISI 的三大引文数据库之一。SSCI 于 1973 年作为 SCI 的姊妹篇出版，现收录了世界上不同国家和地区的社会科学期刊和论文，进行一定的统计分析，并划分为不同的因子区间，是当今社会科学领域重要的期刊检索与论文参考渠道。内容涵盖 1900 年至今的社会科学领域内最具影响力的学术期刊，包括人类学、政治学、历史、公共卫生、社会问题、图书馆学、情报学、社会工作、社会学、语言学、哲学、城市研究、心理学、妇女研究、精神病学等 55 个学科领域中最具影响力的学术期刊（约 1950 种期刊）。收录文献类型包括研究论文、书评、专题讨论、社论、人物自传、书信等。

3）艺术与人文科学引文索引库

艺术与人文科学引文索引（Arts & Humanities Citation Index，A&HCI）[②]同样由美国科学信息研究所创建，1978 年开始出版，为用户提供 1150 多种世界顶级艺术和人文期刊的索引信息，是权威的艺术与人文科学文献检索工具，内容包括 1975 年至今的艺术学、哲学、历史学、语言文学等 20 多个学科领域的数据。

4）科技会议索引数据库

科技会议索引数据库（Conference Proceedings Citation Index-Science，CPCI-S）[③]曾用名"ISI Proceedings：Science & Technology，Index to Scientific & Technical

---

① The Thomson Scientific.Web of science : Social Sciences Citation Index (ISI web of knowledge) [EB/OL]. http://www.webofknowledge.com/wos.

② Golderman, Gail；Connolly, Bruce.Arts & Humanities Citation Index: ISI Web of Science[J]. Library Journal,2003,128(7):S37.

③ The Thomson Scientific.Web of Science : Conference Proceedings Citation Index-Science (CPCI-S)(ISI web of knowledge)[EB/OL]. http://www.webofknowledge.com.

Proceedings（ISTP）"，作为 Web of Knowledge 家族成员之一，同为美国科学信息研究所创建，创建于 1978 年，是美国科学信息研究所的网络数据库 ISI Proceedings 两大会议索引之一，收录了国际著名会议、座谈会、研讨会及其他各种会议中发表的会议录论文的文献信息和著者摘要，包括专著、丛书、预印本以及来源于期刊的会议论文，提供了综合全面、多学科的会议论文资料，汇集了世界上最新出版的会议录资料，内容包括 1997 年至今农业、环境科学、生物化学、分子生物学、生物技术、医学、工程、计算机科学、化学、物理等领域的数据，数据库中可以看到论文的题录和文摘。

5）社会科学和人文科学会议录索引

社会科学和人文科学会议录索引（Conference Proceedings Citation Index-Social Science & Humanities，CPCI-SSH）[1]曾用名 "ISI Proceedings : Social Sciences & Humanities, Index to Social Sciences and Humanities Proceedings（ISSHP）"。作为 Web of Knowledge 家族成员之一，同为美国科学信息研究所创建，收录了国际著名会议、座谈会、研讨会及其他各种会议中发表的会议录论文的文献信息和著者摘要，内容覆盖 1999 年至今心理学、社会学、公共卫生、管理学、经济学、艺术、历史、文学、哲学等领域，数据每周更新。

6）化学反应数据库

化学反应数据库（Current Chemical Reactions，CCR-EXPANDED）[2]是 Web of Knowledge 上与化学有关的数据库，集成在 Web of Science 中，既可以用化学结构或结构片段进行检索，也可以用引文方式进行检索。该数据库收集了 1985 年至今全球核心化学期刊和发明专利的所有最新发现或改进的有机合成方法，不仅提供了详细的化学反应综述和详尽的实验细节，还提供了化合物的化学结构和相关性质以及合成方法，涉及有机化学、无机化学、物理化学、分析化学、生物化学、药物学、天然产物化学、农药化学、有机金属材料、高分子材料科学、精细化工等化学领域学科的研究与发展，包含来自 39 个发行机构的一流期刊和专利摘录的全新单步和多步合成方法。每种方法都提供有总体反应流程，以及每个反应步骤详细、准确的示意图。Current Chemical Reactions 数据库还包含来自著名的 Institut National de la Propriété Industrielle（INPI）的另外 14 万个化学反应，日期可回溯至 1840 年，每月新增三千个新颖的或改进的反应。

---

① Thomson Scientific. Web of Science: Conference Proceedings Citation Index-Social Science & Humanities (CPCI-SSH)(ISI web of knowledge) [EB/OL]. http://www.webofknowledge.com.

② Thomson Scientific.Web of Science: Current Chemical Reactions (ISI web of knowledge) [EB/OL]. http://apps. webofknowledge.com.

7）化合物索引

化合物索引（Index Chemicus，IC）[①]同 Current Chemical Reactions 一起，是 Web of knowledge 上与化学有关的两个数据库之一，集成在 Web of Science 中，既可以用化学结构或结构片段进行检索，也可以用引文方式进行检索。主要是对新化合物的快速报道，包括 1993 年至今来自国际一流期刊所报道的新型有机合成反应的结构和关键支持评价数据，许多记录显示了从原始材料到最终产物的反应流程。Index Chemicus 是有关生物活性化合物和天然产物最新信息的重要来源，每周新增 3500 个新化合物。

8）德温特专利索引

德温特专利索引（Derwent Innovations Index，DII）[②]由 Derwent World Patents Index（德温特世界专利索引，WPI）和 Derwent Patents Citation Index（德温特专利引文索引，PCI）整合而成，基于互联网 Web 的专利信息资源，数据来自包括 USPTO（美国专利局，1963 年以来）、German Patent and Trademark Office（德国专利和商标局，1968 年以来）、ESP（欧洲专利局，EP-A，1978 年以来；EP-B，1980 年以来）、WIPO（世界知识产权组织，1978 年以来）、日本专利申请书第一页的英文翻译（2000 年以来）以及其他 40 多个国家、地区（如奥地利、比利时、丹麦、法国、爱尔兰、意大利、卢森堡、荷兰、西班牙、瑞士、摩纳哥等）和专利组织发布的专利信息，是世界上国际专利信息收录最全面的数据库之一。该数据库收录起始于 1963 年，目前共收录 1000 万个基本发明、2000 万项专利，使读者可以总揽全球化学、工程及电子方面的专利概况。每周有 25000 条专利文献和来自 6 个重要专利版权组织的 45000 条专利引用信息被收录到数据库中。除了在 DIALOG 数据库中可以联机检索以外，目前在美国科技信息所（ISI）的 Web of Knowledge 系统（简称 WOK）中也能检索到，每条记录除了包含相关的同族专利信息，还包括由各个行业的技术专家进行重新编写的专利信息，如描述性的标题和摘要、新颖性、技术关键、优点等。Derwent Innovations Index 提供 Derwent 专业的专利情报加工技术，协助研究人员简捷有效地检索和利用专利情报，鸟瞰全球市场，全面掌握工程技术领域创新科技的动向与发展。Derwent Innovations Index 还同时提供了直接跳转到专利全文电子版的链接，用户只需要单击记录中的 "Original Document" 就可以获取专利说明书的电子版全文。目前，可以浏览说明书全文的有美国专利、世界专利、欧洲专利和德国专利。其主要特点是：重新编

---

① Thomson Scientific.Web of Science : Index Chemicus(ISI web of knowledge) [EB/OL]. http://apps. webofknowledge. com.
② 郑伟. Derwent Innovations Index 数据库的主要特点及其检索方法[J]. 中国索引，2009，7（1）：56-60.

写及标引的描述性专利信息；可查找专利引用情况；建立专利与相关文献之间的链接；检索结果管理方便等，为研究人员提供了世界范围内的化学、电子与电气以及工程技术领域内综合全面的发明信息。

9）医学文摘数据库

MEDLINE 是美国国立医学图书馆（National Library of Medicine，NLM）[①]开发的当今世界上最具权威性的文摘类医学文献数据库之一。早期的 MEDLINE 包括了美国《医学索引》（Index Medicus）、《国际护理索引》（International Nursing Index）和《牙科文献索引》（Index to Dental Literature）三大检索工具的内容，后来又有更多的子文档加入，如 AIDS-HIV、Bioethics、Biotechnology 等数据库。MEDLINE 收录了自 1966 年以来世界上 70 多个国家 4800 多种生物医学期刊上发表的论文的题录或文摘，每年递增 30 万~35 万条记录，其中大约有 75%的文献为英文文献，文献来源以美国为主。目前，MEDLINE 的记录数已经超过了 1000 万条，覆盖了基础医学、临床医学、护理学、牙科学、兽医学、卫生保健、营养卫生、职业卫生、卫生管理等方面。数据库不提供全文，大多数文献都带有英文文摘（1975 年以前的文献无文摘）。探索生物医学与生命科学、生物工程学、公共卫生、临床护理，以及植物和动物科学，可通过主题词、副主题词、关键词、篇名、作者、刊名、ISSN、文献出版商、出版年、出版地等进行检索，使用 MeSH 词表和 CAS 注册号进行精确检索；链接到 NCBI 数据库与 PubMed 相关论文。数据可回溯至 1950 年。

10）期刊引用报告

期刊引用报告（Journal Citation Reports，JCR）[②]由美国科学信息研究所（ISI）出版，是一种多学科综合性的期刊分析与评价报告，也是目前唯一的基于引文数据而建立的期刊评价资源，包括自然科学版和社会科学版两部分，数据涵盖了全球 3300 多家出版商出版的 7500 多份期刊，内容涉及 200 多个学科领域。这些刊物分成两部分：自然科学部分，6000 多份期刊；社会科学部分，1700 多份期刊。它客观地统计 Web of Science 所收录期刊的各项指标，并在此基础上计算出各种期刊的影响因子、立即指数、总引用次数、刊载论文总数、被引半衰期等反映期刊质量和影响的定量指标，包括显示类别中排名的表、期刊自引数据和 Impact Factor 盒状图。JCR 提供 1997 年至今的数据资料检索，JCR Web 与 Web of Science 平台

---

① EBSCO.MEDLINE——医学文献库（EBSCO）[EB/OL]. http://search.ebscohost.com/login.aspx?profile= ehost& defaultdb= cmedm.

② Thomson Scientific. Journal Citation Reports : Science Edition (ISI web of knowledge) [EB/OL]. http://www. webofknowledge.com/JCR.

已经实现了连接，用户可以从 Web of Science 检索结果的显示界面直接链接到 JCR 的相关记录，获得文献所在期刊的统计信息。网络版 JCR 通过引文数据的统计信息评估期刊资源，根据对参考文献的统计汇编，JCR 在期刊层面衡量某项研究的影响力，显示出引用和被引用期刊之间的相互关系。JCR 计量的统计数据提供了一种测定某个主题分类中大量期刊相对重要性的方法，可以帮助研究人员与学生分析了解与自己研究领域相关的重要期刊，以确定自己的投稿方向；信息分析人员也可据此追踪文献计量学的发展，研究引文模式；帮助图书馆馆员选刊，为每种刊存放多久后即可存档入库，提供一个合适的时间参考；帮助出版商与编辑人员确定期刊在市场中的影响，适时调整编辑政策。

11）基本科学指标数据库

基本科学指标（Essential Science Indicators，ESI）[①]数据库是美国科学信息研究所（ISI）于 2001 年推出的一种用于衡量科学研究绩效、跟踪科学发展趋势的基本分析评价工具，是基于 ISI 引文索引数据库（SCIE/SSCI）所收录的全球 7000 多种学术期刊的 900 多万条文献记录而建立的计量分析数据库。ESI 由引文排位（Citation Rankings）、高被引论文（Most Cited Papers）、引文分析（Citation Analysis）和评论报道（Commentary）4 部分组成。数据库以引文分析为基础，针对 22 个专业领域，通过计算论文数、引文数、篇均被引频次（Average Citations Per Paper）和单篇年均被引频次（Averages）、平均年份（Mean Year）、标准共引阈值（Normalized Co-citation）、引文阈值等指标，从各个角度对各国科研水平、期刊的声誉和影响力，以及科研机构和科学家的学术水平进行全面衡量，并对当前正在深入研究和有突破性进展的科学领域进行直观反映。通过该数据库，用户不仅可以了解在各研究领域中最先进的国家、期刊、科学家、论文和研究机构，识别科学和社会科学领域的重要趋势与方向，还能够确定具体研究领域内的研究成果及其影响，评估潜在的雇员、合作者和竞争对手，并对彼此的研究业绩和竞争能力进行评估，从而具备更深层次的战略竞争情报意义。如通过该数据库可以系统地、有针对性地分析国际科技文献，从而了解一些著名的科学家、研究机构（或大学）、国家（或区域）和学术期刊在某一学科领域的发展和影响；同时科研管理人员也可以利用该资源找到影响决策分析的基础数据；可以分析研究机构、国家以及期刊的科学研究绩效；跟踪自然科学和社会科学领域内的研究发展趋势；分析评价研究者以及竞争对手的能力；测定某一专业研究领域内科学研究成果的产量和影响力；更

① The Thompson Corporation.Essential Science Indicators (ESI) (ISI web of knowledge) [EB/OL]. http://www. webofknowledge.com/ESI.

进一步地让广大科研人员了解各自科学研究的主要领域及与国际主要领域的异同。利用该数据库，科研人员可以分析十年来国际科学研究的主要领域、研究热点及发展态势。除提供具体数据图表以外，ESI还为用户提供了简要的数据分析指导，并为所有图表提供解释性的链接页面。该数据库内容覆盖农业科学、生物学和生物化学、化学、临床医学、计算机科学、经济管理学、工程学、环境科学/生态学、地学、免疫学、材料科学、数学、微生物学、分子生物学和遗传学、神经科学和行为科学、药理学和毒理学、物理学、植物学和动物学、精神病学/心理学、空间科学、社会科学概论、多学科（Multidisciplinary）等领域。它是一种深层的分析评价工具，提供对科学家、研究机构、国家/地区和期刊论文排名的数据。

（2）工程索引

工程索引（The Engineering Index，EI）[①]创办于1884年，是美国工程信息公司（Engineering Information Inc.）出版的一种著名工程技术类综合性检索工具。EI Engineering Village是面向应用科学和工程科学领域的数据库，是目前全球最全面的工程领域里的书目文献数据库，收录了5000多种工程类期刊、会议论文集和技术报告，其范围涵盖了工程和应用科学领域的各学科，涉及机械工程、土木工程、环境工程、电气工程、结构工程、材料科学、固体物理、超导体、生物工程、能源、化学和工艺工程、照明和光学技术、空气和水污染、固体废弃物的处理、道路交通、运输安全、控制工程、工程管理、农业工程和食品技术、计算机和数据处理、电子和通信、石油、航天、汽车工程以及这些领域的子学科和其他主要的工程领域。用户在网上可检索到1969年至今的文献，数据库每年增加工程专业的大约600000条新记录。

（二）网络引文数据来源概述

1. CiteSeerX

CiteSeerX（又名Research Index）[②]是NEC研究院在自动引文索引（Autonomous Citation Indexing，ACI）的基础上建设的一个学术论文数字图书馆。该引文索引系统提供了一种通过引文链接来检索文献的方式，目标是从多个方面促进学术文献的传播和反馈。1997年，CiteSeerX引文搜索引擎由美国普林斯顿大学NEC研究院研制开发。研发人员不断对CiteSeerX运行中暴露的问题和用户的反馈建议进行分析，并由美国国家科学基金会（NSF）和微软研究院（Microsoft Research）资助，

---

① 席万惕. 美国《工程索引》（EI）简介[J]. 河北工业科技，2005，22（3）：152，155.

② 刘莎. 引文搜索引擎CiteSeerX调查评析[J]. 数字图书馆论坛，2011（12）：61-65.

为该搜索引擎重新设计了系统结构和数据模型（即 CiteSeerX），并于 2007 年投入运行。CiteSeerX 采用机器自动识别技术搜集网上以 PostScript 和 PDF 文件格式存在的学术论文，然后依照引文索引方法标引和链接每一篇文章。CiteSeerX 的宗旨在于有效地组织网上文献，多角度促进学术文献的传播与反馈。目前，CiteSeerX 存储的文献全文高达 138 万多篇，引文 2674 万多条，内容主要涉及计算机和信息科学领域，主题包括智能代理、人工智能、硬件、软件工程、数据压缩、人机交互、操作系统、数据库、信息检索、网络技术、机器学习等。CiteSeerX 也公开在网上提供完全免费的服务，实现全天 24 小时实时更新。CiteSeerX 的常用功能包括：检索相关学术文献，浏览并下载 PostScript 或 PDF 格式的论文全文；查看某一具体文献的"引用"与"被引"信息，同时还能够获得文献、作者与出版单位最新的引用排行；查看某一文献的相关文献，并应用特殊算法计算文献相关度；以图表形式显示某一主题文献，或某一作者、机构所发表文献的时间分布；可据此推测学科热点和发展趋势，避免重复劳动。CiteSeerX 的检索界面简洁清晰，默认为文献检索界面。如果用户想要搜索某一特定作者的学术论文，则可选择"Authors"标签进入作者检索界面；若选择可选项，则搜索范围不但包括 CiteSeerX 的学术文献全文数据库，还包括数据库中每篇论文的参考文献。CiteSeerX 的检索首页只有一个检索框，默认情况下可对篇名、作者、摘要、文本内容等进行检索。CiteSeerX 还支持高级检索功能，单击进入高级检索界面，可以看到 CiteSeerX 支持以下检索字段的"并"运算：篇名、作者、作者单位、期刊或会议录名称、出版年、文摘、关键词、文本内容以及用户为论文定义的标签。当然，用户还可以在首页的单一检索框自行构造组合式检索表达式。CiteSeerX 支持邻近词运算匹配，邻近距离默认为一个单词。多个关键词之间有空格的作为词组或邻近词运算匹配。CiteSeerX 不支持词组的精确匹配，这样处理对查出同一作者姓名的不同拼写有利。若输入检索表达式后 CiteSeerX 搜索结果为零，无论何种原因，系统都会自动给出检索建议以及几种新检索方式的链接供检索者选择。

与传统引文索引相比，CiteSeerX 在费用、全文性、综合性、效率和即时方面有着更大的优势，同时也存在明显的差异：①更快更新地揭示引文的网络信息影响。传统引文索引的来源文献都是正式出版物，从研究人员的构思出稿到文章发表到编入索引需要一段相当长的时间，虽然论文内容较成熟，但很多观点可能已经过时。互联网的发展深刻地改变着人们的阅读习惯，研究人员已习惯在网络上查找文献并利用文献，网络文献正逐渐地进入各种学术论文的参考文献目录，网络文献成为引文已是不争的事实。CiteSeerX 是自动引文索引系统，文献源自网络，一旦有学术性文献的全文在网络上出现，CiteSeerX 就能自动找出文章的引文并标引到其索引系统中，即时把所有网上学术文献类型（包括预印本、技术报告、会议录等）的引证脉络突显出来，更快更新地反映引文的影响。这样做对于一些前沿学科（如计算机学科）的研究人员来说，就能够迅速找到更新的引用文献。②发挥引文索引的原有功能。目前，网上全文数据库基本都会收取一定费用。CiteSeerX在网上提供免费服务，从而能够极大地发挥引文索引原本的文献检索功能。③提供友好的学术探讨环境。除了有引文索引和全文下载功能以外，CiteSeerX还提供一些附加的网络服务和自由宽松的学术探讨环境。例如，文章或研究课题会链接到讨论区，研究人员可以贴出正式或非正式的评论、综述、意见及最新的研究结果。每篇论文设有修正（Correct）链接，供看到文章的研究人员发现错误并在线改正某些款目（如题名、著者姓名、出版年、文摘等），以弥补机器操作的错误。在封闭式的传统商用数据库中，通常很难获取这些非正式的自由交流的信息。④收录文献学科范围窄，学术评价功能尚不成熟。由于许多出版物发表的文献不能在线获得以及CiteSeerX的非营利性目的，目前CiteSeerX还不能像商用数据库那样提供综合性学科内容的引文索引；自然，CiteSeerX的学术评估价值还不可能取代SCI这样历史悠久的传统引文索引系统。⑤机器识别技术有待完善。由于依靠机器完全自动操作，目前CiteSeerX还存在不能准确地分辨子字段；无法消除不同作者相同名字的歧义；引文在文献中若无标识则不会被标引等情况。

2. Scopus

Scopus①是一个新的导航工具，它涵盖了世界上最广泛的科技和医学文献的文摘、参考文献及索引。Scopus 收录了来自许多著名搜索引擎的期刊文献（如Elsevier、Kluwer、Institution of Electrical Engineers、John Wiley、Springer、Nature、American Chemical Society 等）。尤其重要的是，Scopus还广泛收录了一些重要的中文期刊（如《力学学报》《中国物理快报》《中华医学杂志》等高品质的期刊）。正是因为 60%的内容来自美国以外的国家，所以用户能够获得最全面的世界范围内的前瞻性科学技术医学文献。Scopus 的核心是全世界最大的摘要和引文数据库，涵盖了21900 多种自然科学、工程技术、医学、社会科学及艺术人文等学科的期刊。Scopus 不仅为用户提供了其收录文章的引文信息，还直接从简单明了的界面整合了网络和专利检索，直接链接到全文、图书馆资源及其他应用程序如参考文献管理软件，亦使得 Scopus 比其他任何文献检索工具更为方便、快捷。总而言之，用户不必成为一个专业的检索者，就可以获得大多数的信息。Scopus 使用起来易如

---

① Elsevier.Scopus [EB/OL]. http://www.scopus.com.

Google，只不过它所针对的恰好是科研人员的信息需求。对于科研人员来说，及时、准确地传播高品质的信息是至关重要的。Scopus 作为一个创新性的信息导航工具旨在将繁重的劳动从研究中脱离出来，使用户更轻松地就某一学科的文献进行评判性评估或就感兴趣文章和作者的引文数据，进行实时追踪，或者对研究领域坚持不断更新，快捷地明确研究趋势。

Scopus 是由全球 21 家研究机构和超过 300 名科学家共同设计开发而成的。在合作开发的过程中，不断帮助用户真切了解自己在文献研究中所面临的挑战，展示他们当前的检索、浏览及查找所需信息的方式，并针对他们所面临的任务，建立一种更好的解决方案。2005 年 10 月，Scopus 为确保其收录范围公正而广泛，专门成立了一个独立的内容甄选委员会，来指导内容甄选和未来发展方向。内容甄选委员会是由 20 位世界著名的科学家和教授及 10 名学科图书馆员组成。委员会的成员来自于世界各地的每一个科研领域——以确保 Scopus 收录的内容真正代表了 Scopus 所服务的最广泛科研人员和图书馆员的需求。这个涵盖诸多学科的专家群体将把 Scopus 引导成为帮助科研人员获取所在学科领域中最重要且相关的文献信息的来源，确保 Scopus 继续保持作为最广泛、公正和涵盖面最广的科学、技术、医学和社会科学研究资源的地位。Scopus 内容甄选委员将负责以下任务：①内容甄选，负责决定 Scopus 将收录怎样的内容，并负责对用户建议收录的期刊予以批准；②政策和策略，为 Scopus 未来内容的方向制定政策；③功能性，就 Scopus 的内容、易用性和功能性提供一般性反馈。因此，Scopus 应确保其内容覆盖面是完全公正的，并且纯粹是以研究人员和图书馆员自身需要为基础建立的。

3. 谷歌学术搜索

谷歌学术搜索（Google Scholar，GS）[①]是一个可以免费搜索学术文章的网络搜索引擎，由计算机专家 Anurag Acharya 负责开发。2004 年 11 月，Google 第一次发布了 Google Scholar 的试用版，该项索引包括了世界上绝大部分已出版的学术期刊。

Google Scholar 是一个可以免费搜索学术文章的网络搜索引擎，其索引了出版文章中文字的格式和科目，能够帮助用户查找包括期刊论文、学位论文、书籍、预印本、文摘和技术报告在内的学术文献，内容涵盖自然科学、人文科学、社会科学等多种学科。BETA 版本于 2004 年 11 月发行，收录欧洲和美洲地区最大学术出版商们共同评定（Peer-Reviewed）的文章，这在一般搜索引擎中多被忽略。这

---

① 刘海航，黄碧云，方国辉，卜世波. GOOGLE SCHOLAR [J]. 中华临床医学研究杂志，2006，12（16）：2273-2274.

个功能和 Elsevier、CiteSeerX 和 getCITED 所提供的免费概况查阅是类似的。它也与 Elsevier 的 Scopus 以及 Thomson ISI 的 Web of Science 网络科学中的订阅工具类似。谷歌学术的广告标语是"站在巨人的肩膀上"，这也是对所有学术工作者的肯定，他们在过去的几个世纪中贡献了各自领域的知识，并为新的智慧成就的取得奠定了基础。目前，Google 公司与许多科学和学术出版商进行了合作，包括学术、科技和技术出版商，如 ACM、Nature、IEEE、OCLC 等。这种合作使用户能够检索特定的学术文献，通过 Google Scholar 从学术出版者、专业团体、预印本库、大学范围内以及从网络上获得学术文献，包括来自所有研究领域的同行评审论文、学位论文、图书、预印本、摘要和技术报告。

从检索情况分析，Google Scholar 学术搜索有以下主要用途：①了解有关某一领域的学术文献。由于收录范围限于学术文献，将屏蔽掉网上很多不相关信息。②了解某一作者的著述，并提供书目信息（引用时必须包括的图书出版信息或期刊论文的刊名、刊期信息）。可直接在网上搜索原文、文摘等；如果是图书，还可通过 Library Search（例如，OCLC 的 Open WorldCAT）检索附近图书馆的收藏。③了解某文献被引情况。可直接单击"Cited by..."（引用数）搜索引用文献。④对文献和期刊进行应用和引用排名。Google Scholar 的 Cited 链接，能让人们在引文溯源的天地里自由翱翔，它用于引文计算的基础数据跨越了世界上最主要的数据库，从任何角度观察它，Google Scholar 都是只专注于学术搜索的工具。通过检索结果链接到的都是数据库提供者或出版者提供服务的网页。Google Scholar 不提供任何广告链接，普通 Google 出现的赞助商链接都不会出现在 Google Scholar 中，进一步保证了 Google Scholar 的学术纯洁性。Google Scholar 为科研用户提供了一个强有力的学术搜索工具，帮助用户第一手地全面了解某一领域的学术文献，还可以通过强大的学术网页搜索立刻查证某一位专家到底对科学做过多大贡献，有多少人引用或继续他的研究结果，它不仅补充了专业数据库（例如，PubMed）学科面太窄的缺点，而且可以让科学家及其研究结果通过网络学术搜索引擎而公开化，使科学家的工作业绩变得更加透明，从而防止学术造假、评审不公等弊病。此外，Google Scholar 补充了科学引文索引（SCI）只重视期刊影响因子（Journal Impact Factor, JIF）而忽略了文章内容的水平评价，使科技评价更加公正和全面。

二、引文数据检索举例

（一）中文引文数据检索举例

下面，我们以中国社会科学引文索引数据库（CSSCI）和中国知网（CNKI）数据为例，来介绍中文引文数据检索的主要方法和步骤。

1. CSSCI 索引数据检索

CSSCI 主要从来源文献和被引文献两大途径为用户提供信息[①]。

（1）来源文献检索

来源文献检索主要用来查询本索引所选用的源刊的文章的作者（所在单位）、篇名、参考文献等，其主要检索途径有：①作者检索。作者检索用于查找某一学者或者某个团体作者（如某课题组）的发文情况。②机构检索。机构检索为用户了解某一机构发表文章情况提供了一个最佳途径。③标引词检索。标引词检索提供了通过关键词找到相关论文的途径。④刊名检索。刊名检索主要用于查询某种期刊上所发表的论文情况。⑤篇名词检索。篇名词检索为用户提供了利用篇名词来进行检索的手段。⑥基金检索。基金检索主要是用于对来源文献的基金来源情况进行检索。⑦发表年代检索。发表年代检索用于将检索结果控制在划定的时间范围内。⑧地区检索。地区检索用于将检索结果限制在指定地区或者非指定地区。⑨文献类型检索。文献类型检索用于对文献类型（如研究论文、简报等）进行限制。⑩刊物学科检索。刊物学科检索用于将检索结果控制在指定学科的刊物上。需要补充说明的是，CSSCI 的来源文献检索中的大多数检索途径自身还可以用"与""或""非"来实现逻辑组配检索。

例如，如果用户想要查看《中国图书馆学报》上所发表的论文概况，就可按以下方法和步骤来进行检索。

1）进入 CSSCI 主页

由于使用 CSSCI 是需要权限的，所以用户在使用 CSSCI 数据库之前需要联系单位图书馆的管理人员，以便确认自己是否有权限进入 CSSCI 数据库并进行数据检索。如果单位购买了该数据库，就可以在浏览器地址栏中直接输入"http://cssci.nju.edu.cn/"进入该数据库的首页（如图 3-1 所示）。此时，用户需要输入用户名和密码，然后单击"登录"按钮，就可以进入到 CSSCI 首页。

图 3-1　CSSCI 首页

① 邱均平. 我国社科信息查询和计量分析的重要工具——对《中国社会科学引文索引》的使用和评价[J]. 情报资料工作，2001，（3）：71-74.

2）进行数据检索

进入 CSSCI 首页以后，就可以在随后出现的检索界面（如图 3-2 所示）中的期刊名称后面的文本输入框中输入"中国图书馆学报"，再单击"搜索"按钮，即可得到 CSSCI 收录该刊的论文情况（如图 3-3 所示）。当然，用户还可以单击"来源文献检索"超链接，即可通过卷期来限制检索某卷某期发表论文的情况。

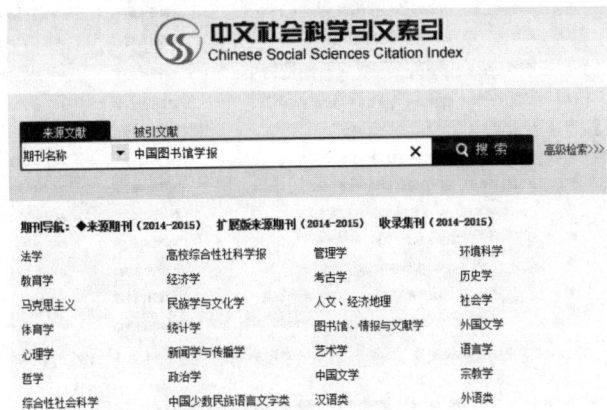

图 3-2　CSSCI 基本检索界面

图 3-3　CSSCI 收录《中国图书馆学报》论文情况示意图

3）保存检索结果

首先，选中想要保存的论文前面的复选标记（如图 3-4 所示）。注意：如果想要保存全部结果，则可选中左下角的"全部选择"复选框。然后，单击"下载"按钮，即可下载想要保存的检索结果。

（2）被引文献检索

被引文献检索主要用来查询作者、论文、期刊等的被引情况，其检索途径主要有：①被引作者检索。被引作者检索功能用于了解某一作者在 CSSCI 中被引用的情况。②被引篇名检索。被引篇名检索与来源文献的篇名词检索相同，用户可以输入被引篇名、篇名中的词段或逻辑表达式来进行检索。③被引出处检索。被引出处检索主要用于查询期刊、报纸、汇编（丛书）、会议文集、报告、标准、法规、电子文献等的被引情况。④其他被引情况检索。其他被引情况检索多为附加限制检索项，通常不被单独用来检索。例如，年代项通常作为某一出版物某年发表的论文被引用情况的限制性条件。

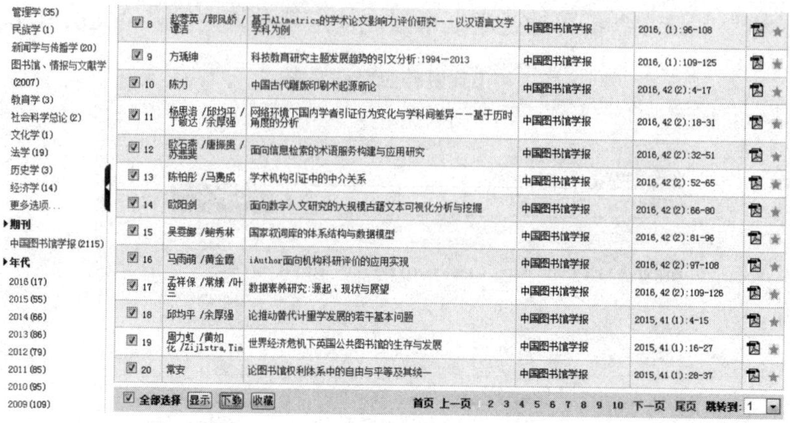

图 3-4　CSSCI 检索结果的导出

例如，如果用户想要查询启功先生论著的被引用情况，就可按以下方法和步骤来进行检索。

1）进入 CSSCI 主页

由于使用 CSSCI 是需要权限的，所以用户在使用 CSSCI 数据库之前需要联系单位图书馆的管理人员，以便确认自己是否有权限进入 CSSCI 数据库并进行数据检索。如果单位购买了该数据库，就可以在浏览器地址栏中直接输入 http://cssci.nju.edu.cn/进入该数据库的首页（如图 3-1 所示）。此时，用户需要输入用户名和密码，然后单击"登录"按钮，就可以进入到 CSSCI 首页。

2）进行数据检索

进入 CSSCI 首页以后，首先在随后出现的检索界面（如图 3-2 所示）中，单击"被引文献检索"。然后，在"被引文献检索"界面中的被引作者框中输入"启功"（如图 3-5 所示），选中所有的被引年份，最后单击"检索"按钮，即可得到相应的检索结果（如图 3-6 所示）。当然，用户还可以在"被引文献检索"界面中输入其他的限制性检索条件，以便获得更精确的检索结果。

3）保存检索结果

首先，选中想要保存的论文前面的复选标记。注意：如果想要保存全部结果，则可选中左下角的"全部选择"复选框。然后，单击"下载"按钮，即可下载想要保存的检索结果。

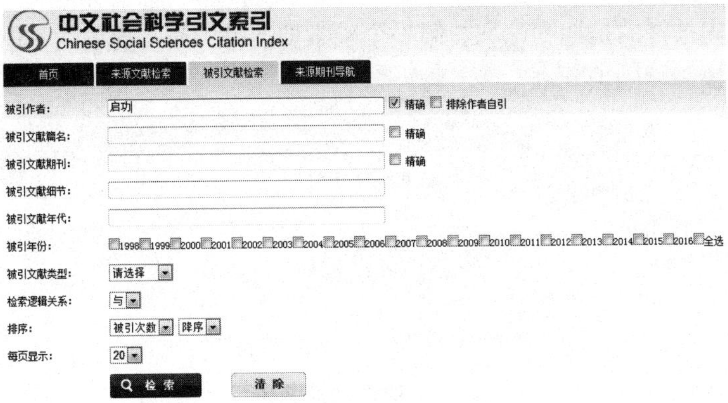

图 3-5　CSSCI "被引文献检索" 界面

图 3-6　CSSCI "检索结果" 界面

2．CNKI 索引数据检索

国内某知名大学大四学生小刘最近正在准备撰写有关"国内知识共享研究"的毕业论文，需要查找并下载较多的中文参考文献。下面，以国内大学生普遍使用的 CNKI 系统为例，介绍怎样利用 CNKI 查找并下载所需要的中文参考文献。

（1）登录 CNKI

登录 CNKI 的方式有两种：对于国内高校的在校学生，可以使用"IP 登录"方式进行登录，因为很多学校都已经购买 CNKI 数据库的权限，在校学生可以利用校园网 IP 直接登录。但是，该方法并不适用于高校外的其他用户。

对于高校外的其他用户来说，可以使用账号密码登录方法。首先，在浏览器地址栏中直接输入"http://www.cnki.net/"进入该数据库的首页。如果用户还没有注册，请单击首页右上角的"注册"链接；如果用户已经注册，则请单击首页右上角的"登录"链接，随即会进入 CNKI 的登录页面（如图 3-7 所示）。

（2）进行数据检索

进入 CNKI 的首页以后，就可输入相应的检索条件（如图 3-8 所示）。在本例中，我们首先选择的是期刊论文，第一个检索项选择的是"篇名"，并在其后的文本输入框中输入"知识共享"。

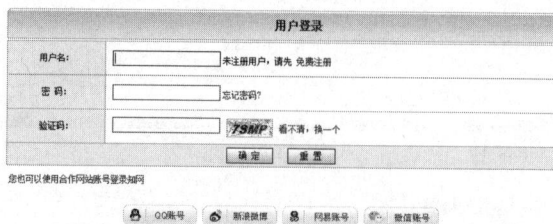

图 3-7　CNKI 登录页面

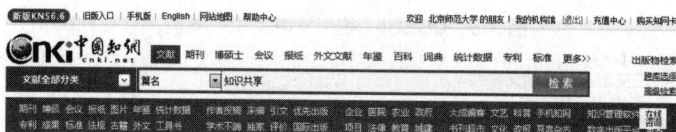

图 3-8　输入相应的检索条件

单击"检索"按钮后，随即会进入到检索结果页面，显示"找到 2697 条结果"（如图 3-9 所示）。

图 3-9　CNKI 检索结果页面

在检索结果页面中，用户还可以单击"结果中检索""高级检索"等超链接，以便获得更精确的检索结果。

（3）保存检索结果

首先，选中想要保存的论文前面的复选框。然后，单击"导出/参考文献"。在随后出现的"导出"对话框（如图 3-10 所示）中，再次选中想要保存的论文前面的复选框，再次单击"导出/参考文献"，随后会出现的"文献输出"对话框（如图 3-11 所示）。在"文献输出"对话框，先选择相应的输出格式，然后单击"导出"链接，就会出现"文件下载"对话框（如图 3-12 所示），单击其中的"保存"按钮，就可将检索结果保存为一个纯文本文件。需要注意的是，用户在 CNKI 中每次仅被允许下载 500 条数据。因此，如果记录数大于 500 条，则需要多次重复导出。例如，在本例中，我们共计检索到 2697 条记录，第一次在"记录"后的文本输入框中输入 1 至 500，第二次输入 501 至 1000，第三次则输入 1001 至 1500……最后一次输入 2501 至 2697。

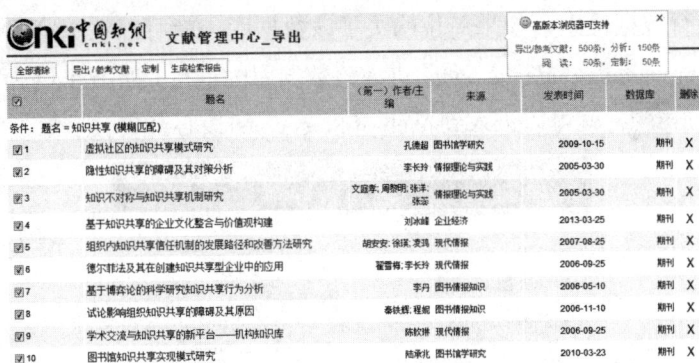

图 3-10　CNKI 数据的"导出"对话框

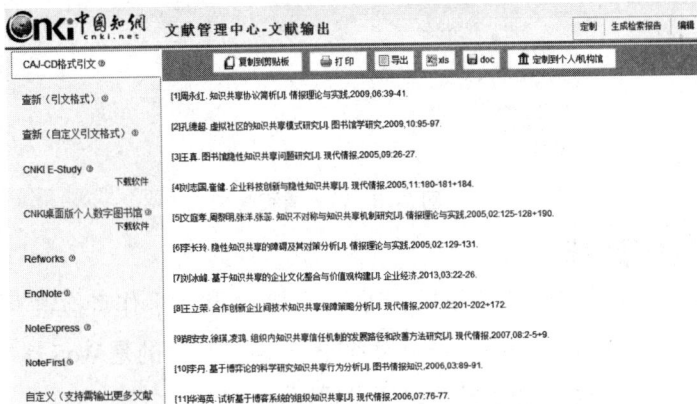

图 3-11　CNKI 的"文献输出"对话框

图 3-12　CNKI 的"文件下载"对话框

（二）英文引文数据检索举例

1. Web of Science 数据检索

例如，如果用户想要了解 Web of Science 中收录的有关"文献计量学

（bibliometric）"的英文论文情况，就可按以下方法和步骤来进行检索。

（1）进入 Web of Science 主页

由于使用 Web of Science（简称 WoS）是需要权限的，所以用户在使用 WoS 数据库之前需要联系单位图书馆的管理人员，以便确认自己是否有权限进入 WoS 数据库并进行数据检索。如果单位购买了该数据库，就可以在浏览器地址栏中直接输入 "*www.webofknowledge.com*" 进入该数据库的首页（如图 3-13 所示）。此时，用户需要点击 ，就可以进入到 Web of Science 的核心合集。

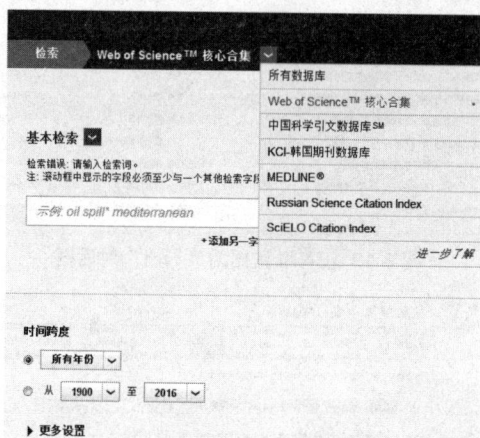

图 3-13　Wos 首页

（2）进行数据检索

进入 WoS 核心合集数据库以后，还需要对基本检索、作者检索、被引参考文献检索以及高级检索的相关参数进行设置。图 3-14 中显示的是 WoS 基本检索界面，其中包含检索框、检索字段、检索时间设置等。

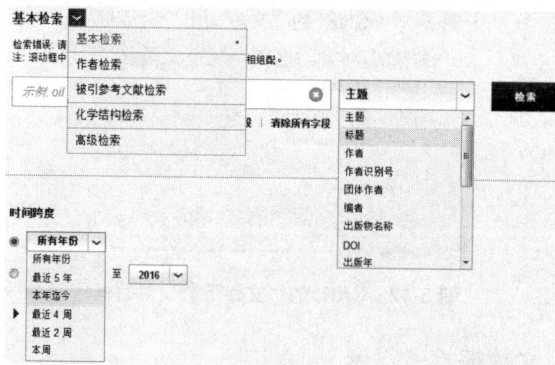

图 3-14　WoS 基本检索界面

在本例中，我们选择的是基本检索功能，想要检索主题涉及 "bibliometric" 的期刊论文。因此，我们在基本检索框中输入 "bibliometric*"，字段选择 "主题"，时间选择"1900-2016"，数据库选择 Science Citation Index Expanded（SCI-EXPANDED）-1900 年至今和 Social Sciences Citation Index （SSCI）-1900 年至今（如图 3-15 所示）。

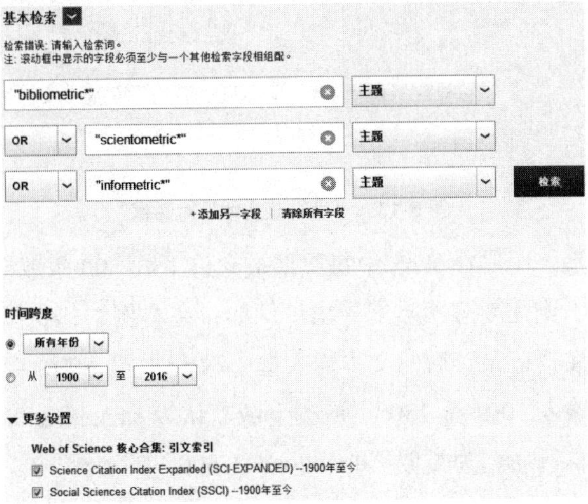

图 3-15　在 WoS 中设置相关参数

设置完毕以后，单击"检索"按钮，随即进入到检索结果页面（如图 3-16 所示）。在检索结果页面中，包含检索式、结果按照 WoS 类别、文献类型等的分布情况、数据排序、检索的保存、数据的描述性统计结果和引文报告以及被引次数和使用次数等其他信息。

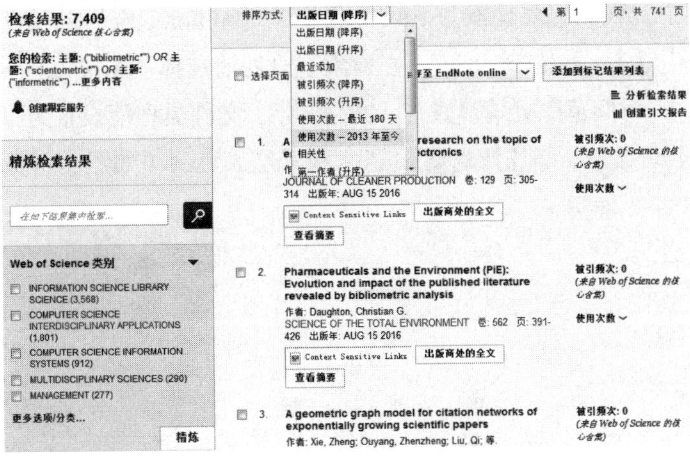

图 3-16　WoS 检索结果页面

（3）保存检索结果

首先，单击"结果的保存和导出"中的"保存为其他文件格式"。随后会出现一个"发送至文件"的对话框。在"发送至文件"对话框中，请输入记录 1-500，记录内容请选择"全记录与引用的参考文献"，文本格式请选择"纯文本"（如图3-17 所示）。接着，单击"发送"按钮，随后会提示有关数据下载的信息。

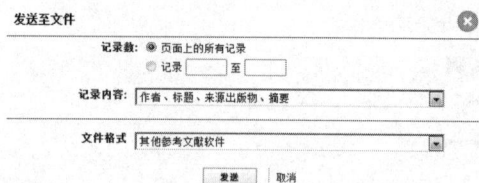

图 3-17　"发送至文件"对话框

需要注意的是，用户在 WoS 中每次仅被允许下载 500 条数据。因此，如果记录数大于 500 条，则需要多次重复导出。例如，在本例中，我们共计检索到 1300 条记录，第一次在"记录"后的文本输入框中输入 1 至 500，第二次输入 501 至 1000，第三次则输入 1001 至 1300。数据下载默认为 savedrecs.txt 的文本文件，建议用户在下载时自行命名为类似"download_1-500"的名称。

2. Scopus 数据检索

（1）进入 Scopus 主页

在登录 Scopus 之前，首先要确认用户所在单位是否具有 Scopus 使用权限。接着，在浏览器地址栏中输入"http://www.scopus.com"进入 Scopus 数据库主页。

（2）进行数据检索

在本例中，我们想要检索并下载主题关于"bibliometric"的最新学术论文，故在检索框中输入"bibliometric"，在检索字段处请选择"Article Title，Abstract，Keywords"，在时间范围处请设置为"2016"年，文件类型请设置为"Article"（如图 3-18 所示）。接着，单击 ，进入检索结果页面（如图 3-19 所示）。

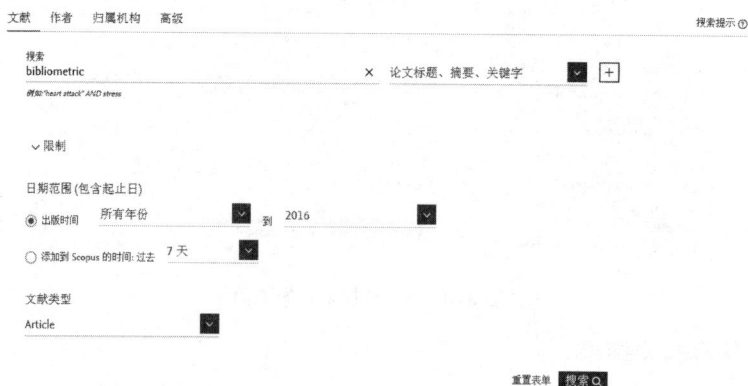

图 3-18　Scopus 主页

进入检索结果页面后，即可在页面的上端看到用户设置的检索式："TITLE-ABS-KEY（"bibliometric"）AND DOCTYPE(ar)AND PUBYEAR < 2017"，并且还可以进一步使用相关功能导出自己想要使用的数据。在页面的左侧是检索结果按照不同类别的分类（比如，时间、作者姓名、主题领域、文件类型等）。该页面的主体部分则显示了检索结果的主要内容，主要是检索得到文献的详细列表，包含了标题、作者和文献来源及被引情况等。

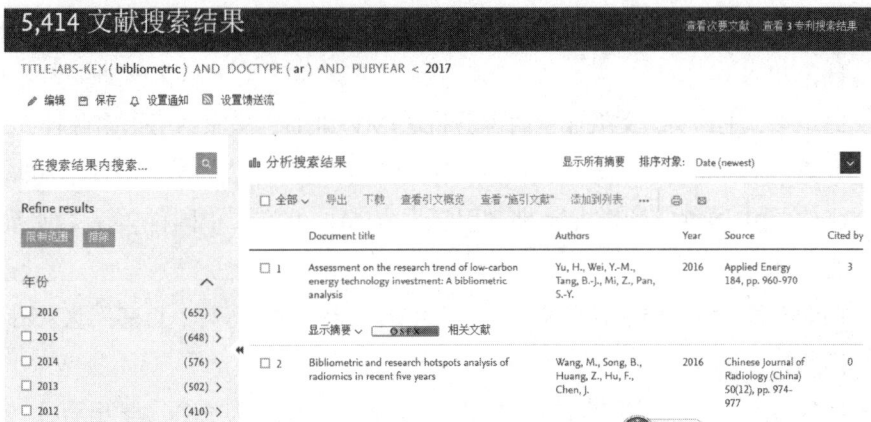

图 3-19　Scopus 的数据检索结果界面

（3）保存检索结果

为了导出可以进一步分析的数据结果，首先请单击检索页面"数据检索的选择和导出"功能位置中的"Select all"（全部），然后再单击"Export"（导出）。需要提醒大家注意的是，请选择合适的格式（如 Text 或 CSV 格式），在"What information do you want to export?"处请选择导出检索到的所有信息（如图 3-20 所示）。最后，单击"Export"（导出）按钮，即可获得下载数据。

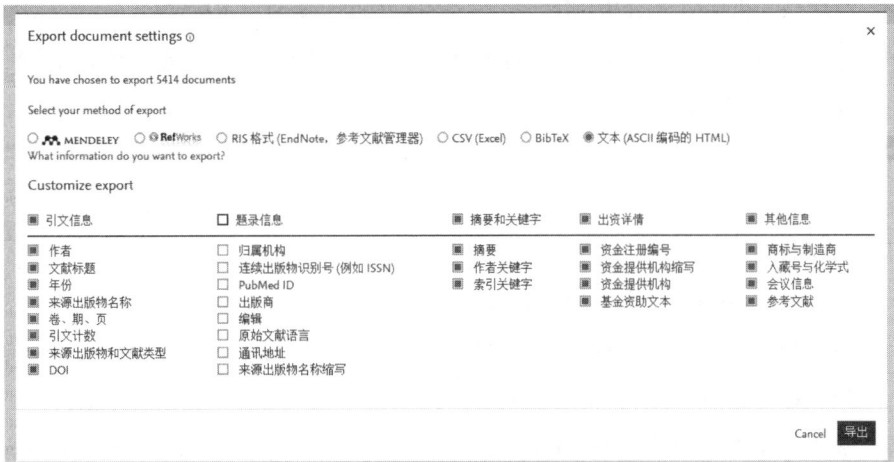

图 3-20　Scopus 数据结果导出界面

参考文献

[1] 梁永霞. 引文分析学知识图谱[M]. 大连：大连理工大学出版社，2012.

[2] 李星星. 台湾人文社会科学引文数据库来源期刊遴选评析[J]. 图书馆论坛，
     2010（4）:38-40.

[3] 孙建军，李江. 网络信息计量理论、工具与应用[M]. 北京：科学出版社，2009.

[4] 李运景. 基于引文分析可视化的知识图谱构建研究[M]. 南京：东南大学出版
     社，2009.

[5] 邱均平，王曰芬. 文献计量内容分析法[M]. 北京：国家图书馆出版社，2008.

[6] 方勇. 科学计量学的方法论研究[M]. 重庆：西南师范大学出版社，2006.

[7] 张建勇.中国科学计量指标.期刊引证报告[M]. 北京：中国科学院文献情报中
     心，2005.

[8] 加菲尔德. 引文索引法的理论及应用[M]. 侯汉清，等译. 北京：北京图书馆
     出版社，2004.

[9] 邵传芳.科学引文索引（SCI）期刊源指南[M].上海:上海交通大学出版社,2002.

[10] 周霞.《中国人文社会科学引文数据库（CHSSCD）》的建设、应用与发展[J].
     情报资料工作，2002（4）：30-32.

[11] 庞景安. 科学计量研究方法论[M]. 北京：科学技术文献出版社，1999.

[12] 娄策群. 社会科学评价的文献计量理论与方法[M]. 武汉：华中师范大学出版
     社，1999.

[13] 朱献有，张建勇. 中国科学计量指标：论文与引文统计[M]. 北京：中国科学
     院文献情报中心，1998.

[14] 刘瑞兴. 期刊引文分析[M]. 北京：中国统计出版社，1995.

[15] 马尔沙科娃. 科学引文索引与科学前沿预测[M]. 赵云龙，姜洪礼，译. 北京:
     兵器工业出版社，1992.

[16] 《科学引文索引》（SCI）选用刊物目录[M]. 成都：四川大学科研处，1989.

[17] 布劳温，格伦采尔，舒伯特，等. 科学计量学指标：32国自然科学文献与引
     文影响的比较分析[M]. 北京：科学出版社，1989.

[18] Web of Knowledge（SCI、SSCI、A&HCI 等）[EB/OL]. http://apps. webofknowledge.
     com/WOS_GeneralSearch_input.do?highlighted_tab=WOS&product=WOS&last_pro
     d=WOS&SID=1FAkAaG6H2HC578jIOk&search_mode=GeneralSearch.

[19] EI Engineering Village[EB/OL].http://www.engineeringvillage.com/controller/servlet/
     Controller?CID=quickSearch&database=1.

[20] CSCD 中国科学引文数据库(Science China 中国科学文献服务系统)[EB/OL]. http://sdb.csdl.ac.cn/search_sou.jsp.

[21] 中文社会科学引文索引（CSSCI）[EB/OL]. http://cssci.nju.edu.cn.

[22] 中国知网引文数据库[EB/OL].http://ref.cnki.net/knsref/index.aspx.

[23] 中文科技期刊数据库（引文版）[EB/OL].http://lib.cqvip.com/productor/pro_zkyw.shtml.

[24] 林志垣，郭建明. 台湾科学引文索引系统之设计与实作[EB/OL].http://eshare.stut.edu.tw/View/4150.

[25] 台湾人文社会科学引文数据库（TSSCI）[EB/OL].http://db1n.sinica.edu.tw/textdb/tssci/searchindex.php.

[26] 陈光华，刘书砚. 台湾人文学引文索引与其核心期刊[EB/OL].http://www.lis.ntu.edu.tw/~khchen/writtings/pdf/200805THCICore.pdf.[2013-02-18].

[27] CiteSeerX[EB/OL].http://citeseerx.ist.psu.edu/index.

[28] 陈光华. THCI——台湾人文学引文索引[EB/OL].http://www.lis.ntu.edu.tw/~khchen/writtings/pdf/cara2004.pdf.[2013-02-18].

[29] Scopus[EB/OL].http://www.info.sciverse.com/scopus.

第四章　图书馆学情报学知识图谱工具软件

在进行信息计量学科学研究的不同阶段，通常会借助不同的信息计量辅助工具软件才能够顺利完成。例如，在研究初期需要获取数据时，需要用到各种专门的数据采集工具，或是借助商业搜索引擎、网络爬虫、链接数据库、网络档案工具来获取数据。在进行数据统计分析时，往往要用到 SPSS、SAS 等统计分析工具。在对统计分析结果进行可视化分析时，则需要利用 Pajek、Ucinet 等工具软件来绘制可视化图形。

一、统计分析软件

获取所需要的数据以后，接下来需要做的一件重要事情就是对其进行统计分析。本节主要介绍信息计量学科学研究过程中目前较常用的统计分析软件，包括 SPSS 等。

需要补充说明的是，如果没有其他专门的软件可以利用的话，建议读者也可以利用 Excel 软件来对数据进行初步处理，将原始数据整理成某种规范格式（或是其他软件可读的格式），并进行简单的统计分析处理（例如，绘制各种图形，进行相关分析、回归分析等）。如果 Excel 的上述统计分析功能不能够满足读者的实际需求，则建议利用 SPSS 等高级统计分析工具来进行数据统计分析。

（一）SPSS 软件

1. 软件简介

SPSS 是世界上最具影响力的统计分析软件之一，它具有友好的操作界面、无须编程、功能强大、方便的数据接口、灵活的功能模块等优点，在社会科学、自然科学的众多领域发挥着不可忽视的作用。

目前，国内市场上常见的该软件版本是 IBM SPSS Statistics 20.0 多国语言版[1][2]，它主要包括以下功能[3][4]。

（1）丰富的分析功能

在 Advanced Statistics 模块中增加了更多模型，在因变量与自变量呈非线性关系的情况下，增加了对有序测量级别的因变量的预测。此外，还包括扩展了线性模型关于预测有序变量的功能以及广义线性模型和线性混合模型的整合等。

（2）增强的图表绘制功能

新版本的图形画板模板选择器增加了用于创建不同类型的地图直观表示的模板，如分区图（着色地图）、带有微型图表的地图和重叠地图等。包括增强了在地图中按区域展示结果的功能，扩展了报告的报表内容等。

（3）增强的处理性能

SPSS20.0 的处理速度比以前更快了，具体表现为：①更快地生成表格，比现有的表格生成时间快 5 倍以上；和表格相关的其他操作速度提高 3 到 30 倍，比如枢轴表、打印报告、选择表格等。②提高了排序和保存的性能，可以在排序菜单中选择是否对排序后的文件进行保存，避免了单独保存数据时的数据重复。

（4）增强的服务器端性能

作业可以在远程服务器上的独立后台会话中运行。可以从本地计算机上提交作业，断开与远程服务器的连接，稍后再重新连接并检索结果。无须保持 SPSS 在本地计算机上运行，甚至不需要保持您的本地计算机处于打开状态。从"生产设施"对话框的新"后台工作状态"选项卡上监控远程作业的进度并检索结果。用户可以自由选择在 server 端运行作业时是否连接客户端和网络。当作业运行完成时可以进行提示，并增加了获得结果的机制。

2. 主要特点

与其他软件相比，SPSS 具有以下特点[3][4]。

（1）功能全面的统计分析软件

SPSS Statistics 非常全面地涵盖了数据分析的整个流程，提供了数据获取、数据管理与准备、数据分析、结果报告这样一个数据分析的完整过程。特别适合设计调查方案、对数据进行统计分析，以及制作研究报告中的相关图表。对于阅读统计分析报告的用户来讲，已经非常熟悉由 SPSS Statistics 软件制作完毕的图表。

（2）快速、简单地为分析准备数据

在进行数据分析之前，需要根据分析目的及分析技术，对数据进行准备和整理工作。SPSS Statistics 内含的众多技术使数据准备变得非常简单。不同于其他统计分析软件，不需要为了完成重要的数据准备工作购买其他产品。SPSS Statistics 给出变量值的列表，以及值的数量，用户能够根据这些添加信息。一旦建立了数据词典，用户可以使用"拷贝数据属性"工具，更快地为分析作数据准备。

SPSS Statistics 可以同时打开多个数据集，方便研究时对不同数据库进行比较分析和进行数据库转换处理。该软件提供了更强大的数据管理功能，帮助用户通过 SPSS Statistics 使用其他的应用程序和数据库。SPSS Statistics 支持 Excel、文本、dBASE、Access、SAS 等格式的数据文件，通过使用 ODBC（Open Database Connectivity）的数据接口，可以直接访问以结构化查询语言（Structured Query Language, SQL）为数据访问标准的数据库管理系统，通过数据库导出向导功能可以方便地将数据写入到数据库中，等等。

SPSS Statistics 还支持超长变量名称（64 位字符），这不但方便了中文研究需要，也达到对当今各种复杂数据仓库更好的兼容性，使用者可以直接使用数据库或者数据表中的变量名。

（3）使用全面的统计技术进行数据分析

除了一般常见的摘要统计和行列计算，SPSS Statistics 还提供了广泛的基本统计分析功能，如数据汇总、计数、交叉分析、分类、描述性统计分析、因子分析、回归及聚类分析等，并且逐渐加入了针对直销的各种模块，方便市场分析人员针对具体问题的直接应用。新增的广义线性模型（GZLMs）和广义估计方程（GEEs）可用于处理类型广泛的统计模型问题；使用多项 Logistic 回归统计分析功能在分类表中可以获得更多的诊断功能。

（4）用演示图表清晰地表达分析结果

高分辨率、色彩丰富的饼图、条形图、直方图、散点图、三维图形以及更多图表都是 SPSS Statistics 的标准功能。SPSS Statistics 提供了一个全新的演示图形系统，能够产生更加专业的图片。它包括了以前版本软件中提供的所有图形，并且提供了新功能，使图形定制化生成更加容易，产生的图表结果更具有可读性。SPSS 软件进一步增强了高度可视化的图形构建器的功能，该演示图形系统使用户更容易控制创建和编辑图表的时间，大大减少了工作量，并且可以一次创建一个图或表，然后使用作图模板以节省时间。同时，PDF 格式的输出功能能够让用户更好地同其他人员进行信息共享。

多维枢轴表使结果更生动。在 SPSS Statistics 软件中，用户可以在一个重叠图中基于不同的数值范围建立两个独立的 Y 轴。通过对行、列和层进行重新排列，浏览表格，找到标准报表中可能会丢失的重要查找结果。拆分表，一次仅显示一组，从而可以更轻松地对各组进行比较。

（5）即时切换多国语言界面的统计分析软件，中文界面清晰友好

SPSS 软件界面操作语言齐备，使用者可以自行设置英文或简体中文操作界面。在国内统计应用中，很多使用者在学习时会遇到不熟悉英文统计专业名词的困难，因此很希望软件有中文版。SPSS 可以自行切换软件语言界面，很好地满足了大部

分人希望使用中文版的要求。SPSS 软件具有清新、友好的中文界面；全新的中文帮助文档，让使用者的学习更轻松；具有简洁、清晰的中文输出，结果一目了然，共享和发布结果更方便。

（6）强大的编程能力，支持二次开发

对于常见的统计方法，SPSS 的命令语句、子命令及选择项的选择绝大部分由"对话框"的操作完成。因此，用户无须花大量时间记忆大量的命令、过程、选择项。

（二）SAS 软件

1. 软件简介

SAS（Statistics Analysis System，统计分析系统）软件是美国软件研究所（SAS Institute Inc.）经多年的研制于 1976 年推出的。目前已被许多国家和地区的机构所采用。SAS 系统广泛应用于金融、医疗卫生、生产、运输、通信、政府、科研和教育等领域。它运用统计分析、时间序列分析、运筹决策等科学方法进行质量管理、财务管理、生产优化、风险管理、市场调查和预测等业务，并可将各种数据以灵活多样的各种报表、图形和三维透视的形式直观地表现出来。在数据处理和统计分析领域，SAS 系统一直被誉为国际上的标准软件系统。

SAS 系统是大型集成应用软件系统，它具备数据访问、数据管理、数据分析、数据显示四大功能[4][5][6]。

SAS 系统包含了多个不同模块，可以完成不同的任务，主要模块有：①SAS/ BASE（基础）：初步的统计分析；②SAS/STAT（统计），广泛的统计分析；③SAS/QC（质量控制），质量管理方面的专门分析计算；④SAS/OR（规划），运筹决策方面的专门分析计算；⑤SAS/ETS（预测），计量经济的时间序列方面的专门分析计算；⑥SAS/IML（矩阵运算），提供了交互矩阵语言；⑦SAS/GRAPH（图形），提供了许多产生图形的过程并支持众多的图形设备；⑧SAS/ACCESS（外部数据库接口），提供了与大多数流行数据库管理系统的方便接口，并且自身也能进行数据管理；⑨SAS/ ASSIST（面向任务的通用菜单驱动界面），方便用户以菜单方式进行操作；⑩SAS/ FSP（数据处理交互式菜单系统）。此外，SAS 系统还将许多常用的统计方法分别集成为两个模块 LAB 和 INSIGHT，供用户利用图形界面和菜单直接对数据进行统计分析。

2. 主要特点

SAS 软件的主要特点有[4][5]：①使用灵活方便，功能齐全。SAS 的宗旨是为所有需要进行数据处理、数据分析的非计算机专业人员提供一种易学易用、完整可靠的软件系统。SAS 使用简单方便，用户把要解决的问题，用 SAS 语言表达出来，组成 SAS 程序，提交给 SAS 系统就可以解决问题。执行的情况和输出结果都会在屏幕上显示出来，用户操作是在很友好的界面下进行的。此外，SAS 功能非常齐全，它提供了 20 多个模块可完成各方面的实际问题。②SAS 语言是编程能力强且简洁易学的非过程语言。SAS 语言是 SAS 系统的基础，是用户与系统对话的语言，是功能强大的程序设计语言。SAS 语言是非过程语言，不必告诉 SAS 怎样做，只需告诉它你要"做什么"。③SAS 系统把数据处理与统计分析融为一体。SAS 程序的结构由两个基本步骤任意组合而成。DATA 步用于对数据的加工处理；PROC 步用于分析数据和编写报告。

（三）MATLAB 软件

1. 软件简介

MATLAB（矩阵实验室）是 matrix & laboratory 的缩写，是一款由美国 The MathWorks 公司出品的商业数学软件。MATLAB 是一种用于算法开发、数据可视化、数据分析以及数值计算的高级技术计算语言和交互式环境。除了矩阵运算、绘制函数/数据图像等常用功能外，MATLAB 还可以用来创建用户界面及调用其他语言（包括 C，C++和 FORTRAN）编写的程序。

尽管 MATLAB 主要用于数值运算，但利用众多的附加工具箱（Toolbox）它也适合不同领域的应用，如控制系统设计与分析、图像处理、信号处理与通信、金融建模和分析等。另外还有一个配套软件包 Simulink，提供了一个可视化开发环境，常用于系统模拟、动态/嵌入式系统开发等方面。

MATLAB 主要提供以下功能[4][7]：①可用于技术计算的高级语言；②可对代码、文件和数据进行管理的开发环境；③可以按迭代的方式探查、设计及求解问题的交互式工具；④可用于线性代数、统计、傅立叶分析、筛选、优化及数值积分等的数学函数；⑤可用于可视化数据的二维和三维图形函数；⑥可用于构建自定义的图形用户界面的各种工具；⑦可将基于 MATLAB 的算法与外部应用程序和语言（如 C、C++、FORTRAN、Java、COM 以及 Microsoft Excel）集成的各种函数。

2. 主要特点

MATLAB 语言之所以能如此迅速地普及，显示出如此旺盛的生命力，是由于它有着不同于其他语言的特点[4][8]：①语言简洁紧凑，使用方便灵活，库函数极其丰富。MATLAB 程序书写形式自由，利用丰富的库函数避开繁杂的子程序编程任务，压缩了一切不必要的编程工作。由于库函数都由本领域的专家编写，用户不必担心函数的可靠性。可以说，用 MATLAB 进行科技开发是站在专家的肩膀上。MATLAB 用更直观、更符合人们思维习惯的代码，代替了 C 和 FORTRAN 语言的冗长代码。MATLAB 给用户带来的是最直观、最简洁的程序开发环境。②运算符丰富。由于 MATLAB 是用 C 语言编写的，MATLAB 提供了和 C 语言几乎一样多的运算符，灵活使用 MATLAB 的运算符将使程序变得极为简短。③MATLAB 既具有结构化的控制语句（如 for 循环，while 循环，break 语句和 if 语句），又有面向对象编程的特性。④程序限制不严格，程序设计自由度大。例如，在 MATLAB 里，用户无须对矩阵预定义就可使用。⑤程序的可移植性很好，基本上不做修改就可以在各种型号的计算机和操作系统上运行。⑥MATLAB 的图形功能强大。在FORTRAN 和 C 语言里，绘图都很不容易，但在 MATLAB 里，数据的可视化非常简单。MATLAB 还具有较强的编辑图形界面的能力。⑦MATLAB 的缺点是，与其他高级程序相比，程序的执行速度较慢。由于 MATLAB 的程序不用编译等预处理，也不生成可执行文件，程序为解释执行，所以速度较慢。⑧功能强大的工具箱是 MATLAB 的另一特色。MATLAB 包含两个部分：核心部分和各种可选的工具箱。核心部分有数百个核心内部函数。其工具箱又分为两类：功能性工具箱和学科性工具箱。功能性工具箱主要用来扩充其符号计算功能、图示建模仿真功能、文字处理功能，以及与硬件实时交互功能。功能性工具箱用于多种学科。而学科性工具箱是专业性比较强的，如 control,toolbox,signl proceessing toolbox,commumication toolbox 等。这些工具箱都是由该领域内学术水平很高的专家编写的，所以用户无须编写自己学科范围内的基础程序，便可直接进行高、精、尖的研究。⑨源程序的开放性。开放性也许是 MATLAB 最受人们欢迎的特点。除内部函数以外，所有 MATLAB 的核心文件和工具箱文件都是可读可改的源文件，用户可通过对源文件的修改及加入自己的文件构成新的工具箱。⑩可扩展性。作为 Simulink 和其他所有 MathWorks 产品的基础，MATLAB 可以通过附加的工具箱（Toolbox）进行功能扩展，每一个工具箱就是实现特定功能的函数的集合。

（四）R 语言

1. 软件简介

R 语言是一种数据分析语言，它是免费的科学数据分析语言，其中凝聚了众多研究人员的心血，既是使用范围广泛的成熟语言，又是学习者能够较快受益的一种语言。

R 的源代码可以自由下载使用，亦有已编译的执行版本可以下载，并且可以在多种平台下运行，包括 UNIX（也包括 FreeBSD 和 Linux）、Windows 和 MacOS。R 主要是以命令执行操作，有人还专门开发了几种图形用户界面[4][9]。

R 是一套完整的数据处理、计算和制图软件系统，其主要功能包括[4][10]：①数据存储和处理系统；②数组运算工具（其向量、矩阵运算方面功能尤其强大）；③完整连贯的统计分析工具；④优秀的统计制图功能；⑤简便而强大的编程语言，可操纵数据的输入和输出，可实现分支、循环，用户可以自定义功能。

与其说 R 是一种统计软件，还不如说 R 是一种数学计算的环境，因为 R 并不是仅仅提供若干统计程序，使用者只需指定数据库和若干参数便可进行一个统计分析。R 的思想是：它可以提供一些集成的统计工具，但更大量的是它提供各种数学计算、统计计算的函数，从而让使用者能灵活机动地进行数据分析，甚至创造出符合需要的新的统计计算方法。

R 语言的语法表面上类似 C 语言，但在语义上是函数设计语言的（Functional Programming Language）的变种并且和 Lisp 及 APL 有很强的兼容性。特别要注意的是，它允许在"语言上上计算"（Computing on the Language）。这使得它可将表达式作为函数的输入参数，而这种做法对统计模拟和绘图非常有用。

2. 主要特点

与 MATLAB、SAS、SPSS 等其他同类软件相比，R 语言是一组数据操作、计算和图形显示工具的环境，其特色在于[4][11]：①有效的数据处理和保存机制。②拥有一整套数组和矩阵的操作运算符。③一系列连贯而又完整的数据分析中间工具。④图形统计可以对数据直接进行分析和显示，可用于多种图形设备。⑤一种相当完善、简洁和高效的程序设计语言。它包括条件语句、循环语句、用户自定义的递归函数以及输入输出接口。⑥R 语言是彻底面向对象的统计编程语言。⑦R 语言和其他编程语言、数据库之间有很好的接口。⑧R 语言是自由软件，用户可以放心大胆地使用，其功能不比任何其他同类软件差。⑨R 语言具有丰富的网上资源，更为重要的一点是 R 提供了非常丰富的程序包，除了推荐的标准包外还有很多志愿者贡献的附加包，用户可以直接利用这些包，大大提高工作效率。R 语言的官网是 http://www.r-project.org，与 R 语言有关的重要网站还有 CRAN（Comprehensive R Archive Network），其主站网址是：http://www.cran.r-project.org，用户在该网站可以下载到很多程序包以及有关 R 语言的资料。

二、信息可视化软件

俗话说，一图胜千言。精美的可视化图形可以使抽象的数据变得直观、一目了然。因此，目前一些常用的信息可视化工具（如 Pajek、Ucinet 等）备受科研人员的青睐。这些信息可视化工具都可将信息进行可视化分析处理，帮助科研人员完成信息计量研究工作。

（一）Pajek 软件

1. 软件简介

Pajek 软件是由斯洛文尼亚卢布尔雅那大学的 Vladimir Batagelj 和 Andrej Mrvar 共同编写，可以免费提供给非商业用途的用户使用。Pajek 在斯洛文尼亚语中是蜘蛛的意思。因此，Pajek 软件的标志是一只蜘蛛。蜘蛛是生物中的织网高手，它的编织网络能力令人叹为观止。而 Pajek 这个软件不仅为用户提供了一整套快速有效的用来分析复杂网络的算法，而且还提供了一个可视化的界面，允许用户从视觉角度更加直观地了解各种复杂网络的结构特性。

Pajek 可以为合著网、化学有机分子网、蛋白质受体交互网、家谱网、因特网、引文网、传播网、数据挖掘网等多种复杂网络提供分析和可视化操作工具。

与一般计算机图的结构相比，复杂网络的复杂性最主要表现在节点数目庞大，通常达到几千甚至几万个，其结构要比一般计算机图形的结构复杂得多。例如，一个大型家谱网络，它的节点数（即人数）可以达到数万个。Pajek 则是一种可以快速有效地分析和仿真复杂网络的可视化软件[4][12]。

2. 主要特点

概言之，与其他社会网络可视化软件相比较，Pajek 呈现出以下三方面的主要特点[4][13]。

（1）快速性

Pajek 可以为用户提供一整套快速有效的算法，用于分析节点数以万计的大型复杂网络。在 Pajek 中，由于所有的算法时间复杂度都低于 $O(n^2)$，从而使得 Pajek 有别于其他算法，它可以用来快速处理大型的复杂网络，这也正是 Pajek 的魅力所在。

（2）可视化

Pajek 为用户提供了一个非常人性化的可视化平台，只要在 Pajek 里执行 "Draw|Draw" 的菜单命令，就可以快速绘制出一张网络图。此后，用户还可以根据自己的需要以自动或者手动方式来对该网络图进行精细调整。

（3）抽象化

Pajek 为分析复杂网络的全局结构提供了一种抽象方法（如图 4-1 所示）。

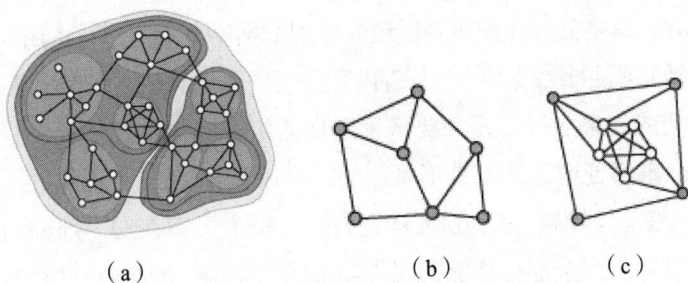

（a）　　　　　　　　（b）　　　　　　　　（c）

图 4-1　Pajek 的抽象化

在图 4-1 中，（a）表示的是某社区的道路分布图，其中的阴影部分就是各个不同的"类"。这些类是若干节点的集合，在这些类的内部，各个节点之间联系紧密，而各个类之间则仅仅通过少数的几条边相连接。从（a）中，我们可以看到各个点之间的联系，但很难一眼看出网络的整体结构。从（b）中我们很容易就可以从全局的角度看出网络的整体结构。在图（c）中，原网络正中间的那个类不变，而其周围的各类都被看作一个整体。利用这个图，我们就可以很方便地看到中间的类中各个节点在整个网络中的作用。

（二）Ucinet 软件

1. 软件简介

Ucinet 软件是由加州大学欧文（Irvine）分校的一群网络分析者编写的[4][14]。现在对该软件进行扩展的团队由斯蒂芬·博加提（Stephen Borgatti）、马丁·埃弗里特（Martin Everett）和林顿·弗里曼（Linton Freeman）组成。该软件最初是一组用 Basic 语言编写的模块，逐渐发展成为综合性的 DOS 程序，现在已经可作为一种 Windows 程序来使用了。这是一个具有通用目标、易于使用的程序，它涵盖了一些基本的图论概念、位置分析法和多维量表分析法等。

Ucinet 软件最大的设计思路是考虑应该提供哪些功能。自从 Freeman 的第一个版本发布，Ucinet 一直吸收不同的网络算法。这些算法无论是在功能上（检测具有凝聚力的群体、测量中心度，等等）还是来源上（不同人以不同的数学思想、方法论的观点下创造出来的）都很多样。

2. 主要特点

Ucinet 软件主要有以下特点[4][15]：①Ucinet 是菜单驱动程序，菜单是嵌套的，选择菜单中的某个功能时可以显示该功能下的所有下级菜单，用户可根据需要选择。新版本的 Ucinet 6 与以往追求易用性相比，更注重程序运行的速度。在运行

Ucinet 程序时，总是需要在使用降低最大处理的网络节点大小、占用大量内存的算法还是使用能处理更多数据集合、节省内存空间的缓慢算法之间做出选择。②Ucinet 采用菜单系统的后果之一，是需要将程序功能组织成类别及子类，并且要富于逻辑、可理解。事实证明，这不是不可能的，可以发现 Ucinet 提供的所有功能分类有几套竞争方案，但没有一个方案是完美的。每个方案在对一部分功能归类方面非常完美，而对于剩余部分功能的归类就显得很勉强。Ucinet 已经使用的分类方案同样存在这样的问题，但最基本的思想是在网络环境下，而该方案是基于网络理论基础创建的。③Ucinet 网络分析集成软件包括一维与二维数据分析的 NetDraw，还有正在发展应用的三维展示分析软件 Mage 等，同时集成了 Pajek 用于大型网络分析的 Free 应用软件程序。利用 Ucinet 软件可以读取文本文件、KrackPlot、Pajek、Negopy、VNA 等格式的文件，它能处理 32767 个网络节点。当然，从实际操作来看，当节点数在 5000~10000 时，一些程序的运行就会很慢。④Ucinet 提供大量的数据管理和转换工具，如选择子集、合并数据集、序化、转化或记录数据。Ucinet 不包含可视化的过程，但是它与软件 Mage、NetDraw 和 Pajek 集成在一起，从而能够实现可视化。NetDraw 是简单地绘制网络图的工具，它可以读取 Ucinet 系统文件、Ucinet 文本文件、Pajek 文本文件等。它可以同时处理多种关系，并可以根据节点的特性设置节点的颜色、形状和大小。它是一个非常灵活的可视化软件，并可做数据分析，如中心性分析、子图分析、角色分析等，还具有很强的矩阵运算能力。⑤下载后可免费使用两个月，试用版本的数据是过期的，但其功能和正式版本是一样的。试用期满后可以在线购买，并且针对用户类型规定了不同的购买价格。

（三）HistCite 软件

1. 软件简介

HistCite 是由 SCI 的创始人尤金·加菲尔德，以及他的同事们推出的一套比较完整的引文编年可视化系统，软件可以在官方网站（网址：http://www.histcite.com）上下载。HistCite 不仅是一个文献列表分析软件，更是一种强有力的可视化分析工具。HistCite 可以用 HTML 格式，在 Web 浏览器中显示一个清晰、富含大量信息的数据列表[4][16]。

2. 主要特点

与其他软件相比，HistCite 主要有以下三个特点[4][16][17]。①识别所研究领域内的关键文献，包括：识别出对该主题发展做出重要贡献的文献，通过关键词查询，准确定位出所缺失的最重要的文献；识别出该领域内，被引用最多的作者和期刊；识别出其他的可以扩检的关键词。②重现研究领域的历史及发展情况。包括：创建历史图表来显示关键的文献和时间；创建某个作者的历史发展图；找到高被引文献；发现重要的共作者关系；找到对某位作者所写文献中，贡献最大的出版物和文献；找到作者所出版作品的时间序列。③分析下载文献中的作品数量和引用比率。包括：发文作者的国籍和所属机构；在所下载的这些文章中，发文最多以及被引用最多的作者；引文的统计情况；计算作者的 H 指数，自引和排除自引的情况。

（四）CiteSpace 软件

1. 软件简介

CiteSpace 是国际著名信息可视化专家、美国德雷赛尔大学（Drexel University）信息科学与技术学院陈超美老师所在团队研发的一款用于分析和可视共现网络的 Java 应用程序，以 Web of Science 导出的纯文本数据为主要的数据源，目的是探讨科学文献可视化的模式和发展趋势。CiteSpace 在全世界享有盛誉，近年来在中国的推广非常成功，大连理工大学等多所中国院校对 CiteSpace 展开了不同程度的研究和应用，并将国内的 CSSCI、CNKI 等数据库成功应用到了 CiteSpace 中[4][18]。

由于 CiteSpace 最初是通过其官方网站的 WebStart 链接使用的，使用量可通过网站流量来统计。通过 Cluster Maps 分析 2009 年的数据统计，CiteSpace 的用户主要分布在美国、中国和欧洲等国家和地区。

2. 主要特点

与其他文献分析软件相比，CiteSpace 有其自身的优势和独特之处[4][19]：①可以将 Web of Science 等数据库的原始数据格式直接导入进行运算及作图，原始数据不需要转化为矩阵的格式；②对于同一数据样本，可进行多种图谱绘制，从不同角度展现数据演进特征；③该软件通过为节点和连线标记不同颜色，清晰地展现出文献数据随时间变化的脉络；④解释图形很主观，可以使用系统的算法生成聚类，也可以用视觉判断聚类，咨询领域专家。

（五）VOSviewer 软件

VOSviewer（Visualization of Similarities，VOS）是由荷兰鹿特丹伊拉斯姆斯大学（Erasmus University Rotterdam）的 Nees Jan van Eck 和 Ludo Waltman 博士联合开发的。Nees Jan van Eck 和 Ludo Waltman 目前都就职于荷兰莱顿大学科学技术

研究中心（Centre for Science and Technology Studies）。其中，Ludo Waltman 在 2014 年已经成为世界知名信息计量期刊 *Journal of Informetrics* 的主编。

1. 软件简介

VOSviewer 最早的版本仅仅用于展示可视化的结果，随着发展其不仅全面开放供用户免费使用，而且功能和分析数据的类型也得到了很大的提升。目前该软件几乎具备了常见的所有的文献计量分析功能，如文献耦合、共被引、合作及共词分析。据调研，该软件已经广泛地应用在了各个领域的科学计量分析中。以科学计量学领域的知名期刊 *Scientometrics* 来讲，其发表的大量案例研究类的论文就使用了 VOSviewer。在该软件被大家广泛使用的同时，我们也发现了很多存在"问题"的论文。主要表现在两个方面：第一，由于软件用户自身缺乏科学计量学的基础，所分析的目的以及结果解读存在错误；第二，由于该软件并没有提供详细的软件使用技巧说明，导致很多用户得到的结果十分不清晰。当然，这两点可能也是用户使用其他科学图谱工具所存在的共性问题[20][21][22][23]。从核心功能上来说，VOSviewer 主要用于分析科技文献的合作网络、共被引网络、耦合网络以及主题的共现网络，这些都属于无向网络。

如果用户想要下载 VOSviewer 软件，则可在浏览器中输入"http://www.vosviewer.com/"，即登陆到 VOSviewer 软件的主页。然后，单击页面中的 Download，进入软件的下载界面，按照屏幕提示即可完成该软件的下载。

2. 分析步骤

使用 VOSviewer 软件进行数据可视化分析，主要包括以下七个分析步骤[20][22][23]：①获取数据。当用户在确定好研究主题以后，就可以据此来选择数据库（如 Web of Science、Scopus 等）及数据采集方法。②选择分析单元。用户在进行数据分析之前，需要根据研究目的来选择合适的分析单元。常见的分析单元包含标题、作者、机构、国家/地区、摘要、关键词、参考文献、发表期刊以及其他索引信息。③计算分值。利用共被引分析、耦合分析、合作分析、共词分析等不同计算方法来建立知识分析单元之间的联系，并计算其关联强度（或称相关得分）。④标准化处理。在得到上述原始得分之后，为了修正由于节点本身大小所带来的对节点之间关联强度的影响，还需要对原始数据进行标准化处理。VOSviewer 中嵌入的数据标准化方法主要有关联强度方法和联合概率算法。⑤构建图谱。VOSviewer 中构建知识图谱主要包括两个步骤：一是使用 VOS mapping 算法来计算节点在二维空间的相对位置，二是通过 VOS Clustering 方法来对图谱进行聚类。⑥可视化。VOSviewer

中用节点来表达所分析的知识单元，用节点的颜色来表达所属的不同聚类，用节点以及节点的标签来表达节点的权重信息。⑦评估结果。知识图谱结果评估决定生成的知识图谱最终是否可以采用，通常需要借助行业专家、学者等外界力量来对生成的知识图谱进行评估。如果用户对得到的图谱结果还不满意，则需要重新调整可视化参数。

（六）SCI^2 软件

1. 软件简介

SCI^2（Science of Science）Tool（http://sci2.cns.iu.edu）是由美国印第安纳大学凯蒂·伯尔纳教授组织开发的一款免费软件，它是专门为科学学研究而设计的一整套模块化科学工具。它支持从时间、空间、主题、网络分析和可视化等多个角度，分析微观（个体）、中观（局部）和宏观（整体）水平的知识单元[4][24]。

SCI^2 功能强大，利用它可以输入多种常见格式数据，提供多种方法来处理数据，可以构建常见的知识单元网络，还能形成作者—引证、论文—引证、作者—论文等直接关系网络，进行历时分析（对数据进行时间段分割和突变检测）、空间分析（通过地理编码和地理空间主题图完成）、主题分析（词语突变检测和共词分析）、网络分析（在网络上应用不同算法进行统计分析）。

与其他知识可视化工具相比，SCI^2 具有以下重要特点：①访问或自行下载在线科学数据集；②可以利用最有效的算法完成不同种类的分析；③使用不同的可视化交互式地探索和理解特定数据集；④共享数据集和跨学科的算法。

2. 运行环境

SCI^2 的开发是在网络基础设施内核——Cyber Infrastructure Shell（CIShell）的基础上开发的，CIShell 是一个开源的 Eclipse 插件框架，它可以很容易地整合数据集、方程、工具和计算机资源，并且遵守 OSGI R4 协议和 Equinox 接口[4]。

SCI^2 是一个单机的桌面软件，可适用于现有的通用操作系统，它是建立在 Java se 5 的基础上，所以使用前必须先安装 Java 虚拟机，然后下载 SCI^2（http://sci.cns.iu.edu/registration/user），解压缩就可以使用。

如果用户还没有安装 Java，首先需要安装 JDK，版本要求在 JDK5 及以上，下载地址"http://www.java.com/en/download/index.jsp"，然后从"http://sci.cns.iu.edu/registration/ user"下载 SCI^2，下载时注意选择操作系统的类型。

下载完成后，解压缩 zip 压缩文件到任意的文件夹中，从其文件组成可以看出程序用 Eclipse RCP 机制，而且选用的是 AWT 而非 SWT 框架。双击 Sci2.exe 文件，即可自动运行程序。如果要卸载 SCI^2，只需删除程序所在的文件夹皆可。

3. 用户界面

启动程序，得到如图 4-2 所示的 SCI^2 用户界面，包括菜单栏和窗口。其中，窗口包括调试窗口、调度窗口和数据管理窗口[4][24]。

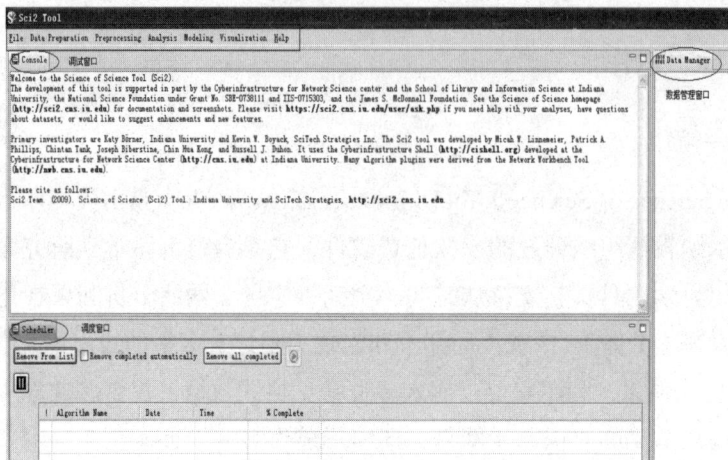

图 4-2　SCI^2 用户界面

（1）菜单栏

SCI^2 菜单栏主要包括 File（文件）、Data Preparation（数据准备）、Preprocessing（预处理）、Analysis（分析）、Modeling（建模）、Visualization（可视化）、Help（帮助）七个一级菜单项。

"File"（文件）菜单主要功能包括：可以加载多种数据格式（如 ISI、NSF 数据等），保存和查看结果，以及合并或分割节点和边文件。

下载文件后，就可以使用 "Data Preparation"（数据准备）菜单中的选项来清理数据和建立网络或用于预处理、分析和可视化步骤的表。在菜单顶部的选项可用于任何基于表的数据集（如 CSV 文件），用于从网络中提取信息。位于最底部的 "数据准备|数据库" 菜单项是专门用来对先前加载到数据库 ISI 或 NSF 数据进行设置。

分析和可视化处理之前，用户可使用预处理算法进行修剪追加网络或表。菜单按照域分开，而最小单位的任务要求放在同一个域中。例如，为了可视化一个作者同被引网络时，只需使用从属于 "预处理""分析" 和 "可视化" 下面的 "网络" 域的算法即可。同样，显示地图仅仅需要 "地理空间" 的算法。利用 "Preprocessing"（预处理）菜单可以实现一般处理、时空处理、空间处理、主题处理、网络处理等功能。

一旦数据经过加载、准备和预处理，就可以利用 Analysis（分析）菜单项在四个域进行数据分析，包括时间分析、空间分析、主题分析和网络分析。分析结果可以用于再分析，也可以进行可视化。尽管 SCI^2 主要是用于网络分析，但它也支持表格数据的地理编码以及专题或者通用的分析研究。

"Modeling"（建模）菜单只有 "Networks"（网络）一个子菜单项。该子菜单项又包括以下内容：①随机图像：提取带有固定数量且被无向边随机连接的节点的图像；②瓦斯托加茨小世界：生成一个其中大部分节点没有直接连接到另一个节点，但仍通过较少边连接到另一个节点的图像；③Barab á si-Albert 无标度：通过经济增长和优先连接生成无标度网络；④TARL（主题式、老龄化和递归链接）：集成 "老龄化" 生成作者和论文的双边 coevolving 网络，也可应用于其他不同的老龄化分布数据集。

"Visualization"（可视化）菜单包括以下子菜单项。① "概述" 子菜单项，包括 "Gnu 平面图" 子菜单项，用于以许多不同形式绘制二维功能和数据点的平面图；② "时空" 子菜单项，包括 "水平条形图（不包括版本）" 子菜单项，使用 CSV（表格）数据集依据时间的推移可视化数值数据；③ "空间" 子菜单项，包括 "地理地图（圈注解）" 和 "地理地图（彩色区域注解）" 这两个子菜单项；④ "网络" 子菜单项。

"Help"（帮助）菜单可以连接到联机文档，还包括更新、配置管理以及有关 SCI^2 工具的介绍信息。

（2）窗口界面

SCI^2 有三大窗口，它们具有各自不同的功能。①Console 窗口：Console 为调试窗口，展示了处理数据过程中产生的各种操作。用户进行的所有操作（如下载、查看、保存数据，运行各种公式、调整参数等），都会在 "Console" 窗口中显示日志信息，并将日志信息保存在 "安装目录/logs" 下。同时，"Console" 窗口还会显示公式原作者的感谢信息、开发者信息、集成者信息、参考文档、链接到参考文档的 URL、链接到 Wiki 社区 NWB/SCI2 的公式描述的 URL。②Scheduler 窗口：Scheduler（调度）窗口主要用来显示数据处理进程，还可以对产生的数据进行删除。③Data Manager 窗口：Data Manager（数据管理）窗口可以用来显示处理过程中产生的所有数据。一般情况下，数据管理窗口会显示当前所有加载的可以使用的数据集。加载的不同类型的数据，会显示不同的图标（如表 4-1 所示）。

表 4-1　不同数据类型的图标

图标	数据类型	说明
	Text（文本）	文本文件
	Table（表）	表数据（csv 文件）
	Matrix（矩阵）	Pajek 的.mat 文件
	Plot（曲线图）	可以利用 Gnuplot 软件来绘图的纯文本文件
	Network（网络）	网络数据（Graph/ML、XGMML、NWB、Pajek .net 或是边列表格式）
	Database（数据库）	内存数据库
	Tree（树）	树形数据（TreeML）

三、知识图谱工具软件应用举例

（一）SPSS 应用举例

本节拟以共词分析为例，利用 SPSS 中的因子分析、聚类分析和多维尺度分析来构建相应知识图谱[4][25]。

1. 数据处理

在中国知网（CNKI）上，以"信息资源管理"为关键词，检索时间范围为 CNKI 默认的年限（检索时间为 2010 年 1 月 24 日），检索范围为核心期刊，以关键词为检索字段，采用精确检索的方式检索出 1133 篇文献。从 CNKI 上下载这些文献的题录数据，并保存成文本格式的文件。

首先把所有的题录数据载入到数据库中，然后从这些数据中抽取出关键词，进行关键词统计，选取高频关键词，然后对高频关键词进行两两共同出现次数统计，最终得到一个高频关键词共词矩阵。

在处理过程中，我们去掉了与信息资源管理无关的文献（如通知、启事等），最终得到 1062 篇有关信息资源管理的文献。这些文献有 5027 个关键词，平均每篇文献 4.7 个关键词。为保证共词分析的效果，本文选择词频不低于 6 次的进行处理，并且去掉了一些与信息资源管理研究方向不相关的词（如情报学、图书馆、图书馆学、管理、中国、美国、信息、研究方向、理论研究等关键词）。同时，我们对一些同义词进行了合并（例如，将因特网、网络和 Internet 合并成互联网；把现代信息技术转变为信息技术；把 IRM 转换成信息资源管理等）。其中，关键词"信息资源管理"出现的次数最多，但鉴于"信息资源管理"与本文的研究内容完全重合，在共词分析中难以发挥作用，故予以舍弃。最终确定了表征信息资源管理研究方向的 57 个关键词，这是本文处理共词分析的基础（如表 4-2 所示）。

对这 57 个关键词进行两两组合，统计它们在 1062 篇文章中共同出现的次数，形成 57×57 共词矩阵，部分共词矩阵如表 4-3 所示。在这里，我们将对角线的值设为该关键词与其他关键词共同出现次数的最大值+1，突出该关键词与自己的亲密关系。

表 4-2　参与聚类分析的关键词列表（部分）

关键词	词频	关键词	词频
信息管理	97	企业	22
信息资源	91	网络信息资源	21
知识管理	80	信息产业	20
信息技术	51	信息化	19
互联网	36	管理信息系统	17
信息系统	35	信息政策	16
企业信息化	31	信息组织	16
信息服务	31	知识经济	16
电子政务	29	网络环境	16
数字图书馆	27	政府信息资源	15

表 4-3　关键词共词矩阵（部分）

关键词	信息管理	信息资源	知识管理	信息技术	互联网	信息系统	信息服务
信息管理	21	4	20	19	1	10	2
信息资源	4	9	3	6	8	4	4
知识管理	20	3	21	5	1	3	1
信息技术	19	6	20	20	1	12	4
互联网	1	8	1	1	9	2	2
信息系统	10	4	3	12	2	13	2
信息服务	2	4	1	4	2	2	5

2．因子分析图谱创建

因子分析要达到的目标就是用尽可能少的因子去描述众多的指标或因素之间的联系，其基本思想是根据关键词之间的相关性大小，将研究对象的变量分组使得同组内的变量之间相关性较高，而不同组的变量相关性较低。每组变量代表一个基本结构，这个基本结构称为公共因子。这样，较少的几个公共因子就可以反映原资料的大部分信息。利用因子分析法，可根据因子得分值，在因子所构成的空间中把研究对象的变量点画出来，从而客观地达到分类的目的，并以此来对聚类分析结果进行完善。

具体步骤介绍如下。

（1）选择"分析"菜单中的降维选项，再选择"因子分析"选项（如图 4-3 所示），打开"因子分析"对话框（如图 4-4 所示）。

图 4-3　"因子分析"选项

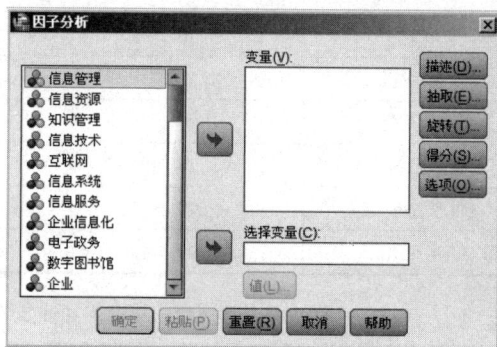

图 4-4　"因子分析"对话框

（2）将所有的数据添加至变量框中（如图 4-5 所示）。

（3）在"描述统计"对话框中设置值（如图 4-6 所示）。

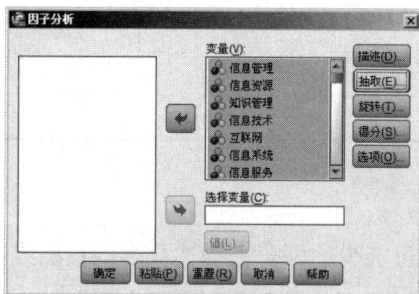

图 4-5　选择所有变量

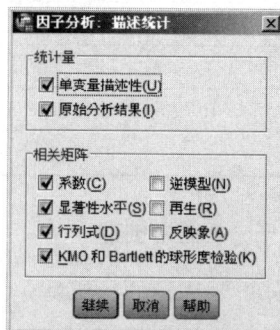

图 4-6　"描述统计"对话框

（4）在"抽取"对话框中选择主成份，并设置值（如图 4-7 所示）。

（5）在"旋转"对话框中设置值（如图 4-8 所示）。

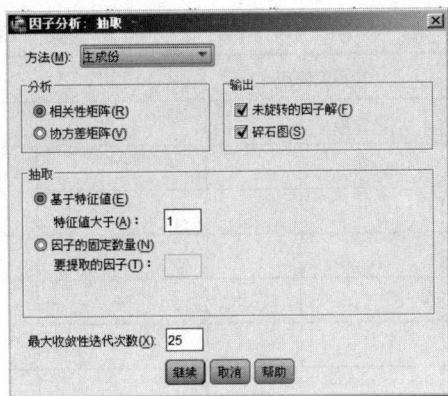

图 4-7　"抽取"对话框　　　　　　图 4-8　"旋转"对话框

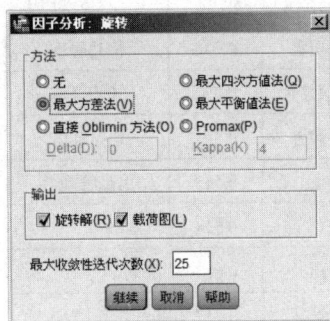

　　以上面得到的关键词共词矩阵为基础，在 SPSS20 中选择主成份方法、协方差矩阵和最大方差旋转进行因子分析。结果显示有 7 个公共因子被提取出来，其累计方差贡献率为 85.789%。也就是说，将这 57 个关键词分成 7 个类别，就可以解释国内信息资源管理领域 85.789% 的信息。其中，"信息管理""信息系统""信息资源"三个关键词的方差贡献率超过了 10%，分别为 37.224%、14.733%、10.195%，累计方差贡献率为 62.152%，这是国内信息资源管理研究比较集中的领域。表 4-4 显示了因子载荷量大于 0.5 的关键词分类，根据载荷量大于 0.7 对命名才有帮助的原则，我们为这 7 个公共因子分别命名。最后一类由于只有一个因子，因此直接取其为公共因子的名字。

表 4-4　因子分析确定的 IRM 研究热点

1 信息系统		2 信息产业化		3 网络信息资源管理		4 档案资源管理	
信息管理	0.746	信息产业	0.892	信息资源	0.618	档案管理	0.802
知识管理	0.554	政府信息资源	0.850	互联网	0.843	档案信息资源	0.912
信息技术	0.870	信息市场	0.929	信息服务	0.627	电子文件	0.805
信息系统	0.751	信息机构	0.942	网络信息资源	0.617	档案工作者	0.658
管理信息系统	0.869	信息产品	0.815	网络坏境	0.658	档案工作	0.826
信息政策	0.818	信息服务业	0.576	信息组织	0.578		
信息经济学	0.858			信息资源建设	0.809		
信息化建设	0.620						
信息经济	0.571						
国家信息政策	0.816						
企业信息资源	0.769						
信息服务业	0.557						

续表

5 企业信息化		6 知识经济		7 知识管理			
信息资源	0.548	信息管理	0.584	知识管理	0.511		
企业信息化	0.752	知识经济	0.950				
电子政务	0.541	信息经济	0.551				
企业	0.567	信息管理学	0.582				
CIO	0.534						
电子商务	0.687						
集成管理	0.717						

3. 系统聚类图谱创建

聚类分析是从事物数量上的特征出发对事物进行分类，是数值分类学和多元统计技术结合的结果，其基本思想是依照事物的数值特征来计算各个变量或样品间的亲疏关系。而变量之间的亲疏关系则由变量之间的距离来衡量，一旦变量之间的距离定义以后，则将距离近的变量归为同一类。系统聚类（也称层次聚类）是最常用的一种方法，其含义是：开始将每个变量各看成一类，将距离最近的两个类合并；重新计算新类与其他类的距离，将距离最近的两类合并；再计算新类与其他类的距离……，这样一步一步地进行下去，每一步减少一类，直至所有的变量都合并成一类为止，整个聚类过程可绘成聚类图。

系统聚类分析的主要步骤如下所述。

（1）选择"分析"菜单中的分类，选择"系统聚类"选项（如图 4-9 所示），打开"系统聚类"对话框（如图 4-10 所示）。

图 4-9 "系统聚类"选项

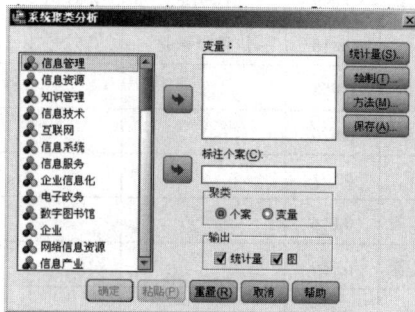

图 4-10 "系统聚类"对话框

（2）将所有的数据添加至变量框中，并选择变量选项（如图 4-11 所示）。

（3）在"统计量"对话框中设置值（如图 4-12 所示）。

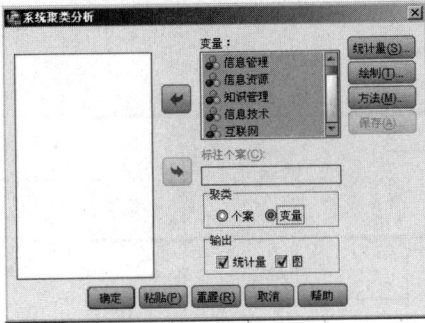

图 4-11　选择所有变量　　　　图 4-12　"统计量"对话框

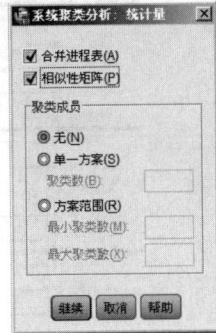

（4）在"图"对话框中进行设置（如图 4-13 所示）。

（5）在"方法"对话框中进行设置（如图 4-14 所示）。

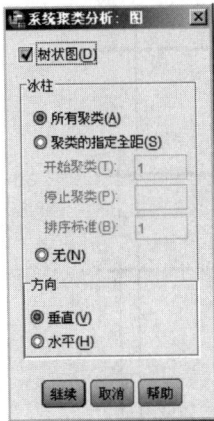

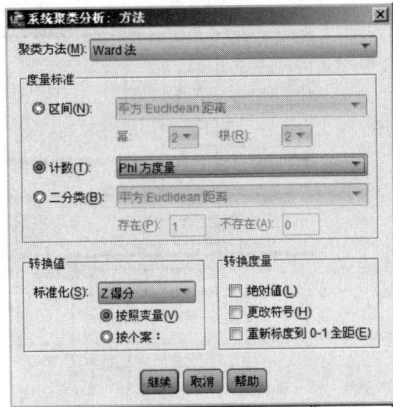

图 4-13　"图"对话框　　　　图 4-14　"方法"对话框

本节拟采用聚类分析中常用的系统聚类法（Hierarchical Clustering Method）对共词矩阵进行聚类。聚类时选用离差平方和（Ward）作为聚类方法，在距离测度方法中选择离散数据类型 Count 中的斐方法（Phi-square Measure），在数据标准化中选择 Z 分数。

聚类分析的结果如图 4-15 所示，综合考虑每一类中各关键词的性质，最终确定信息资源管理领域的十大研究热点为信息产业化、信息系统、企业信息化、电子商务、信息政策、知识管理、电子政务、档案信息资源管理、网络信息组织、信息资源共享。

使用 Ward 联接的树状图

重新调整距离聚类合并

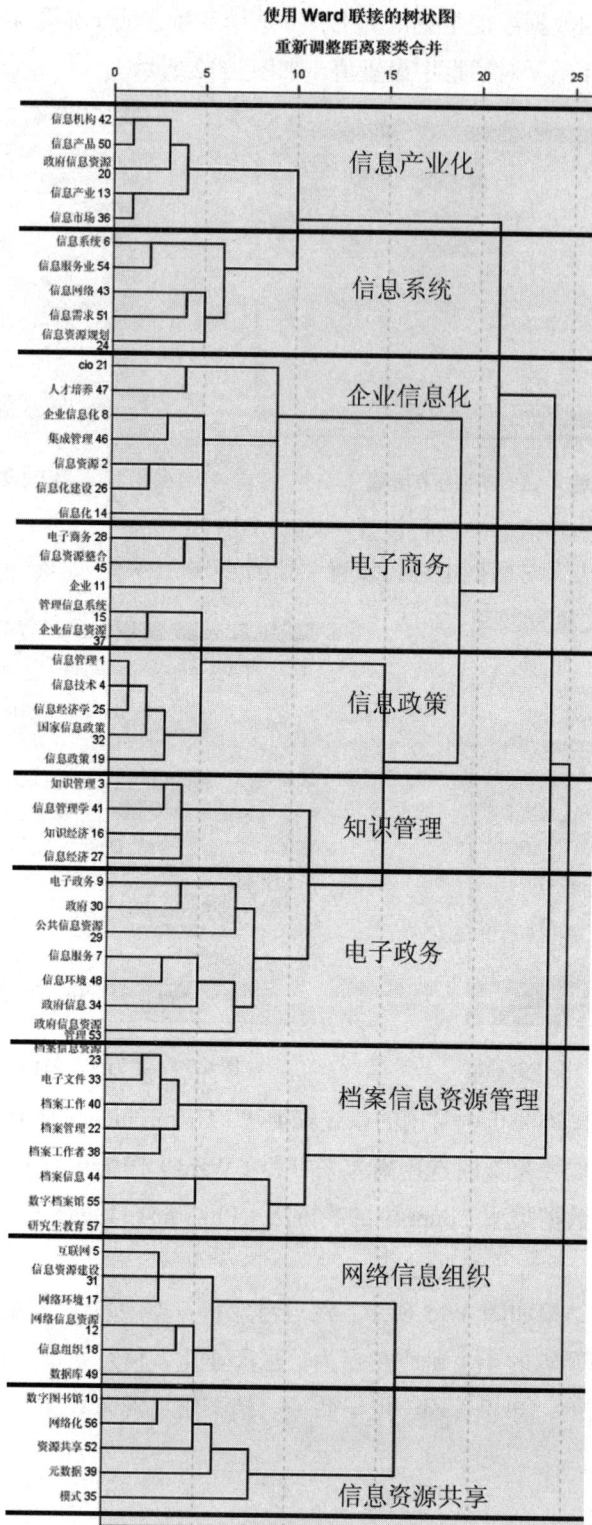

图 4-15　聚类结果树状图

4．多维尺度图谱创建

多维尺度分析的主要步骤如下所述。

（1）在"分析"菜单中选择度量，选择"多维尺度"选项（如图 4-16 所示），打开"多维尺度"对话框（如图 4-17 所示）。

图 4-16　"多维尺度"选项

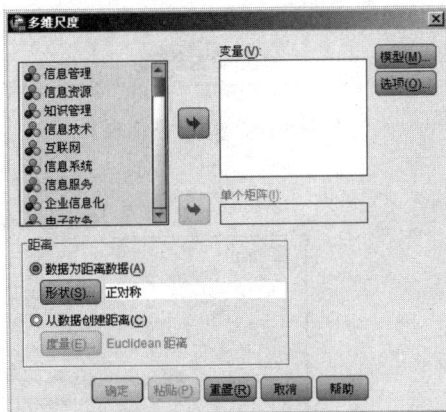

图 4-17　"多维尺度"对话框

（2）选择所有的变量，并将所有的变量添加至变量框中（如图 4-18 所示）。

（3）在"形状"对话框中进行设置（如图 4-19 所示）。

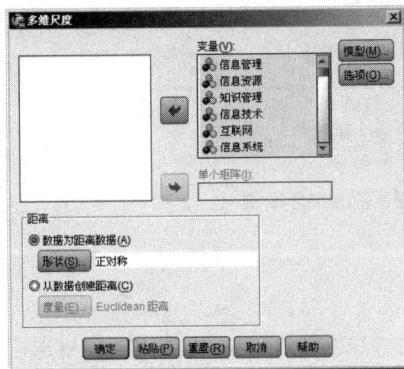

图 4-18　选择所有的变量

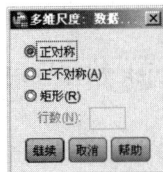

图 4-19　"形状"对话框

（4）在"模型"对话框进行设置（如图 4-20 所示）。

（5）在"选项"对话框中进行设置（如图 4-21 所示）。最终得到多维尺度图谱（如图 4-22 所示）。

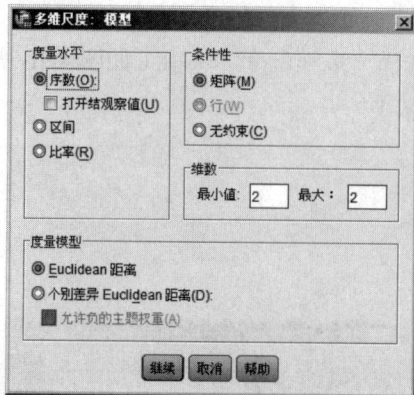

图 4-20　"模型"对话框

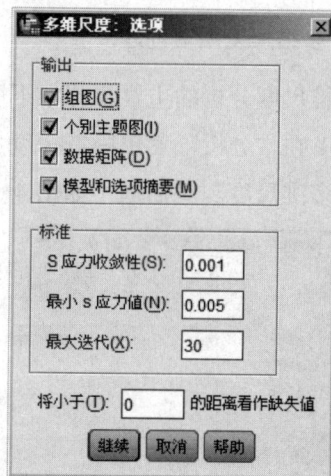

图 4-21　"选项"对话框

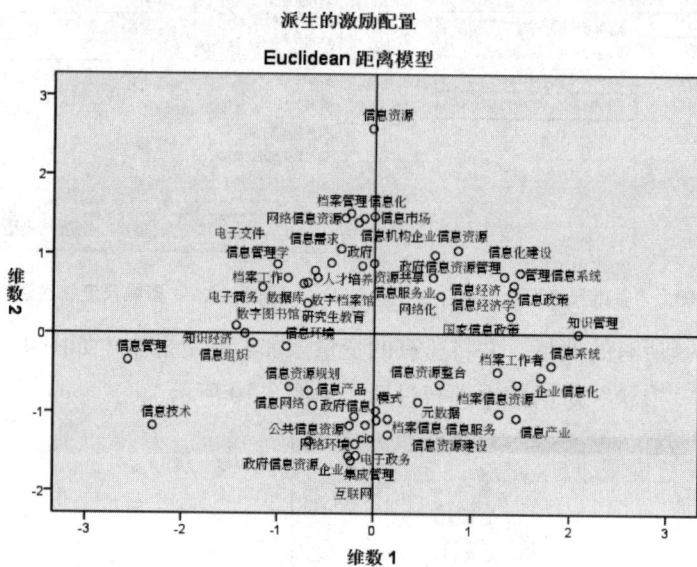

图 4-22　多维尺度图谱

（二）Pajek 软件应用举例

本小节参考黄莉等在论文中介绍的方法和思路[26]，从 SCIE 中挑选出网络信息计量学领域的 20 个热点关键词构建共词矩阵，借助共词可视化方法和 Pajek 作为工具，绘制出以"Webometrics"为例的 Pajek 网络图，并依据可视化图中节点的大小与连线的粗细分析了网络信息计量学的六大研究主题，分别为学科范畴、理论基础、研究对象、计量指标、研究工具、应用范围，并根据可视化图判断出理论基础、研究对象等。

1. 数据获取

以"Webmetrics""Webometrics"为关键词在 SCIE 中搜索相关论文，然后提取各篇论文中的关键词，将各关键词的词频按降序排列，剔除其中专指程度低的关键词，如"science"等，剩余 20 个专指程度较高的关键词如表 4-5 所示。这 20 个关键词可以作为分析网络信息计量学研究主题的代表性关键词，各关键词的词频将在 Pajek 网络图中显示为节点的大小。

表 4-5 网络信息计量学领域热点关键词

关键词	词频	编号	关键词	词频	编号
Webometrics	24	K01	Scholarly Communication	7	K11
World Wide Web	23	K02	Information Science	6	K12
Information	19	K03	Site Interlinking	6	K13
Web Sites	17	K04	Co-authorship	4	K14
Impact Factors	16	K05	Citation	3	K15
Bibliometrics	13	K06	Co-citation	3	K16
Search Engines	13	K07	Collaboration	3	K17
Web Impact Factors	13	K08	Crawler	3	K18
Citation Analysis	10	K09	Research Assessment Exercise	3	K19
Links	10	K10	University Web Sites	3	K20

将上述表 4-5 中的 20 个关键词作为共词矩阵的单元，两个关键词同时出现在一篇论文中，则视为这两个关键词共现一次，按此原理统计这 20 个关键词两两之间的共词次数，并构建共词矩阵（如表 4-6 所示）。各关键词之间的相关系数将在 Pajek 网络图中显示为节点之间连线的粗细（如图 4-23 所示）。

表 4-6 代表性关键词的共词矩阵

编号	K01	K02	K03	K04	K05	K06	K07	K08	K09	K10	K11	K12	K13	K14	K15	K16	K17	K18	K19	K20
K01	24	8	7	10	8	8	9	3	6	4	4	0	2	1	0	1	0	2	1	1
K02	8	23	9	7	6	9	4	3	5	5	5	4	4	2	2	2	2	0	0	2
K03	7	9	19	4	5	4	5	5	4	2	1	1	2	0	3	0	1	1
K04	10	7	4	17	5	5	8	1	6	4	3	0	3	1	0	1	1	0	2	1
K05	8	6	5	5	16	4	5	1	5	4	0	0	1	0	0	0	0	0	1	1
K06	8	9	4	5	4	13	1	1	3	4	2	1	0	0	1	1	0	0	0	0
K07	9	4	5	8	5	1	13	2	4	3	3	1	2	3	0	0	0	1	2	1
K08	3	3	5	1	1	1	2	13	2	1	1	1	1	0	1	0	1	1	1	1
K09	6	5	4	6	5	3	4	2	10	2	0	2	0	0	1	1	1	0

续表

编号	K01	K02	K03	K04	K05	K06	K07	K08	K09	K10	K11	K12	K13	K14	K15	K16	K17	K18	K19	K20
K10	4	5	6	4	4	4	3	1	3	10	1	1	1	1	1	1	1	1	0	1
K11	4	5	2	3	0	2	3	1	2	1	7	2	3	0	0	1	0	0	1	0
K12	0	4	0	0	0	0	1	1	0	1	2	6	1	1	1	0	1	0	0	1
K13	2	4	2	3	1	1	2	1	2	1	3	1	6	0	0	0	0	1	0	1
K14	1	2	1	2	1	1	0	1	0	1	0	1	0	4	1	0	1	1	0	1
K15	0	2	1	0	0	0	0	1	0	1	0	1	0	1	3	1	0	1	0	1
K16	1	2	2	1	0	1	0	0	0	1	1	0	0	0	0	3	0	0	0	0
K17	0	2	0	1	0	0	1	1	1	0	1	0	1	1	0	1	3	0	0	1
K18	2	0	3	0	0	0	1	1	1	1	0	0	1	1	0	0	0	3	0	1
K19	1	0	1	2	1	0	2	1	1	0	1	0	0	0	1	0	0	0	3	0
K20	1	2	1	1	0	1	1	0	1	0	1	1	1	1	1	0	1	1	0	3

2. 图谱绘制

若将 20 个关键词的相关数据全部导入 Pajek，将构成错综复杂的网络图，难以辨认其中的关系。笔者尝试以 "Webometrics" 为例，用 Pajek 绘制它与其他 19 个关键词之间的共词关系网络图。将上一节中获取的 "Webometrics" 相关数据按照 Pajek 所需的格式导入 Pajek 中，运行后得到如图 4-23 所示的结果。

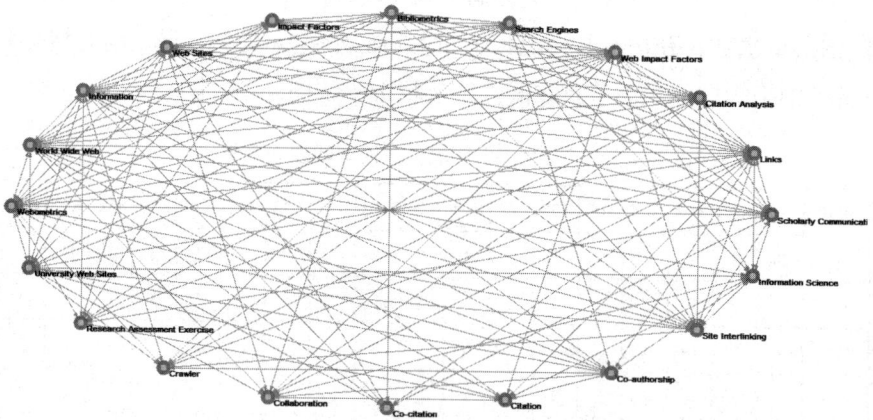

图 4-23 20 个网络信息计量学领域关键词的共词可视化图

参考文献

[1] 张文彤.IBM SPSS 数据分析与挖掘实战案例精粹[M]. 北京：清华大学出版社，2013.

[2] 吴广，刘荣，丁维岱等.SPSS 统计分析与应用（修订版）[M]. 北京：电子工业出版社，2013.

[3] 张红坡，张海锋等. SPSS 统计分析实用宝典[M]. 北京：清华大学出版社，2012.

[4] 肖明. 知识图谱工具使用指南[M]. 北京：中国铁道出版社，2014.

[5] 汪海波. SAS 统计分析与应用从入门到精通[M]. 北京：人民邮电出版社，2010.

[6] 洪楠，侯军.SAS for Windiws（v8）统计分析系统教程新编[M]. 北京：北京交通大学出版社，2004.

[7] Grewal M S, Andrews A P. Kalman filtering: Theory and practice using MATLAB[M]//Kalman Filtering:Theory and Practice Using MATLAB.Wiley-IEEE Press,2001:46-47.

[8] 吕兰兰，刘忠. MATLAB 软件的功能特点[J]. 中国电化教育，2003（2）：86-87.

[9] 开源中国. R 语言[EB/OL].http://www.oschina.net/p/r-language.

[10] Michael Zhu.R 语言简介[EB/OL].http://blog.csdn.net/michael_zhu_2004/article/details/8126859.

[11] Peter Dalgaard.R 语言统计入门[M]. 2 版. 郝智恒，何通，邓一硕，刘旭华，译. 北京：人民邮电出版社，2014.

[12] Vladimir Batagelj.Pajek–Program for large network analysis[EB/OL]. http://vlado.fmf.uni-lj.si/pub/networks/doc/pajek.pdf.

[13] 孟微，庞景安. Pajek 在情报学合著网络可视化研究中的应用[J]. 情报理论与实践，2008，31（4）：573-575.

[14] 刘军. 整体网分析讲义——UCINET 软件实用指南[M]. 北京：汉语大词典出版社，2009.

[15] 邓君，马晓君，毕强. 社会网络分析工具 Ucinet 和 Gephi 的比较研究[J].情报理论与实践，2014，37（8）：133-138.

[16] 李运景，侯汉清，裴新涌. 引文编年可视化软件 HistCite 介绍与评价[J].图书

情报工作，2006，50（12）：135-138.

[17] Garfield E. Historiographic Mapping of Knowledge Domains Literature[J]. Journal of Information Science, 2004, 30（2）:119-145.

[18] 陈超美，陈悦，侯剑华，等.CiteSpace Ⅱ：科学文献中新趋势与新动态的识别与可视化[J]. 情报学报，2009，28（3）：401-421.

[19] 赵建保. CiteSpace 可视化流程与分析范式研究[J]. 知识经济，2014（16）：105-107.

[20] Van Eck N J, Waltman L. Vosviewer: A computer program for bibliometric mapping[J].Social Science Electronic Publishing, 2009, 84（2）:523-538.

[21] 廖胜姣. 科学知识图谱绘制工具 VOSviewer 与 Citespace 的比较研究[J]. 科技情报开发与经济，2011，21（7）：137-139.

[22] 宗乾进，袁勤俭，沈洪洲. 基于 VOSviewer 的 2010 年中国图书馆学研究热点分析[J]. 图书馆，2012（4）：88-90.

[23] 李杰. 安全科学知识图谱导论[M]. 北京：化学工业出版社，2015.

[24] 邱小花，李国俊，肖明.SCI^2——一款新的知识图谱分析软件介绍与评价[J]. 图书馆杂志，2013，32（9）：79-87.

[25] 肖明，李国俊，杨皓东. 国内信息资源管理研究热点分析[J]. 情报科学，2011（4）：534-538.

[26] 黄莉，李江. 网络信息计量学研究主题分析——基于共词可视化方法[J].中国科技资源导刊，2008，40（5）：9-14.

◎ 实证篇

第五章　图书馆学情报学知识图谱整体研究

本章从整体上对中外图书馆学情报学知识图谱研究进行了分析，探讨了国内外图书馆学情报学的学术成果分布与合作、交叉学科倾向、研究前沿等问题。

一、国内图书馆学情报学知识图谱整体研究

本节对国内针对图书馆学情报学进行的科学知识图谱研究进行了综述，使用 LiterV 和 CiteSpace 系统来获取和分析 1998 至 2009 年间 CSSCI 中认定的图书馆学情报学领域的部分核心期刊的学术成果，进行关键词、作者、学术机构、被引文献、期刊的知识图谱构建研究，探讨和对比了近十年国内外图书馆学情报学的学术成果分布与合作、交叉学科倾向、研究前沿和研究领域的构成、学科领域的知识吸收和融合等问题。

（一）数据来源

本文将针对国内图书馆学情报学的科学文献数据进行分析。根据 CSSCI 收录的 8 种图书馆学情报学核心期刊，以 1998 至 2009 年为时间跨度，分别从 CSSCI 数据源中检索并获取科学文献的书目和引文数据。该数据源非常能够代表性地追踪和对比国内图书馆学情报学领域的研究现状。

为了进行 CSSCI 数据转换，减少脏数据的数量，并且达到最好的分析效果，本章使用北京师范大学信息管理系基于 PHP+MySQL 自主开发的 LiterV 文献可视化系统导入国内科学文献的纯文本数据，并进行数据预处理和数据初步探索，把握数据的整体分布。最后，导成 ISI 纯文本输出格式，供 CiteSpace 软件进一步分析。

国内 8 种有代表性的图书馆学情报学核心期刊的科学文献数据是从 CSSCI 数据库中获得的，包括来自以中国为主的 4089 个机构 11042 个作者的 16179 条书目记录，这些文献引用了 114396 次 86748 篇参考文献（如表 5-1 所示）。

表 5-1　国内 8 种图书馆学情报学核心来源期刊数据源（CSSCI，1998—2009）

起始	结束	期刊名称	简称	记录数
1998	2009	中国图书馆学报（Journal of Library Science in China）	JLSA	1620
1998	2009	情报学报（Journal of the China Society for Scientific and Technical Information）	JCSSTI	1380
1998	2009	大学图书馆学报（Journal of Academic Libraries）	JAL	1695
1998	2009	图书情报工作（Library and Information Service）	LIS	4833
1998	2009	图书情报知识（Document, Information & Knowledge）	DIK	1832
1998	2009	情报理论与实践（Information studies: Theory & Application）	ITA	2283
2008	2009	国家图书馆学刊（Journal of the National Library of China）	JNLC	176
1998	2009	现代图书情报技术（New Technology of Library and Information Service）	NTLIS	2360

（二）知识图谱构建

1．关键词共现知识图谱

关键词是文献内容的缩影和作者学术思想与学术观点的凝练。将国内 CSSCI 来源数据应用在 CiteSpace 中，选择关键词为分析单元，设置阈值为每个时间切片的前 130 个高频关键词，选择出 502 个关键词节点及 406 条节点连线。根据关键词共现网络图及其聚类结果得出国内图书馆学情报学近十年的研究前沿主要集中在科学计量、信息检索、信息服务、图书馆事业、图书情报教育、竞争情报、信息资源管理七大领域（如图 5-1 所示）。

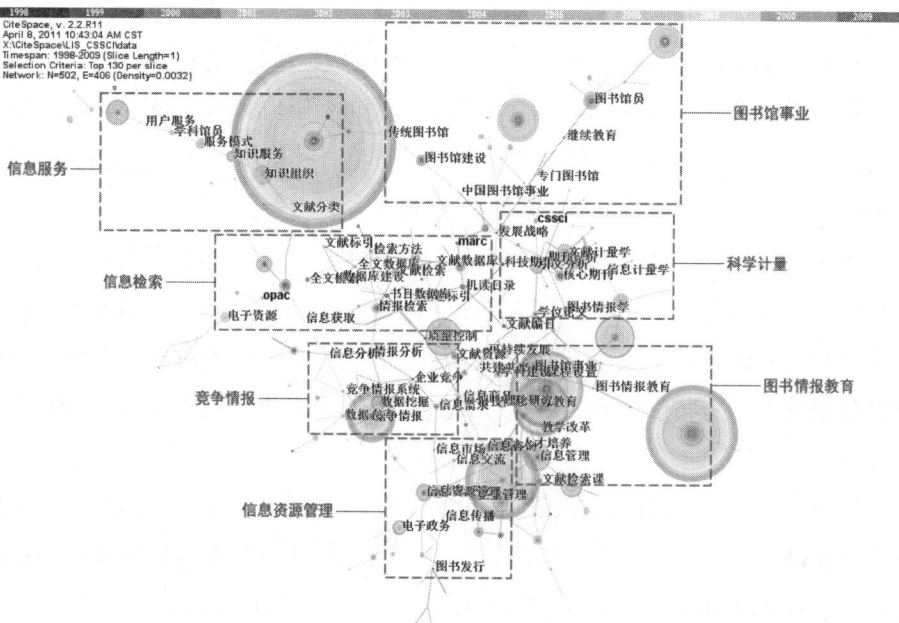

图 5-1　关键词共现知识图谱（CSSCI，1998—2009）

2. 作者合作网络科学知识图谱

作者之间合作发表论文是学术成果产生的一般模式，作者数据中隐藏着作者之间的合作模式。

将国内 CSSCI 来源数据应用在 CiteSpace 中，选择作者为分析单元，设置阈值为每个时间切片的前 130 位高频作者，选择出 886 个作者节点及 702 条节点连线。节点连线有一定的数量，形成了明显的国内作者合作网络，出现了中介中心性较高的作者，邱均平、张晓林等著名学者组成了庞大的学术合作团体（如图 5-2 所示），局部网络图如图 5-3 所示。

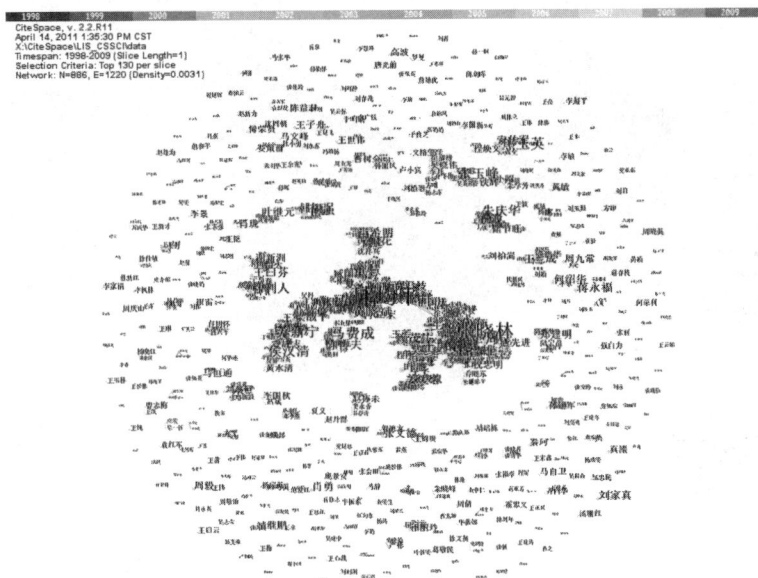

图 5-2　作者合作的科学知识图谱（CSSCI，1998—2009）

图 5-3　作者合作的局部科学知识图谱（CSSCI，1998—2009）

3. 学术机构分布和合作网络地图

将国内 CSSCI 来源数据应用在 LiterV 中，国内图书馆学情报学领域的学术成果按城市统计主要来自北京市、武汉市、南京市、上海市、天津市、杭州市、西安市、广州市、中山市、成都市、哈尔滨市、吉林市等城市，按省份（直辖市）统计主要来自北京、湖北、江苏、广东、浙江、湖南、河南、山东等省市，分布较为集中（如图 5-4 所示）。此外，还有少量国外机构参与，主要来自欧美的城市。

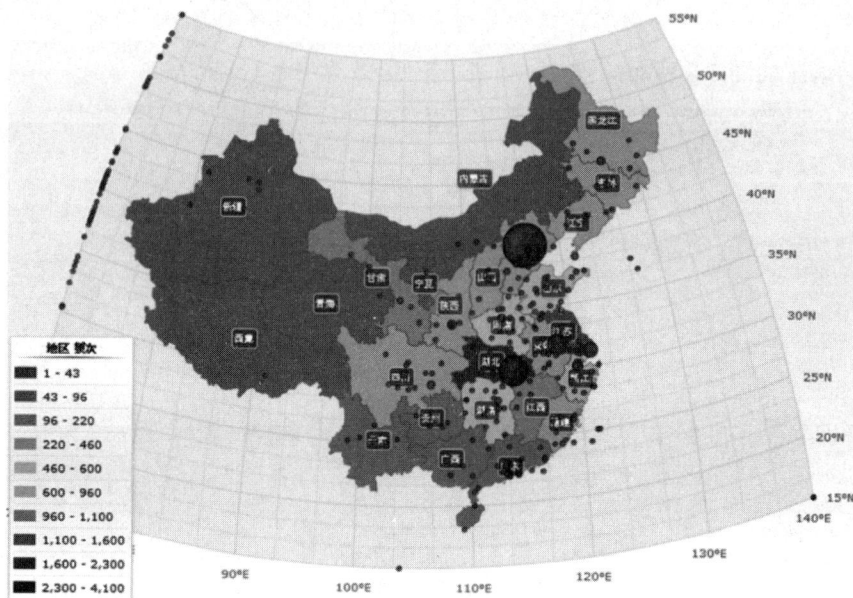

图 5-4　LiterV 中国学术机构分布图（CSSCI，1998—2009）

4. 文献共引网络科学知识图谱

文献共引分析能揭示详细的模式，因为被引参考文献携带着丰富的信息。文献共引网络中的聚类本质应该比作者共引网络中的相对更容易识别，且能更清楚地进行解释。

将国内 CSSCI 来源数据应用在 CiteSpace 中，选择被引文献为分析单元，设置阈值为每个时间切片的前 80 条高频被引文献，选择出 697 个被引文献节点及 1941 条节点连线（如图 5-5 所示）。697 篇被引文献中有 258 篇来自专著（约占 37.0%）。

根据文献共引网络图及其聚类结果得出国内图书馆学情报学近十年的知识基础主要由信息资源管理、图书馆学理论、情报学理论、信息检索、数字图书馆（信息组织、元数据）、语义网（本体）、科学计量（科学评价）七大研究领域构成，情报学理论在整个网络中起着桥梁的作用。表 5-2 中的被引文献在文献共引网络中起到了关键的中心连接作用，具有较高的中介中心性。

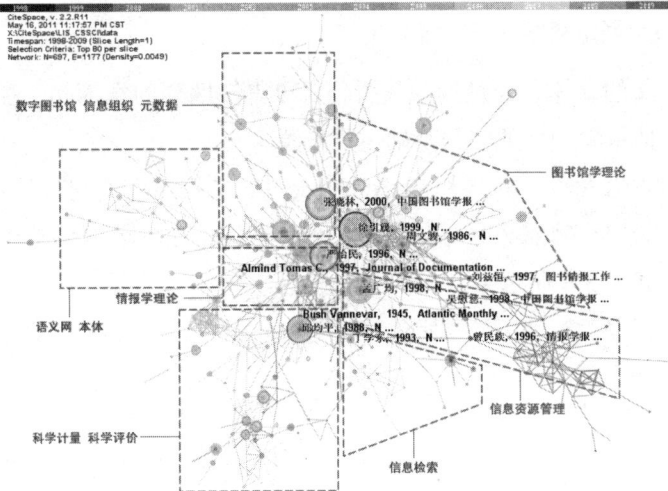

图 5-5 文献共引的科学知识图谱（CSSCI，1998—2009）

表 5-2 中心性前 20 名的被引文献列表（CSSCI，1998—2009）

被引文献	被引期刊/出版社	被引作者	年份	中介中心性	频次
现代图书馆学理论	北京图书馆出版社	徐引篪	1999	0.21	82
文献计量学	科学技术文献出版社	邱均平	1988	0.16	66
走向知识服务：寻找新世纪图书情报工作的生长点	中国图书馆学报	张晓林	2000	0.11	71
现代情报学理论	武汉大学出版社	严怡民	1996	0.1	70
Informetric analyses on the World Wide Web: Methodological approaches to "Webometrics"	Journal of Documentation	Almind Tomas C.	1997	0.09	9
文献交流引论	书目文献出版社	周文骏	1986	0.09	19
信息资源管理导论	科学出版社	孟广均	1998	0.09	68
试论虚拟图书馆与传统图书馆的关系	图书情报工作	刘兹恒	1997	0.08	18
面向电子信息资源的信息服务业及其技术发展动向	情报学报	曾民族	1996	0.07	14
回顾过去，展望未来开拓前进：建设面向 21 世纪的图书馆学科体系	中国图书馆学报	吴慰慈	1998	0.07	4
As we may think	Atlantic Monthly	Bush Vannevar	1945	0.07	12
文献计量学基础	北京大学出版社	丁学东	1993	0.07	30
图书馆学概论	北京图书馆出版社	吴慰慈	1985	0.06	30
Calculation of Web Impact Factors	Journal of Documentation	Ingwersen Peter	1998	0.06	23
从情报组织到知识组织	情报学报	王知津	1998	0.06	29
我国图书馆学情报学期刊引文调查与分析	中国图书馆学报	丘峰	1992	0.06	7
关于学科建设和名称设置之我见	图书情报工作	孟广均	1996	0.06	11
企业竞争情报系统	华夏出版社	包昌火	2002	0.06	35
信息组织	高等教育出版社	戴维民	2004	0.06	10
网络信息计量学及其应用研究	情报理论与实践	邱均平	2001	0.06	23

5．期刊共引网络科学知识图谱

期刊是论文的载体，通过期刊共引分析可得知期刊的学术相关性，同时还能了解图书馆学情报学领域的知识基础主要来源。

将国内 CSSCI 来源数据应用在 CiteSpace 中，选择被引期刊为分析单元，设置阈值为每个时间切片的前 80 个高频被引期刊，选择出 234 个被引期刊节点及 6194 条节点连线（如图 5-6 所示）。

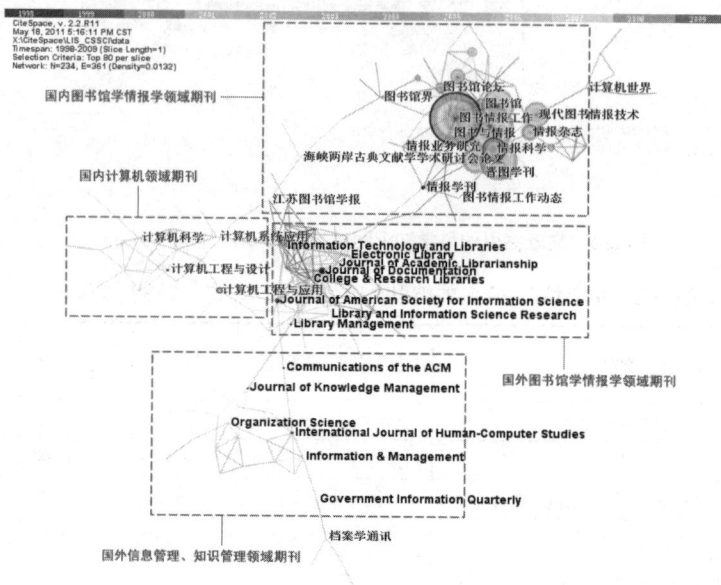

图 5-6　期刊共引的科学知识图谱（CSSCI，1998—2009）

根据期刊共引网络图及其聚类结果得出，国内图书馆学情报学近十年的知识基础主要由国内图书馆学情报学、国外图书馆学情报学、国内计算机科学、国外信息管理和知识管理 4 个领域的来源期刊构成，且这 4 个领域的来源期刊在共引网络中形成了明显的 4 个聚类，这说明作为国内图书馆学情报学知识基础的这 4 类期刊来源期刊之间学术相关性有一定的差距。

（三）小结

近十年来，国内外图书馆学情报学领域的科学文献紧紧围绕图书馆学情报学前沿的重大理论和实践问题，产生了一批高质量的论文。笔者借助科学知识图谱等理论与方法，进行国内外图书馆学情报学的科学计量研究，构建国内外图书馆学情报学科学知识图谱，主要结论如下。

1、学术成果的分布和合作

国内图书馆学情报学领域的学术成果主要来自东南部省市，分布较为集中，出现了明显的大型作者合作网络，邱均平、张晓林等著名学者组成了庞大的学术合作团体，由于地域、语言等因素，国内拥有更好的合作机会和条件；国外图书馆学情报学领域的学术成果主要来自欧美的发达国家和亚非拉的发展中国家，且分布比较广泛，出现了很多小范围的合作网络，由于国外的数据是站在全球的视角上，所以国外的合作网络较多但范围小。国外的学术合作更为频繁，主要是在北美洲和欧洲的学术机构之间展开，其次是在亚洲、大洋洲、非洲的学术机构和欧美的学术机构之间展开合作。

2、交叉学科的倾向

国内图书馆学情报学的经典科学文献除了一些经典期刊论文外，文献共引网络中有 37.0% 的专著在网络中起到了关键性作用，而国外图书馆学情报学的经典科学文献则主要是期刊论文，专著只占 16.8%。这些数据从某方面能反映出图书馆学情报学这一交叉学科，在国内偏社会科学，而在国外偏自然科学。

3、研究前沿的组成

国内图书馆学情报学近十年的研究前沿主要集中在科学计量、信息检索、信息服务、图书馆事业、图书情报教育、竞争情报、信息资源管理七大领域，国外图书馆学情报学近十年的研究前沿主要集中在信息检索、用户研究、科学计量、互联网信息技术四大领域。

国内在扎根于图书馆学情报学基础研究的同时，还紧跟国际前沿的科学计量、竞争情报、信息服务等热点领域，而国外则进入了对科学计量、用户研究这两大领域重点研究阶段，同时信息检索仍然是国内外共同的研究前沿。

4、研究领域的结构

国内图书馆学情报学近十年的研究领域主要由信息资源管理、图书馆学理论、情报学理论、信息检索、数字图书馆、语义网、科学计量七个阵营构成，其中情报学理论在整个引文网络中起着桥梁的作用；国外图书馆学情报学近十年的研究领域主要由信息检索、用户研究、科学计量三大阵营构成，其中信息检索在科学计量和信息行为之间建立联系。

5、学科领域知识的吸收

国内图书馆学情报学还处在发展阶段，需要吸收国际上领先的图书馆学情报学以及更广泛的信息管理、知识管理领域的知识，此外，面对计算机技术的飞速发展，再加上国内图书馆学情报学偏社会科学的性质，因此国内图书馆学情报学还需要借助国内计算机领域的方法和技术来将理论付诸实践；而国外图书馆学情报学及其相关科学已发展和融合得较为成熟，其自身已有较成熟的理论、方法和技术，无须过多地引入其他学科的知识。

6、学科领域的融合

国内图书馆学情报学的知识基础由多个小领域构成，与国外相比各领域之间没有很好地有机结合，而国外已有机结合成了几个核心的领域，国内图书馆学情报学仍需努力发展和融合，使得图书馆学情报学成为一门成熟的学科。

可以预见的是，随着图书馆学情报学学者对自身领域认知的不断加深和科学计量水平的不断进步，这些研究领域将成为图书馆学情报学领域需要解决的重要问题，为人类对信息的获取提供更大的便利，并为其他学科提供探索自身学科的结构和动态的科学计量方法。

二、国外图书馆学情报学知识图谱整体研究

近年来，随着互联网技术和信息技术的发展，国外图书馆学情报学领域也获得迅速发展，特别是与计算机、管理学、医学、心理学等学科的交叉融合越来越明显，已发展成了一个具有多学科分支的交叉学科。国外图书馆学情报学科经过长期的发展，形成了一整套较为完整的理论体系，国内的图书情报领域的研究也常常参考国外图书情报领域研究成果。因此，分析国外图书馆学情报学的学科走向，发现不同时间段重要的学术文献和学术代表，探讨国外图书情报领域的研究热点和前沿以及演变，是一项很有价值的研究。

此前也有一些学者对国外图书情报领域做过研究。例如，南开大学的柯平[21][22]、武汉大学的赵蓉英[23]、华中科技大学的郭璇[24]等。在柯平发表的论文[21][22]中，采用的是文献调研的方法，选取国外有代表性的期刊为主要数据源，并在此基础上总结出国外图书情报领域的研究主题、研究方法、研究特点及对我国图书馆学研究的启示等。在赵蓉英发表的论文[23]中，选取 Web of Science 数据库有关图书馆主题的 3319 条文献作为研究对象，利用 CiteSpace II 软件对数据进行引文分析和主题词分析，内容全面详细，但在数据量上略显不足。在郭璇发表的论文[24]中，以 Emerald 期刊全文数据库作为数据源，找到 22 种图书情报领域的期刊，借助 SPSS 工具对期刊数据进行共词分析，得出 2005—2010 年国外图书情报领域的 6 个研究主题和 12 个研究热点，对后续研究者有一定的参考价值。

但在本章中，为了全面反映最近 10 年国外图书情报研究的发展，主要采用定量的研究方法,选取了 JCR 收录的图书情报领域最权威的 83 种期刊作为数据来源，共获得 25527 条数据。选取数据的时间段较长，数据源的选择更科学，有效地避免了通过关键词检索造成的漏检率高，同时还采用最新的知识图谱分析工具 SCI^2 来进行分析，从引文耦合的角度来更好地呈现国外图书情报领域的研究现状。

（一）数据获取

本研究主要参考期刊引用报告（Journal Citation Report，JCR）在 2011 年最新收录的图书情报领域的 83 种期刊，以这 83 种期刊中的文献作为主要的检索依据。数据检索时间为 2013 年 3 月 25 日（注：此时 2012 年最新的 JCR 排名尚未公布，故只能参考 2011 年的 JCR 数据）。检索数据的时间范围设置为 2002 年 1 月 1 日至 2011 年 12 月 31 日，并将这 10 年的数据分为 5 段来进行检索分析，每两年为一个时间周期。

由于选择的都是图书情报领域最权威的 83 种期刊，这些期刊上所发表的文章都是与图书馆学情报学相关的一些文献。因此，在本研究中，重点研究文献之间的引文耦合关系，以揭示 2002—2011 年来国外图书情报领域的发展动态及作者间的合作变化情况。

（二）引文耦合图谱绘制流程

在 SCI^2 文献引文耦合图谱中，节点代表施引文献，同时节点还可把该施引文献的作者、发表的期刊以及 DOI（Digital Object Unique Identifier，数字对象唯一标识符）都显示出来，节点的大小表示该篇文章在全球的被引频次。连线表示与这些文献之间的耦合关系，这些连线的属性之一是权重，权重表示耦合的频次。权重越大，表示耦合频次越高。

文献引文耦合可视化流程图如图 5-7 所示。

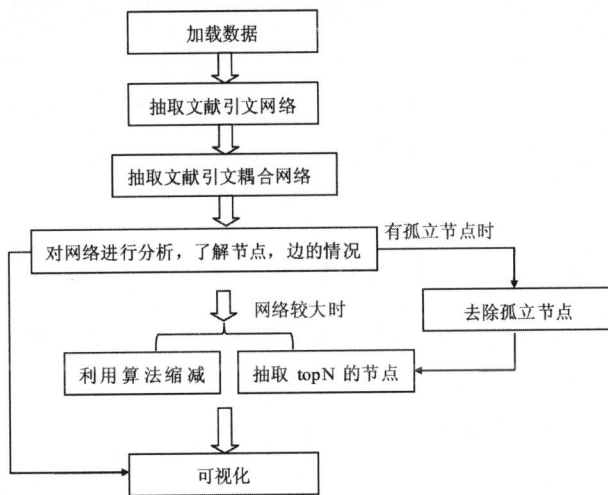

图 5-7 文献引文耦合流程图

具体分析步骤概述如下。

1、加载数据：单击"File"菜单中的"Load"来加载数据。

2、对数据进行预处理：运行"Data Preparation"＞"Extract Paper Citation

Network"，就会出现文献引文网络及相关的数据表。

3、进一步抽取文献引文耦合网络：单击该文献引文网络，再运行"Data Preparation" > "Extract Reference Co-occurrence（Bibliographic Coupling）Network"。

4、分析该引文耦合网络，查看该网络节点和边的情况：运行"Analysis" > "Networks" > "Network Analysis Toolkit（NAT）"，如果发现网络有孤立节点，要将孤立节点删除。

5、网络修剪优化：当节点和边数据量较大时，可以采取多种方式对节点和边的数据进行优化：可以运行 MST-pathfinder 算法来对边进行缩减，以突出最重要的边，或者运行"Processing">"Networks">"Extract Top Nodes 或 Extract Top Edges"来抽取前 N 个节点（抽取多少节点，可根据具体的研究需要而定）。还可以通过"Visualization" > "Networks" > "DrL（VxOrd）"，利用 DrL 算法来处理大量的数据。

6、可视化网络：运行"Visualization" > "Networks" > "GUESS"，对网络进行可视化。进入 GUESS 后，可以利用其下方的控制面板来对数据进行相应的调节。为了获得更好的图谱呈现效果，分析者还可以自行编写 Python 代码来进一步优化图谱。

（三）引文耦合图谱呈现

笔者将 2002—2011 年国外图书情报领域的文献划分为五个时间段，利用 SCI^2 知识图谱软件工具分别对五个时间段进行文献引文耦合分析，构建了五个文献引文耦合知识图谱。通过不同时间段的文献引文耦合知识图谱的对比，可以更好地发现国外图书情报领域发展的特点和研究趋势，从而为国内图书情报领域的发展提供参考。

1. 2002—2003 年文献引文耦合图谱

经过分析可知，在 2002 年到 2003 年，原本共有 4066 条数据，在此文献引文耦合网络中，有 66621 个节点（如图 5-8 所示）。其中，有 64173 个孤立节点，去除掉孤立节点，最后剩下 2448 个节点。有 33840 条连线，连线的权重最大为 44，最小权重为 1，最大的一个网络包含 2329 个节点。通过 pathfinder 算法对网络进行缩减，得到 2410 条边，使得边的缩减率为 14.041。为了更好地分析文献间的耦合强度，因此，选择将权重≥20 的节点显示出来。

通过上面的统计分析和可视化图谱可知：该图谱节点之间的耦合关联性很强，节点间的联系较紧密，最后形成一个大的知识图谱网络。在整个图谱中，有 12 组强耦合文献（如表 5-3 所示）。

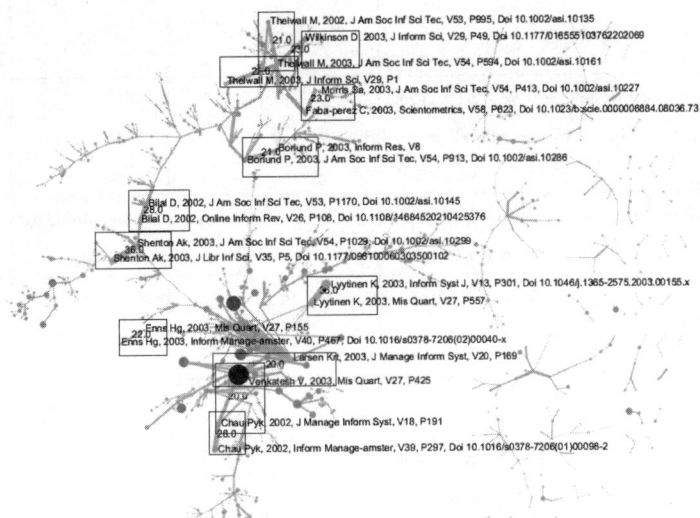

图 5-8　2002—2003 年文献引文耦合图谱

表 5-3　2002—2003 年强耦合文献详情分析

编号	文献名称	作者	DOI	参考文献数	耦合强度
1	Conceptualizing documentation on the Web: An evaluation of different heuristic-based models for counting links between university Web sites	Thelwall, M	10.1002/asi.10135	47	
2	The connection between the research of a university and counts of links to its web pages: An investigation based upon a classification of the relationships of pages to the research of the host university	Thelwall, M; Harries, G	10.1002/asi.10161	56	
3	Motivations for academic web site interlinking: Evidence for the Web as a novel source of information on informal scholarly communication	Wilkinson, D; Harries, G; Thelwall, M; 等	10.1177/016555103762202069	39	
4	Why do web sites from different academic subjects interlink?	Thelwall, M; Harries, G; Wilkinson, D	10.1177/0165551503296003	81	
5	Data mining in a closed Web environment	Faba-Perez, C; Guerrero-Bote, VP; De Moya- Anegon, F	10.1023/B:SCIE.0000006884.08036.73	54	23
6	Time line visualization of research fronts	Morris, SA; Yen, G; Wu, Z 等	10.1002/asi.10227	25	
7	The concept of relevance in IR	Borlund, P	10.1002/asi.10286	68	
8	The IIR evaluation model: a framework for evaluation of interactive information retrieval system	Borlund, P		85	23

编号	文献名称	作者	DOI	参考文献数	耦合强度
9	Children's use of the yahooligans!-Web search engine. III. Cognitive and physical behaviors on fully self-generated search tasks	Bilal, D	10.1002/asi.10145	47	28
10	Perspectives on children's navigation of the World Wide Web: Does the type of search task make a difference?	Bilal, D	10.1108/146845202 10425376	37	
11	CIO influence behaviors: The impact of technical background	Enns, HG; Huff, SL; Golden, BR	10.1016/S0378-720 6（02）00040-X	68	22
12	CIO lateral influence behaviors: Gaining peers' commitment to strategic information systems	Enns, HG; Huff, SL; Higgins, CA		64	
13	Examining a model of information technology acceptance by individual professionals: An exploratory study	Chau, PYK; Hu, PJ		54	
14	A taxonomy of antecedents of information systems success: Variable analysis studies	Larsen, KRT		410	
15	User acceptance of information technology: Toward a unified view	Venkatesh, V; Morris, MG; Davis, GB 等		86	
16	Investigating healthcare professionals' decisions to accept telemedicine technology: An empirical test of competing theories	Chau, PYK; Hu, PJH	10.1016/S0378-720 6（01）00098-2	41	

通过分析可知：

（1）文献 1[32] 和文献 2[33] 的耦合强度为 21；文献 2 和文献 3[34] 的耦合强度为 23，文献 2 和文献 4[35] 的耦合强度为 22。这四篇文献主要以 Thelwall, M 为中心，主要研究大学网站链接计数分析等相关问题。

（2）文献 5[36] 和文献 6[37] 的耦合强度为 23。主要研究的是数据挖掘，再将数据进行可视化展示。

（3）文献 7[38] 和文献 8[39] 的耦合强度为 23。主要是对信息检索中交互式信息检索（Interactive Information Retrieval, IIR）的研究，探讨 IIR 评价模型，构成一个交互式信息检索系统的评价框架。

（4）文献 9[40] 和文献 10[41] 的耦合强度为 28。主要是对儿童在互联网上进行信息搜索行为的研究，通过儿童表现出来的行为，有针对性地开发网络培训课程，并对搜索系统进行一定的改进。

（5）文献 11[42] 和文献 12[43] 的耦合强度为 22。主要探讨的是 CIO（首席信息官）的影响行为。CIO 们往往对发起和执行信息系统的成功起着至关重要的作用，他们的行为甚至会影响公司的生死存亡。因此，CIO 们必须发挥其影响力以实现这些目标。

（6）文献 13[44]和文献 15[46]的耦合强度为 20，文献 14[45]和文献 15 的耦合强度为 20，文献 13 和文献 16[47]的耦合强度为 28。这四篇文章主要以 Venkatesh，V 和 Chau，PYK 为中心，主要对信息技术可接受性进行研究，探讨其在远程通信、远程医疗中的作用。

2. 2004—2005 年文献引文耦合图谱

通过分析可知，在 2004 年到 2005 年，原本共有 4395 条数据，在此文献引文耦合网络中，有 83948 个节点（如图 5-9 所示）。其中，有 80964 个孤立节点，去除掉孤立节点，最后剩下 2984 个节点。有 49670 条连线，连线的权重最大为 60，最小权重为 1，最大的一个网络包含 2851 个节点。通过 pathfinder 算法对网络进行缩减，得到 2939 条边，使得边的缩减率为 16.9（49670/2939）。为了更好地分析文献间的耦合强度，所以选择将权重≥20 的节点显示出来。

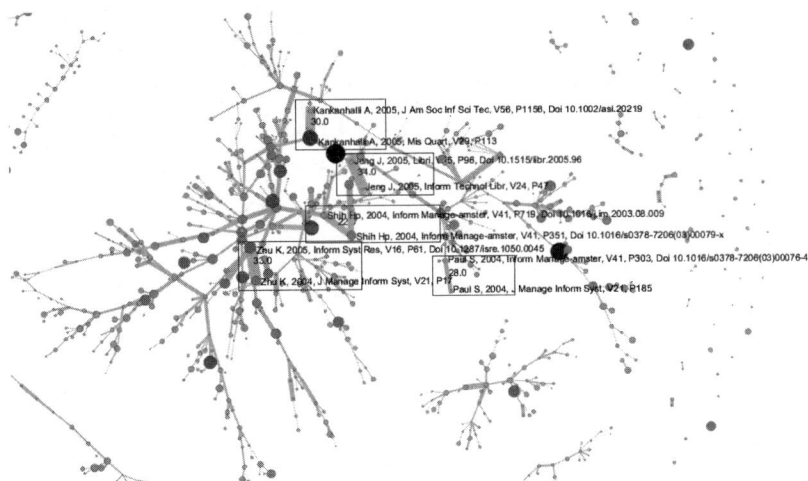

图 5-9　2004—2005 年文献引文耦合图谱

通过以上统计分析和可视化图谱可知：在整个图谱中，有 5 组强耦合文献。这 5 组强耦合文献都是以同一作者为第一作者的文献，这也说明了研究的连续性和类同性（如表 5-4 所示）。

表 5-4　2004—2005 年强耦合文献详情分析

编号	文献名称	作者	DOI	参考文献数	耦合强度
1	Contributing knowledge to electronic knowledge repositories: An empirical investigation	Kankanhalli, A; Tan, BCY; Wei, KK	无	93	30
2	Understanding seeking from electronic knowledge repositories: An empirical study	Kankanhalli, A; Tan, BCY; Wei, KK	10.1002/asi.20219	58	

编号	文献名称	作者	DOI	参考 文献数	耦合 强度
3	What is usability in the context of the digital library and how can it be measured?	Jeng, J	无	69	34
4	Usability assessment of academic digital libraries: Effectiveness, efficiency, satisfaction, and learnability	Jeng, J	10.1515/LIBR.2005.96	83	34
5	Extended technology acceptance model of Internet utilization behavior	Shih, HP	10.1016/j.im.2003.08.009	51	22
6	An empirical study on predicting user acceptance of e-shopping on the web	Shih, HP	10.1016/S0378-7206（03）00079-X	47	22
7	Information technology payoff in e-business environments: An international perspective on value creation of e-business in the financial services industry	Zhu, K; Kraemer, KL; Xu, S 等	无	82	33
8	Post-adoption variations in usage and value of e-business by organizations: Cross-country evidence from the retail industry	Zhu, K; Kraemer, KL	10.1287/isre.1050.0045	90	33
9	An empirical investigation of collaborative conflict management style in group support system-based global virtual teams	Paul, S; Samarah, IM; Seetharaman, P 等	无	98	28
10	Impact of heterogeneity and collaborative conflict management style on the performance of synchronous global virtual teams	Paul, S; Seetharaman, P; Samarah, I 等	10.1016/S0378-7206（03）00076-4	65	28

通过分析可知：

（1）以 Kankanhalli，A 为代表的研究团体，他们的文献引文耦合强度为 30，主要研究电子知识库，将知识放在更加重要的位置上，让知识帮助组织在激烈的竞争环境中保持战略优势，更有效地激发员工的激情[48][49]。

（2）Jeng，J 两篇文献的引文耦合强度是 34，主要是对数字图书馆的研究，如何衡量数字图书馆的可用性[50][51]。

（3）Shih，HP 两篇文献的引文耦合强度是 22，这两篇文献中主要讨论的是 TAM（Technology Acceptance Model）的扩展，在原来 TAM 的基础上，将用户信息行为模型相结合，开发出一套互联网使用的可扩展的技术可接受性模型，并通过实验验证了该模型的可用性。同时，利用该模型来预测消费者在网络上购物的意愿，得出信息的相关性与用户感知有用性之间呈正比关系[52][53]。

（4）Zhu，K、Kraemer，KL 等所写文献的引文耦合强度为 33，主要研究信息技术在电子商务中的作用，通过各种技术模型研究发现，"技术成熟度，企业规模，财务承诺，金融资源，竞争的激烈，以及监管环境"是影响电子商务价值实现的重要因素[54][55]。

（5）以 Paul，S 为代表的研究团队，所写的两篇文献的引文耦合强度是 28，主要研究的是团队冲突管理在虚拟团队中的作用，指出集体主义取向有助于增强团队冲突管理。同时，激励团队成员的过程可能会有所不同，这取决于他们的志向。他们还指出存在一些异质性的虚拟团队，并且指出了这样的虚拟团队的冲突管理风格与表现成果之间的关系。他们利用群体决策支持系统 GDSS（Group Decision Support System）发现，团队冲突管理风格影响决策过程的满意度及认知决策的质量[56][57]。

综合以上所有分析可知：该段时间强耦合的文献都是同一作者，研究主题都有一定的连续性和类似性。因此，在作者引用的参考文献中也有很多相同的参考文献。同时，研究的范围很广泛，涉及知识库、数字图书馆、计算机技术、信息技术、电子商务、用户行为、管理学等多个方面。

3．2006—2007 年文献引文耦合图谱

经过分析可知：在 2006 年到 2007 年，原本共有 4962 条数据，在此文献引文耦合网络中，有 108996 个节点（如图 5-10 所示）。其中，有 105179 个孤立节点，去除掉孤立节点，最后剩下有 93860 条连线，连线的权重最大为 58，最大的一个网络包含 3744 个节点。通过 pathfinder 算法对网络进行缩减，得到 3789 条边，使得边的缩减率为 24.77，选择将权重≥20 的节点显示出来。

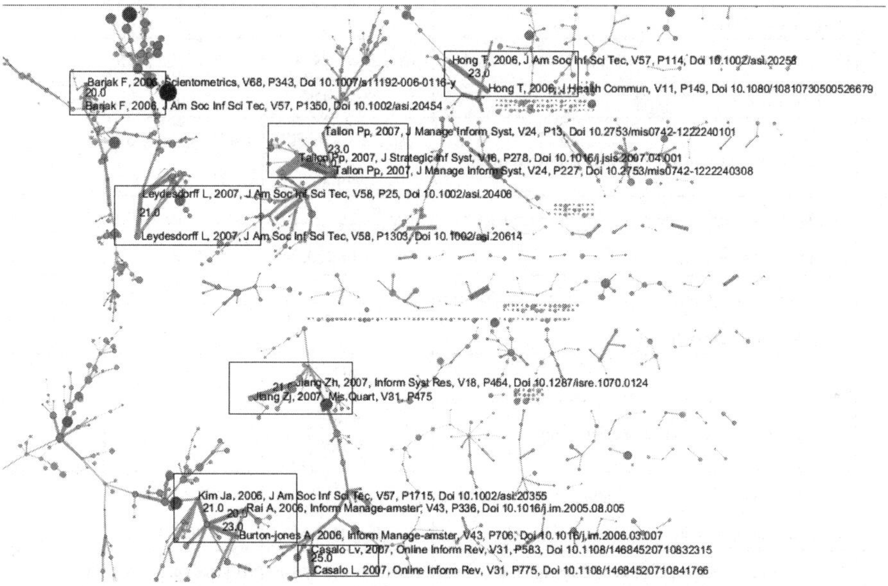

图 5-10　2006—2007 年文献引文耦合图谱

通过以上统计分析和可视化图谱可知：在整个图谱中，有 7 组强耦合文献（如表 5-5 所示）。

表 5-5　2006—2007 年强耦合文献详情分析

编号	文献名称	作者	DOI	参考文献数	耦合强度
1	Contributing factors to the use of health-related websites	Hong, T	10.1080/108107305 0052667	56	23
2	The influence of structural and message features on web site credibility	Hong, T	10.1002/asi.20258	69	
3	The role of the Internet in informal scholarly communication	Barjak, F	10.1002/asi.20454	90	20
4	Web links and gender in science: An exploratory analysis	Thelwall, M; Barjak, F; Kretschmer, H	10.1556/Scient.67.2 006.3.3	49	
5	Betweenness centrality as an indicator of the interdisciplinarity of scientific journals	Leydesdorff, Loet	10.1002/asi.20614	59	21
6	Visualization of the citation impact environments of scientific journals: An online mapping exercise	Leydesdorff, Loet	10.1002/asi.20406	72	
7	A process-oriented perspective on the alignment of information technology and business strategy	Tallon, PP	10.2753/MIS0742-1 222240308	86	
8	Does IT pay to focus? An analysis of IT business value under single and multi-focused business strategies	Tallon, PP	10.1016/j.jsis.2007.0 4.001	71	
9	Fact or fiction? A sensemaking perspective on the reality behind executives' perceptions of IT business value	Tallon, PP; Kraemer, KL	10.2753/MIS0742-1 222240101	89	
10	Toward an understanding of web-based subscription database acceptance	Kim, Jong-Ae	10.1002/asi.20355	91	
11	The mediation of external variables in the technology acceptance model	Burton-Jones, A; Hubona, GS	10.1016/j, im.2006. 03.007	64	
12	Predicting consumer intention to use mobile service	Wang, YS; Lin, HH; Luarn, P	10.1111/j.1365-2575 .2006.00213.x	62	
13	Assimilation patterns in the use of electronic procurement innovations: A cluster analysis	Rai, A; Tang, XL; Brown, P; Keil, M	10.1016/j.im.2005.0 8.005	56	
14	Investigating the influence of the functional mechanisms of online product presentations	Jiang, ZH; Benbasat, I	10.1287/isre.1070.0 124	67	21
15	The effects of presentation formats and task complexity on online consumers' product understanding	Jiang, ZJ (Jiang, Zhenhui (Jack)); Benbasat, I		76	
16	The role of security, privacy, usability and reputation in the development of online banking	Casalo, LV; Flavian, C; Guinaliu, M	10.1108/146845207 10832315	73	25
17	The impact of participation in virtual brand communities on consumer trust and loyalty - The case of free software	Casalo, L 　; Flavian, C 　; Guinaliu, M	10.1108/146845207 10841766	69	

从图中我们可以得出以下结论：

（1）Hong，T 的两篇文献的引文耦合强度是 23，这两篇文献都是通过实证研究，通过具体的实验来探讨用户在搜索健康相关的网站时，影响用户行为的因素。最后发现网站的信誉、用户的知识结构是很重要的影响因素，同时网站的公正性和友好性也是次要的影响因素[58][59]。

（2）Barjak，F、Thelwall，M 等人所写的两篇文章的引文耦合强度为 20，主要探索的是互联网中非正式学术交流中的作用，通过 7 个欧洲国家和 5 个学科（天文学、化学、计算机科学、经济学、心理学）的数据，证实研究生产力和互联网使用呈现出非线性的正相关关系，同时在科学研究中不同性别的使用者在使用Web 超链接时是不一样的[60][61]。

（3）Leydesdorff，Loet 的两篇文献的引文耦合强度是 21，主要探讨的是与科学期刊的评价指标相关的问题（如中介中心性、期刊的影响因素、期刊的引文影响环境等）[62][63]。

（4）Tallon，PP、Kraemer，KL 发表的三篇文章，文献 7[64]与文献 8[65]的引文耦合强度为 41，文献 7 与文献 9[66]的引文耦合强度为 23，主要探讨的是 IT 行业背后的一些商业价值以及如何评估这些价值，作者构建了不同的模型来评估，并针对不同模型提出了不同的商业价值。

（5）文献 10、11、12、13 具有强耦合关系，都是以文献 12 为核心，文献 10[67]与 12[69]的引文耦合关系为 21；文献 12 与文献 13[70]的引文耦合关系为 20，文献11[68]与文献 12 的引文耦合关系为 23。Kim，Jong-Ae、Burton-Jones，A、Hubona，GS、Rai，A、Tang，XL 等人主要针对企业所采用的电子采购创新（Electronic Procurement Innovations，EPI）进行探讨，尤其是移动互联网的发展、移动设备的普及，使得网上购物更加便利。通过模型来确定 EPI 是否真的能提高采购的效率，同时分析有哪些影响因素。最后在研究中发现，在订阅在线数据库时，用户的可接受性很大程度上取决于数据库所提供的效用。

（6）Jiang，ZH、Benbasat，I 所写的两篇文献的引文耦合强度是 21，探讨了在线产品演示功能对消费者购买行为的影响。研究显示，产品演示（即通过图片、视频和声音等来描绘产品）效果的不同，尤其是其生动性和互动性对消费者返回该网站购买产品的关系非常大，生动的产品演示有利于增进消费者对产品的理解，从而增强用户的黏性[71][72]。

（7）Casalo，L、Flavian，C、Guinaliu，M 三人所写的两篇文章的引文耦合为 25，他们主要探讨的是用户信任度的问题。他们分别用两个案例来说明如何获取用户的信任，以及影响用户信任度的因素有哪些。在金融服务网站中，网站的安全性、保密性、可用性和声誉对用户的信任度影响巨大。在虚拟品牌社区中，品牌对消费者行为影响巨大，因此启示管理者采取措施来促进消费者的信任和忠诚度，让更多的消费者参与进来[73][74]。

4. 2008—2009 年文献引文耦合图谱

经过分析可知，在 2008 年到 2009 年，原本共有 5781 条数据，在此文献引文耦合网络中，有 133185 个节点（如图 5-11 所示）。其中，有 128477 个孤立节点，去除掉孤立节点，最后剩下 4708 个节点。共计有 151363 条连线，连线的权重最大为 36，最小权重为 1，最大的一个网络包含 4662 个节点。通过 pathfinder 算法对网络进行缩减，得到 4685 条边，使得边的缩减为 32.3，由于节点较多，故选取了全球被引频次 TOP1500 的节点，并设置成将文献引文耦合频率≥20 的节点显示出来。

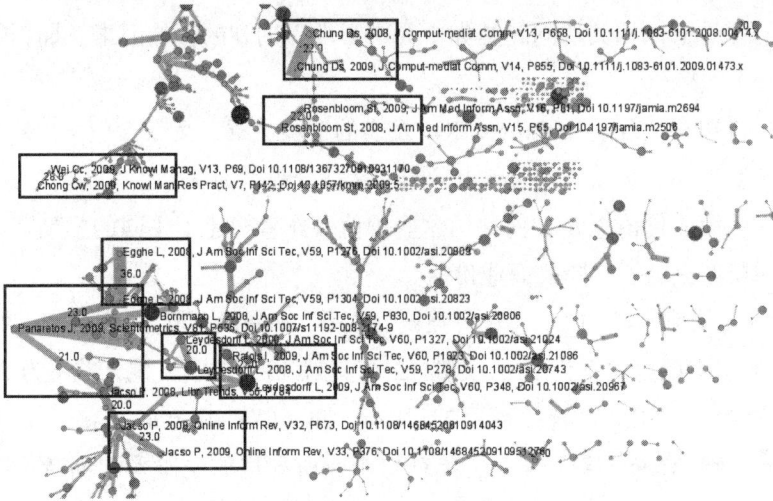

图 5-11　2008—2009 年文献引文耦合图谱

通过以上统计分析和可视化图谱可知：在整个图谱中，有 5 大组强耦合文献。第一组为文献 1 和文献 2；第二组为文献 3 和文献 4；第三组为文献 5 和文献 6，第四组为文献 7 至文献 12；第五组为文献 13 至文献 16（如表 5-6 所示）。

表 5-6　2008—2009 年强耦合文献详情分析

编号	文献名称	作者	DOI	参考文献数	耦合强度
1	Interactive features of online newspapers: Identifying patterns and predicting use of engaged readers	Chung，Deborah S	10.1111/j.1083-6101.2008.00414.x	73	22
2	The Effects of Interactive News Presentation on Perceived User Satisfaction of Online Community Newspapers	Chung，Deborah S.; Nah，Seungahn	10.1111/j.1083-6101.2009.01473.x	74	

续表

编号	文献名称	作者	DOI	参考文献数	耦合强度
3	Using SNOMED CT to Represent Two Interface Terminologies	Rosenbloom, ST; Brown, SH; Froehling, D 等	10.1197/jamia.m2694	62	28
4	A model for evaluating interface terminologies	Rosenbloom, ST; Miller, RA; Johnson, KB	10.1197/jamia.m2506	64	
5	Is the Malaysian telecommunication industry ready for knowledge management implementation?	Wei, CC; Choy, CS; Yew, WK	10.1108/1367327091093 1170	88	28
6	Knowledge management process effectiveness: measurement of preliminary knowledge management implementation	Chong, CW; Chong, SC	10.1057/kmrp.2009.5	95	
7	Study of different h-indices for groups of authors	Egghe L	10.1002/asi.20809	39	
8	The Influence of transformations on the h-index and the g-index	Egghe L	10.1002/asi.20823	49	
9	Assessing scientific research performance and impact with single indices	Panaretos, J; Malesios, C	10.1007/s11192-008-217 4-9	93	
10	Testing the calculation of a realistic h-index in Google Scholar, Scopus, and Web of Science for F. W. Lancaster	Jacso, Peter		71	
11	The pros and cons of computing the h-index using Web of Science	Jacso, Peter	10.1108/1468452081091 4043	61	
12	Errors of omission and their implications for computing scientometric measures in evaluating the publishing productivity and impact of countries	Jacso, Peter	10.1108/1468452091095 1276	44	
13	How are New Citation-Based Journal Indicators Adding to the *Bibliometric* Toolbox?	Leydesdorff, Loet	10.1002/asi.21024	57	20
14	Caveats for the use of citation indicators in research and journal evaluations	Leydesdorff, Loet	10.1002/asi.20743	89	
15	A Global Map of Science Based on the ISI Subject Categories	Leydesdorff, L; Rafols, I	10.1002/asi.20967	61	
16	Content-Based and Algorithmic Classifications of Journals: Perspectives on the Dynamics of Scientific Communication and Indexer Effects	Rafols, Ismael; Leydesdorff, Loet	10.1002/asi.21086	45	22

从该图谱的聚类情况可以看出，文献 7 至文献 16 所在区域，为该阶段图谱最重要的区域，出现了很多强耦合文献。

（1）文献 1 和文献 2 的引文耦合强度为 22，主要探讨网络社区新闻受众如何使用互动功能，进而探讨不同类型的互动新闻风格样式与用户满意程度之间的关联。可以针对不同的互动特征制定不同的互动策略，分析互动类型及其影响因素，从而更好地提高用户的满意度，增强互动性[75][76]。

（2）文献 3 和文献 4 的引文耦合强度为 22，主要探讨的是用 SNOMED CT

来表示两个交互术语，并用模型来对该交互术语进行评估。SNOMED CT（Systematized Nomenclature of Medicine—Clinical Terms，医学系统命名法－临床术语）[77]是一部经过系统组织编排的，便于计算机处理的医学术语集，涵盖大多数方面的临床信息（比如，疾病、操作、微生物、药物等）。如果采用该术语集，就可以协调一致地在不同的学科、专业、照护地点之间实现对于临床数据的标引、存储、检索和聚合。同时，它还有助于组织病历内容，减少临床照护和科学研究工作中数据采集、编码及使用方式的变异。它是美国联邦政府指定的一套数据标准之一，旨在用于临床信息的电子交换[78][79]。

（3）文献 5 和文献 6 的引文耦合强度为 28，主要侧重于知识管理方面的研究。以马来西亚电信业为案例来评估知识管理战略在其中发挥的重要作用及其执行情况[80][81]。

（4）文献 7[82]和文献 8[83]的引文耦合强度为 26，文献 8 和文献 9[84]的引文耦合强度为 23，文献 9 和文献 10[85]的引文耦合强度为 21，文献 10 和文献 11[86]的引文耦合强度为 20，文献 11 和文献 12[87]的引文耦合强度为 23，这几篇文献主要探讨有关文献计量学评价指标。主要是对 H-index 和 G-index 进行探讨。其中，比较有代表的作者有 Egghe L、Jacso Peter。

（5）文献 13[88]和文献 14[89]的引文耦合强度为 20，文献 15[90]和文献 16[91]的引文耦合强度为 22，其中主要是以文献 15 为中心，代表作者是 Leydesdorff,L、Rafols, I，主要探讨的是文献的学科分类和 JCR 期刊评价指标问题。Loet Leydesdorff 提出将文献分解成一些不同的学科和次级学科，这也是文献计量学的研究目标之一。通过 JCR 中不同期刊评价指标之间的对比，找到更适合期刊评价的指标，使其能更好地反映期刊的实际水平。

5. 2010—2011 年文献引文耦合图谱

经过分析可知，在 2010 年到 2011 年，原本共有 6308 条数据，在此文献引文耦合网络中，有 167755 个节点（如图 5-12 所示）。其中，有 162293 个孤立节点，去除掉孤立节点，最后剩下 5462 个节点。有 246509 条连线，连线的权重最大为 61，最小权重为 1，最大的一个网络包含 5421 个节点。通过 pathfinder 算法对网络进行缩减，得到 5441 条边。

在此例中，由于节点较多，网络较大，故抽取 TOP 1500 的节点数（按照全球被引次数），选择将权重≥20 的节点显示出来（如图 5-13 所示）。

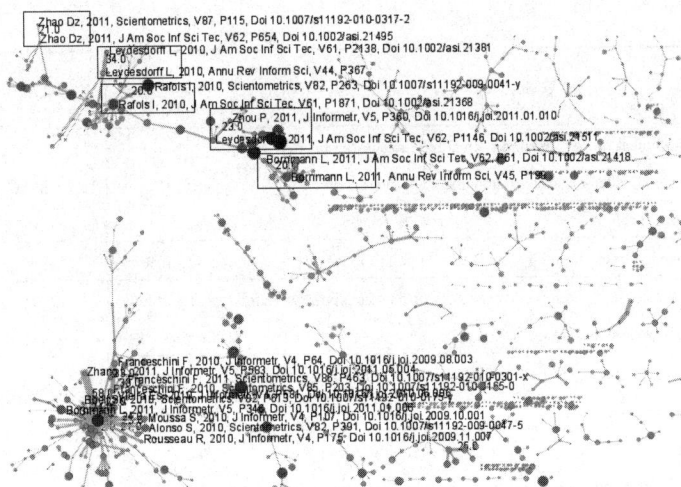

图 5-12　2010—2011 年文献引文耦合图谱（全局图）

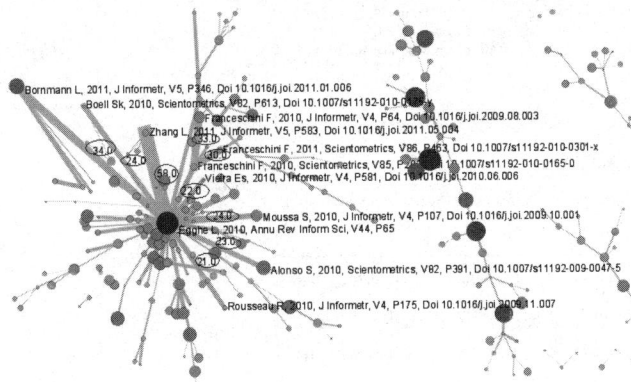

图 5-13　2010—2011 年文献引文耦合图谱（局部图）

　　将整个引文耦合图谱分为六个大的部分。从 2010—2011 年文献引文耦合图谱中可以粗略地看出，该时间段强耦合关系都是有关信息计量学方面的研究，这也与前面共词分析的结果相对应，这段时间内研究者普遍关注的焦点是文献计量学、知识图谱、可视化等方面（如表 5-7 所示）。

表 5-7　2010—2011 年强耦合文献详情分析

编号	文献名称	作者	DOI	参考文献数	耦合强度
1	Intellectual structure of stem cell research: A comprehensive author co-citation analysis of a highly collaborative and multidisciplinary field	Zhao DZ; Strotmann, Andreas	10.1007/s11192-010-0317-2	25	21
2	Counting first, last, or all authors in citation analysis: A comprehensive comparison in the highly collaborative stem cell research field	Zhao DZ; Strotmann, Andreas	10.1002/asi.21495	64	

续表

编号	文献名称	作者	DOI	参考文献数	耦合强度
3	The communication of meaning and the structuration of expectations: Giddens' "structuration theory" and Luhmann's "self-organization"	Leydesdorff,L	10.1002/asi.21381	70	34
4	The knowledge-based economy and the triple helix model	Leydesdorff,L		230	
5	Diversity and network coherence as indicators of interdisciplinarity: case studies in bionanoscience	Rafols, Ismael ; Meyer, Martin	10.1007/s11192-009-0041-y	50	20
6	Science overlay maps: A new tool for research policy and library management	Rafols, I; Porter, AL; Leydesdorff, L	10.1002/asi.21368	103	
7	Fractional counting of citations in research evaluation: A cross- and interdisciplinary assessment of the Tsinghua University in Beijing	Zhou, Ping; Leydesdorff, Loet	10.1016/j.joi.2011.01.010	44	23
8	How to evaluate universities in terms of their relative citation impacts: Fractional counting of citations and the normalization of differences among disciplines	Leydesdorff, Loet;Shin, Jung C	10.1002/asi.21511	64	
9	Is interactive open access publishing able to Identify high-impact submissions? A study on the predictive validity of atmospheric chemistry and physics by using percentile rank classes	Bornmann, L; Schier, Hermann; Marx, Werner	10.1002/asi.21418	74	20
10	Is interactive open access publishing able to identify high-impact submissions? A study on the predictive validity of atmospheric chemistry and physics by using percentile rank classes	Bornmann,L	10.1002/asi.21418	74	
11	The hirsch index and related impact measures	Egghe,L		256	
12	A multilevel meta-analysis of studies reporting correlations between the h index and 37 different h index variants	Bornmann, Lutz; Mutz, Ruediger; Hug, Sven E	10.1016/j.joi.2011.01.006	99	
13	Journal impact factors for evaluating scientific performance: use of h-like indicators	Boell, Sebastian K.; Wilson, CS	10.1007/s11192-010-0175-y	51	
14	The diffusion of H-related literature	Zhang, Lin ; Thijs, B; Glanzel, W	10.1016/j.joi.2011.05.004	111	
15	A research impact indicator for institutions	Vieira, E. S.; Gomes, J. A. N. F.	10.1016/j.joi.2010.06.006	26	
16	Ranking marketing journals using the Google Scholar-based hg-index	Moussa, Salim; Touzani, Mourad	10.1016/j.joi.2009.10.001	65	
17	hg-index: a new index to characterize the scientific output of researchers based on the h- and g-indices	Alonso, S.; Cabrerizo, F. J.; Herrera-Viedma, E.	10.1007/s11192-009-0047-5	28	
18	A discussion of Prathap's h(2)-index for institutional evaluation with an application in the field of HIV infection and therapy	Rousseau, Ronald;Yang, Liying;Yue, Ting	10.1016/j.joi.2009.11.007	30	

续表

编号	文献名称	作者	DOI	参考文献数	耦合强度
19	The Hirsch spectrum: A novel tool for analyzing scientific journals	Franceschini, Fiorenzo;Maisano, Domenico	10.1016/j.joi.2009.08.003	48	
20	Bibliometric positioning of scientific manufacturing journals: a comparative analysis	Franceschini, Fiorenzo;Maisano, Domenico	10.1007/s11192-010-0301-X	53	
21	Analysis of the ch-index: An indicator to evaluate the diffusion of scientific research output by citers	Franceschini, Fiorenzo;Maisano, Domenico;Perotti, Anna	10.1007/s11192-010-0165-0	58	

利用上述引文耦合图谱，从中可以得出以下结论：

（1）整个图谱主要分为上、下两大部分，上部分的主要作者有 zhao Dz[92][93]、Leydesdorff, L[94][95][99]、Rafols, I[96][97]、Zhou, Ping[98]、Bornmann, L[100]等人。他们研究的重点问题主要是作者同被引、作者引文耦合、Triple Helix 模型、Giddens 的结构化理论、Luhmann 的自组织理论、Science Overlay Maps、大学评估的指标和方法、开放获取等主题。下部分的主要作者有 Egghe，L[101]、Boell, S、Zhang, L、Vieira, Es、Moussa, S、Alonso, S、Rousseau, Ronald、Franceschini, F 等，他们都是以 Egghe, L 为中心，主要对 H-index 进行探讨和深化。Egghe, L 在 *The Hirsch Index and Related Impact Measures* [102]一文中指出了 H-index 的优势和劣势，提出了 H-index 的修正措施。同样地，作为信息计量学领域的专家，Egghe, L 在指出 H-index 的不足之后，探索了一些与 H-index 相关的评价指标来完善 H-index。最后，还提出将 G-index 和 R-index 作为 H-指数的重要补充。后来，G-index 获得了很多文献计量学家的认同，他们将 H-index 和 G-index 相结合，以进行文献计量方面的评价。

（2）通过与前面几年的文献引文耦合图谱对比可知，该时间段节点间的聚类更加明显，作者与作者之间的联系更加密切。例如，在前面几年的引文耦合图谱中，可以看到很多不同的小区域，节点间的聚类也比较分散，但从 2010—2011 年文献引文耦合图谱可知，整个图谱可以分为很明显的两个部分，而且在这两部分中，节点的聚类也更加密切，耦合强度也较高。这也说明，随着学科的发展，学科间的渗透联系越来越密切。

（3）该时间段内，强引文耦合关系多集中在文献计量学领域，这说明文献计量学是该时间段的一个重要的研究重点和热点。文献计量学领域的专家 Rousseau, Ronald、Egghe,L、Bornmann,L、Leydesdorff, L 在该时间段的联系也更加密切了。

6. 国外图书馆学情报学文献引文耦合分析总结

通过对前面 5 个不同时间段的文献引文耦合图谱的变化情况进行分析后可以看出，随着时间的变化，节点也逐渐增多，构建的文献引文耦合网络也越来越大，节点间的联系也越来越密切，图谱中最大网络中包含的节点也越来越多。同时还发现，在不同时间段内，学者关注的重点有所不同，重要作者之间的联系交流也在不断加深。

（1）2002—2003 年，代表性作者主要有 Thelwall, M、Venkatesh, V，主要研究的问题有大学网站评价、数据挖掘及可视化、检索系统评价、CIO 行为影响、信息技术可接受性模型等。

（2）2004—2005 年，代表性作者主要有 Zhu, K、Kankanhalli, A、Shih, HP、Paul, S 等，主要研究的问题是电子知识库、数字图书馆、TAM（Technology Acceptance Model）的扩展、信息技术在电子商务中的作用、团队冲突管理在虚拟团队中的作用等。

（3）2006—2007 年，代表性作者主要有 Hong, T、Barjak, F 、Thelwall, M、Leydesdorff, L、Tallon, PP、Kraemer, KL、Kim, Jong-Ae、Jiang, ZH、Benbasat, I、Casalo, L 等。他们研究的主要问题有用户搜寻健康网站的行为、互联网的非正式学术交流中的作用、期刊的评价指标、IT 行业背后的商业价值、企业电子采购创新（Electronic Procurement Innovations，EPI）、在线产品演示功能对消费者购买行为的影响、用户信任度等。

（4）2008—2009 年，代表性作者主要有 Egghe，L、Jacso，Peter、Leydesdorff, L、Rafols, I。他们研究的主要问题有网络社区用户行为分析、医学领域的 SNOMED CT（医学系统命名法）的探讨、知识管理、文献计量学评价指标、文献的学科分类、JCR 期刊评价指标等。

（5）2010—2011 年，代表性作者主要有 Zhao, Dz、Leydesdorff,L、Rafols, I、Bornmann, L、Egghe，L、Boell, S、Zhang, L、Vieira, Es、Moussa, S、Rousseau, Ronald、Franceschini, F 等，主要研究的问题有文献计量学、H-index、G-index、R-index 等。

通过以上分析可知，国外图书馆学情报学研究涉及多个领域（如计算机、医学、管理学、经济学等），再次说明国外图书馆学情报学已发展成为一个具有多学科分支的交叉学科，形成了一整套较为完整的理论体系。

（四）小结

通过对国外图书馆学情报学文献引文耦合的分段分析，可以得到以下启示：

①通过文献引文耦合分析图谱可知，研究具有一定的连续性。例如，Rousseau,R、Leydesdorff,L、Egghe,L 等人一直致力于信息计量学方面的研究；②就整体而言，文献引文耦合图谱网络呈现出的关联关系不是很紧密，存在着很多弱链节点，学术壁垒现象依然很严重；③图谱中细分的小区域随着时间的变化呈递减趋势，区域内节点数越来越多且关系也越来越紧密，构建的图谱网络也越来越大，通过图谱的变化也进一步说明研究者在同一领域中的合作越来越密切，尤其是重要作者在同一领域之间的交流在不断加深；④作者（尤其是同一作者）及其团体在研究同一主题时，引用的参考文献趋同性较强，很多作者在不同文献中都引用一些相同的文献，因此在图谱中显示的耦合强度就较高；⑤不同时间段的代表性作者及其主要研究方向涉及多个学科（如计算机、医学、管理学、经济学等），这也体现了图书馆学情报学与其他学科的交叉融合关系。例如，研究内容主要包括大学网站评价、数据挖掘及可视化、检索系统评价、CIO 行为影响、信息技术可接受性模型、电子知识库、数字图书馆、TAM （Technology Acceptance Model）的扩展、IT 行业背后的商业价值、企业电子采购创新（Electronic Procurement Innovations, EPI）、医学领域的 SNOMED CT（医学系统命名法）的探讨、知识管理、文献计量学评价指标、文献的学科分类、JCR 期刊评价指标、文献计量学、H-index、G-index、R-index 等多个方面。

总之，通过 SCI^2 构建的文献引文耦合图谱，可以清晰地揭示不同时间段的一些重要作者及其研究方向，同时也反映了不同学科作者之间的交流合作变迁情况。国外图书情报领域的研究进展值得国内图书情报研究人员借鉴。

参考文献

[1]　肖明. 信息计量学[M]. 北京：中国铁道出版社，2014.

[2]　Bar-Ilan J. Which h-index?-A comparison of WoS, Scopus and Google Scholar [J]. Scientometrics, 2008, 74(2): 257-271.

[3]　Garfield E. Citation indexes for science: A new dimension in documentation through association of ideas[J]. Science, 1955, 122(3159): 108-111.

[4]　Price DJ. Networks of scientific papers[J]. Science, 1965, (149): 510-515.

[5]　Schneider JW, Larsen B, Ingwersen P. A comparative study of first and all-author cocitation counting, and two different matrix generation approaches applied for author co-citation analyses[J]. Scientometrics, 2009, 80(1): 103-130.

[6]　White HD, Griffith BC. Author cocitation: A literature measure of intellectual

structure[J]. Journal of the American Society for Information Science. 1981, 32(3): 163-171.

[7] Persson O. The intellectual base and research fronts of JASIS 1986 - 1990[J]. Journal of the American Society for Information Science, 1994, 45(1): 31-38.

[8] White HD, McCain KW. Visualizing a discipline: An author co-citation analysis of information science, 1972-1995[J]. Journal of the American Society for Information Science, 1998,49(4):327-355.

[9] Zhao DZ, Strotmann A. Information science during the first decade of the web: An enriched author cocitation analysis[J]. Journal of the American Society for Information Science and Technology, 2008,59(6):916-937.

[10] Zhao DZ, Strotmann A. Evolution of research activities and intellectual influences in information science 1996-2005: Introducing author bibliographic-coupling analysis[J]. Journal of the American Society for Information Science and Technology, 2008, 59(13): 2070-2086.

[11] Small H. Paradigms, citations, and maps of science: A personal history[J]. Journal of the American Society for Information Science and Technology, 2003, 54(5): 394-399.

[12] Small H. Cited documents as concept symbols[J]. Social Studies of Science, 1978, 8(3): 327-340.

[13] Åström F. Changes in the LIS research front: Time-sliced cocitation analyses of LIS journal articles, 1990-2004[J]. Journal of the American Society for Information Science and Technology, 2007, 58(7): 947-957.

[14] Chen CM. Searching for intellectual turning points: Progressive knowledge domain visualization[C]. Proceedings of the National Academy of Sciences of the United States of America, 2004, 101(Suppl. 1): 5303-5310.

[15] Chen CM. CiteSpace II: Detecting and visualizing emerging trends and transient patterns in scientific literature[J]. Journal of the American Society for Information Science and Technology, 2006, 57(3): 359-377.

[16] Chen CM, Ibekwe-SanJuan F, Hou JH. The structure and dynamics of cocitation clusters: A multiple-perspective cocitation analysis. Journal of the American Society for Information Science and Technology[J], 2010,61(7):1386-1409.

[17] 宋丽萍. 从两次 ACA 分析看情报科学的发展[J]. 图书情报工作，2004，48（10）：35-37.

[18] 马瑞敏，邱均平. 基于 CSSCI 的论文同被引实证计量研究——以图书馆学、情报学为例[J]. 图书情报知识，2005（5）：77-79.

[19] 马费成，宋恩梅.我国情报学研究分析：以 ACA 为方法[J].情报学报，2006，25（3）：259-268.

[20] 肖明，曹冰. 基于网络科学的国内情报学领域合作网络演化分析[J]. 情报科学，2014（11）：108-113.

[21] 柯平，何颖芳，闫娜.2011—2012 年国外图书馆学研究前沿与热点分析[J]. 情报科学，2013，06：3-9.

[22] 柯平，贾东琴，李廷翰. 2010 年国外图书馆学情报学研究热点分析[J]. 情报科学，2011（9）：1281-1288+1293.

[23] 赵蓉英，王菊.图书馆学知识图谱分析[J].中国图书馆学报，2011，37（192）：40-50.

[24] 郭璇. 基于共词分析的国外图书馆学情报学领域研究现状探析[J]. 情报杂志，2011（11）：37-41.

[25] Small H. Co-citation in the scientific literature: A new measure of the relationship between two documents[J].Journal of the American Society for Information Science, 1973, 24 (4): 265-269.

[26] Kessler M M.Bibliographic coupling between scientific papers[J]. American Documentation, 1963, 14（1）,10-25.

[27] 马瑞敏，倪超群. 作者耦合分析：一种新学科知识结构发现方法的探索性研究[J]. 中国图书馆学报，2012（2）：6-13.

[28] Vladutz G, Cook J. Bibliographic coupling and subject relatedness[C]//American Society for Information Science. Proceedings of the 47th ASIS Annual Meeting. Philadelphia: Institute for Science Information, 1984:204-207.

[29] SCI2 Tool 主页[EB/OL].https://sci2.cns.iu.edu/user/index.php.

[30] 肖明，邱小花，黄界等. 知识图谱工具比较研究[J]. 图书馆杂志，2013（3）：61-69.

[31] 邱小花，李国俊，肖明. SCI^2——一款新的知识图谱分析软件介绍与评价[J]. 图书馆杂志，2013（9）：79-87.

[32] Thelwall, Mike. Conceptualizing documentation on the web: An evaluation of different heuristic-based models for counting links between university web sites[J].Journal of the American Society for Information Science & Technology, 2002, 53(12):995-1005.

[33] Thelwall M, Harries G. The connection between the research of a university and counts of links to its web pages: An investigation based upon a classification of the relationships of pages to the research of the host university[J]. Journal of the American Society for Information Science & Technology, 2003, 54(7):594–602.

[34] Wilkinson D, Harries G, Thelwall M, et al. Causes of academic web site interlinking: Evidence for the web as a novel source of information on informal scholarly communication[J]. Journal of Information Science, 2013, 29(1):49-56.

[35] Thelwall M, Harries G, Wilkinson D. Why do web sites from different academic subjects interlink?[J]. Journal of Information Science, 2013, 29(6): 453-471.

[36] Fabapérez C, Guerrerobote V P, Moyaanegón F D. Data mining in a closed web environment[J]. Scientometrics, 2003, 58(3):623-640.

[37] Morris S A, Yen G, Wu Z, et al. Time line visualization of research fronts[J]. Journal of the American Society for Information Science & Technology, 2003, 54(5):413-422.

[38] Borlund P. The concept of relevance in IR[J]. Journal of the American Society for Information Science & Technology, 2003, 54(10):913-925.

[39] Borlund, P. The IIR evaluation model: A framework for evaluation of interactive information retrieval systems[J]. Information Research, 2003, 8(3):289-291.

[40] Bilal D. Children's use of the Yahooligans! Web search engine. III. Cognitive and physical behaviors on fully self-generated search tasks[J]. Journal of the American Society for Information Science & Technology, 2002, 53(13):1170-1183.

[41] Bilal D. Perspectives on children's navigation of the world wide web: Does the type of search task make a difference?[J]. Online Information Review, 2002, 26(2):108-117.

[42] Enns H G, Huff S L, Golden B R. CIO influence behaviors: The impact of technical background[J]. Information & Management, 2003, 40(5):467-485.

[43] Enns, HG; Huff, SL; Higgins, CA. CIO lateral influence behaviors: Gaining peers' commitment to strategic information systems[J]. MIS Quarterly, 2000, 27(1):457-460.

[44] Chau P Y K, Hu P J. Examining a model of information technology acceptance by individual professionals: An exploratory study[J]. Journal of Management Information Systems, 2002, 18(4):191-229.

[45] Larsen, KRT. A taxonomy of antecedents of information systems success:

Variable analysis studies[J]. Journal of Management Information Systems, 2003, 20(2):169-246.

[46] Venkatesh, V; Morris, MG; Davis, GB. User acceptance of information technology: Toward a unified view[J]. MIS quarterly,2003,27(3):425-478.

[47] Chau P, Hu P. Investigating healthcare professionals' decisions to accept telemedicine technology:An empirical test of competing theories[J].Information & Management, 2002,39(4):297-311.

[48] Kankanhalli, A; Tan, BCY; Wei, KK. Contributing knowledge to electronic knowledge repositories: An empirical investigation[J]. MIS quarterly, 2005, 29 (1):113-143.

[49] Kankanhalli A, Tan B C Y, Wei K K. Understanding seeking from electronic knowledge repositories: An empirical study[J]. Journal of the American Society for Information Science & Technology, 2005, 56(56):1156-1166.

[50] Jeng, J. What is usability in the context of the digital library and how can it be measured? [J]. Information Technology & Libraries, 2013, 24(2):47-56.

[51] Jeng, J. Usability assessment of academic digital libraries: Effectiveness, efficiency, satisfaction, and learnability[J]. LIBRI,2005,55(2-3):96-121.

[52] Shih, HP. Extended technology acceptance model of Internet utilization behavior[J]. Information & Management,2004,41(6):719-729.

[53] Shih, HP. An empirical study on predicting user acceptance of e-shopping on the web[J]. Information & Management,2004,41(3):351-368.

[54] Zhu K, Dedrick J. Information technology payoff in e-business environments: An international perspective on value creation of e-business in the financial services industry[J]. Journal of Management Information Systems, 2004, 21(1): 17-54.

[55] Zhu K, Kraemer K L. Post-adoption variations in usage and value of e-business by organizations: Cross-country evidence from the retail industry[J]. Information Systems Research, 2005, 16(1):61-84.

[56] Paul S,Samarah IM,Seetharaman P. An empirical investigation of collaborative conflict management style in group support system-based global virtual teams[J]. Journal of Management Information Systems,2004,21(3):185-222.

[57] Paul, S; Seetharaman, P; Samarah, I. Impact of heterogeneity and collaborative conflict management style on the performance of synchronous global virtual teams[J]. Information & Management,2004,41(3):303-321.

[58] Hong T. Contributing factors to the use of health-related websites[J]. Journal of Health Communication, 2006, 11(2):149-65.

[59] Hong, T. The influence of structural and message features on web site credibility[J]. Journal of the American Society for Information Science & Technology, 2006,57(1):114-127.

[60] Barjak, Franz. The role of the Internet in informal scholarly communication[J]. Journal of the American Society for Information Science & Technology. 2006, 57(10):1350-1367.

[61] Thelwall, M; Barjak, F; Kretschmer, H. Web links and gender in science: An exploratory analysis[J]. Scientometrics,2006,67(3):373-383.

[62] Leydesdorff, Loet. Betweenness centrality as an indicator of the interdisciplinarity of scientific journals[J]. Journal of the American Society for Information Science & Technology,2007,58(9):1303-1319.

[63] Leydesdorff, Loet. Visualization of the citation impact environments of scientific journals: An online mapping exercise[J]. Journal of the American Society for Information Science & Technology,2007,58(1):25-38.

[64] Tallon, Paul P. A process-oriented perspective on the alignment of information technology and business strategy[J]. Journal of Management Information Systems, 2007,24(3):227-268.

[65] Tallon P P. Does IT pay to focus? An analysis of IT business value under single and multi-focused business strategies[J]. Journal of Strategic Information Systems, 2007, 16(3):278-300.

[66] Tallon P P, Kraemer K L. Fact or fiction? A sensemaking perspective on the reality behind executives' perceptions of IT business value[J]. Journal of Management Information Systems,2007,24(1):13-54.

[67] Kim, Jong-Ae. Toward an understanding of web-based subscription database acceptance[J]. Journal of the American Society for Information Science & Technology, 2006,57(13):1715-1728.

[68] Burton-Jones, Andrew; Hubona, Geoffrey S. The mediation of external variables in the technology acceptance model[J]. Information & Management,2006,43(6): 706-717.

[69] Wang YS,Lin HH,Luarn P.Predicting consumer intention to use mobile service[J]. Information Systems Journal ,2006,16(2):157-179.

[70] Raia A, Tangb X, Brownc P, et al. Assimilation patterns in the use of electronic procurement innovations: A cluster analysis[J]. Information & Management, 2006, 43(3):336–349.

[71] Jiang Z, Benbasat I. Research note ——Investigating the influence of the functional mechanisms of online product presentations[J]. Information Systems Research, 2007, 18(4):454-470.

[72] Jiang Zhenhui (Jack),Benbasat, Izak.The effects of presentation formats and task complexity on online consumers' product understanding[J]. MIS quarterly,2007, 31(3):475-500.

[73] Casaló L V, Flavián C, Guinalíu M. The role of security, privacy, usability and reputation in the development of online banking[J]. Online Information Review, 2007, 31(5):583-603.

[74] Casaló L, Flavián C, Guinalíu M. The impact of participation in virtual brand communities on consumer trust and loyalty: The case of free software[J]. Online Information Review, 2007, 31(6):775-792.

[75] Chung Deborah S. Interactive features of online newspapers: Identifying patterns and predicting use of engaged readers[J]. Journal of Computer-Mediated Communication, 2008, 13(3):658-679.

[76] Chung D S, Nah S. The effects of interactive news presentation on perceived user satisfaction of online community newspapers[J]. Journal of Computer- Mediated Communication, 2009, 14(4):855–874.

[77] SNOMED CT 简介. [EB/OL] .http://zh.wikipedia.org/wiki/SNOMED_CT.

[78] Rosenbloom S, Brown S D, Bauer B, et al. Using SNOMED CT to represent two interface terminologies[J]. Journal of the American Medical Informatics Association, 2009, 16(1):81-88.

[79] Rosenbloom S T, Miller R A, Johnson K B, et al. A model for evaluating interface terminologies[J]. Journal of the American Medical Informatics Association, 2008, 15(1):65-76.

[80] Chang K P, Sassa S. Is the Malaysian telecommunication industry ready for knowledge management implementation?[J]. Journal of Knowledge Management, 2009, 13(1):69-87.

[81] Chong C W, Chong S C. Knowledge management process effectiveness: Measurement of preliminary knowledge management implementation[J]. Knowledge

Management Research & Practice, 2009, 7(2):142-151.

[82] Egghe, L.; Rao, I. K. Ravichandra. Study of different h-indices for groups of authors [J]. Journal of the American Society for Information Science & Technology,2008, 59(8):1276-1281.

[83] Egghe, L. The Influence of transformations on the h-index and the g-index[J]. Journal of the American Society for Information Science & Technology,2008,59 (8):1304-1312.

[84] Panaretos, John; Malesios, Chrisovaladis. Assessing scientific research performance and impact with single indices[J]. Scientometrics,2009,81(3):635-670.

[85] Jacso P. Testing the calculation of a realistic h-index in Google Scholar, Scopus, and Web of Science for F. W. Lancaster[J]. Library Trends, 2008, 56(4):784-815.

[86] Jacso´ P. The pros and cons of computing the h−index using Web of Science[J]. Online Information Review, 2008, 32(3):437-452.

[87] Jacsó P. Errors of omission and their implications for computing scientometric measures in evaluating the publishing productivity and impact of countries[J]. Online Information Review, 2009, 33(2):376-385.

[88] Leydesdorff, Loet. How are new citation-based journal indicators adding to the bibliometric toolbox? [J].Journal of the American Society for Information Science & Technology,2009,60(7):1327-1336.

[89] Leydesdorff, Loet. Caveats for the use of citation indicators in research and journal evaluations[J]. Journal of the American Society for Information Science & Technology,2008,59(2):278-287.

[90] Leydesdorff, Loet; Rafols, Ismael. A global map of science based on the ISI subject categories[J].Journal of the American Society for Information Science & Technology,2009,60(2):348-362.

[91] Rafols, Ismael; Leydesdorff, Loet. Content-based and algorithmic classifications of journals: perspectives on the dynamics of scientific communication and indexer effects[J]. Journal of the American Society for Information Science & Technology,2009,60(9):1823-1835.

[92] Zhao, Dangzhi; Strotmann, Andreas. Intellectual structure of stem cell research: A comprehensive author co-citation analysis of a highly collaborative and multidisciplinary field[J]. Scientometrics,2011,87(1):115-131.

[93] Zhao, Dangzhi; Strotmann, Andreas. Counting first, last, or all authors in citation

analysis: A comprehensive comparison in the highly collaborative stem cell research field[J]. Journal of the American Society for Information Science & Technology,2011,62(4):654-676.

[94] Leydesdorff, Loet. The communication of meaning and the structuration of expectations: giddens' "structuration theory" and Luhmann's "self-organization" [J].Journal of the American Society for Information Science & Technology,2010, 61(10):2138-2150.

[95] Leydesdorff Loet.The knowledge-based economy and the triple helix model[J]. Annual Review of Information Science & Technology, 2010, 44(1):365–417.

[96] Rafols, Ismael; Meyer, Martin. Diversity and network coherence as indicators of interdisciplinarity: Case studies in bionanoscience[J]. Scientometrics ,2010,82(2): 263-287.

[97] Rafols, Ismael; Porter, Alan L.; Leydesdorff, Loet. Science overlay maps: A new tool for research policy and library management[J]. Journal of the American Society for Information Science & Technology,2010,61(9):1871-1887.

[98] Zhou P, Leydesdorff L. Fractional counting of citations in research evaluation: A cross- and interdisciplinary assessment of the Tsinghua University in Beijing[J]. Journal of Informetrics, 2011, 5(3):360-368.

[99] Leydesdorff, Loet; Shin, Jung C. How to evaluate universities in terms of their relative citation impacts: Fractional counting of citations and the normalization of differences among disciplines[J].Journal of the American Society for Information Science & Technology, 2011, 62(6): 1146-1155.

[100] Bornmann, Lutz; Schier, Hermann; Marx, Werner. Is interactive open access publishing able to identify high-impact submissions? A study on the predictive validity of atmospheric chemistry and physics by using percentile rank classes [J]. Journal of the American Society for Information Science & Technology. 2011, 62(1):61-71.

[101] Egghe L. The Hirsch index and related impact measures[J]. Annual Review of Information Science & Technology, 2010, 44(1):65–114.

第六章　图书馆学情报学知识图谱专题研究

一、基于知识图谱的信息服务研究可视化分析

随着知识经济时代的到来，信息在现代社会中的价值创造功效已远远高于人、财、物这些传统的生产要素，成为最重要的生产要素[1]，而信息服务则是将这种生产要素与用户连接起来的桥梁。信息服务是采用最有效的方式及时地向用户提供所需信息的活动，是信息管理活动的出发点和归宿[2]，也是图情领域研究的重要内容。互联网时代的到来给信息服务方式带来了翻天覆地的变革，以张晓林为代表的学者认为21世纪传统的信息服务正遭受互联网的冲击，图情领域应该重新审视信息服务的模式，借助互联网及移动互联网的契机为信息服务寻找新的生长点，向知识服务迈进[3]。近几年来，国内图情领域发表的论文中多是与信息服务方式相关的研究，少有论文对此方面研究的整体性做出总结。

笔者在本节中主要调查了自1998年至2012年国内外图情领域信息服务研究的相关文献，对图情领域中进行信息服务研究的代表机构、期刊、文献、研究热点和前沿进行定量分析，利用 Bibexcel、Pajek 及 Ucinet 等工具，绘制出具有直观特性的知识图谱。知识图谱具有图和谱的双重性质与特征，能够较形象、定量、客观、真实地显示一个领域的结构、热点、演化与趋势[4]，为相关研究的进一步开展提供借鉴①。

（一）数据来源

在充分考虑数据的全面性、权威性、可获得性、适用性等因素后，笔者选择 CSSCI 数据库作为来源数据库。检索策略是以"信息服务"为标题，时间设置为 1998—2012 年，学科限制为"图书馆学情报学"，得到数据记录 1711 条。国外图情领域对信息服务的研究数据主要通过从 SSCI 数据库中下载获得。相对应的检索时间设置为 1998—2012 年。标题检索关键词为"information service"，通过"information science and library"的学科精炼得到 693 条文献数据。

---

① 黄鹏，肖明，张闪闪. 基于知识图谱的信息服务现状与趋势分析[J]. 图书馆，2014（04）：71-76.

（二）文献年度趋势统计分析

根据此次检索结果，在不限定学科的情况下 CSSCI 收录的 1998—2012 年关于信息服务的文献有 2037 篇，图情领域内信息服务研究的论文占到 1711 篇，与其他学科相比文献量较大，显示出在国内信息服务研究的前沿阵地仍是图情领域。而从国外 SSCI 数据库的检索结果来看，1998—2012 年，关于信息服务的论文有 3655 篇，图情领域只有 693 篇，仅仅占到 19%，这点与国内恰恰相反。国外的这种差别体现了关于信息服务研究的学科交叉性，而国内对信息服务的研究，学科之间的交互性较少，条块分割现象较为严重。

衡量某领域发展的重要指标就是学术论文数量的变化，对其文献增长变动做历史的、全面的统计，绘制相应的曲线，对评价该领域所处的阶段，预测其发展趋势和动态具有重要意义[5]。根据国内外发文量绘制变化曲线（如图 6-1 所示），通过图 6-1 可以看出国内趋势的变动略领先于国外，并在 2008 年后趋于一致，表明了近年来国内外对于信息服务领域研究的共同关注。从整体来看，信息服务领域的论文在 1999—2001 年迎来了新一轮研究高峰，之后在一定范围内不断波动，到 2010 年左右达到最后的高潮期，随后相关论文的数量回归到研究高峰出现之前的水平。出现这一现象与其实际信息技术的变革相吻合。随着知识经济时代的到来，由于传统图情服务模式受到了互联网的极大冲击，因此出现了争相研究的高潮，导致论文数量短时间内急剧增加。经过几年的研究发展，信息服务领域的研究已经吸纳由于新技术带来的冲击，重新回归到正常轨道，进入到新一轮发展的稳定期。

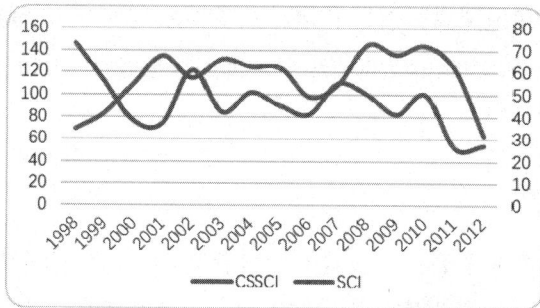

图 6-1　1998—2012 年 CSSCI 与 SSCI 图情领域对信息服务进行研究的发文量变化曲线

（三）作者分析

1. 核心作者分析

分别统计 CSSCI 及 SSCI 文献中的作者分布情况，分别得到发表 1 篇、2 篇、3 篇文献的作者数量，以及该类作者群体所占全部作者的比例。根据表 6-1 作者发文量分布情况中的数据可知，SSCI 文献集合中 1 篇论文的作者数为 939 人，占总数的 87%，CSSCI 文献集合中 1 篇论文的作者数为 1652 人，占总人数的 82%。低产作者所占的比例远大于根据洛特卡定律所得到的比例。因此可以说明，在图情领域对信息服务的研究方面，国内外都处于还未成熟的发展期。以信息服务作为一个研究方向并进行深入研究的作者较少，因此在这一领域高产作者所占的比例也较低。

表 6-1　作者发文量的分布情况

发文量（篇）	SCI		CSSCI	
	作者数量	占比（%）	作者数量	占比（%）
1	939	87.19%	1652	82.48%
2	96	8.91%	240	11.98%
3	20	1.86%	61	3.05%
4	9	0.84%	26	1.30%
>4	13	1.21%	24	1.20%

从发文量来看，SSCI 文献中，发文量在 4 篇以上的作者数量占总数的 1.21%，且根据统计结果发现，发文量最多的 Calvert P 有 11 篇文献，紧随其后的 Fourie I 与 Urquhart C 分别发表了 10 篇和 9 篇文献。相比较而言，在 CSSCI 文献集合中，发文量在 4 篇以上的作者数量占总数的 1.2%，且根据统计结果发现，发文量最多的前三名是胡昌平（22 篇），邓胜利 13 篇，张敏、焦玉英、郭海明等 10 篇。可见外文文献中该领域的核心作者群体尚未形成，而中文文献中的高产作者稍多，有形成核心作者群的趋势。

2．作者合作分析

一篇论文若由两个或多个作者共同合作完成，则这两个或多个作者之间形成一次共现关系。笔者分别对 SSCI 以及 CSSCI 文献集合中的作者共现进行分析，利用 Pajek 绘制国内作者共现的知识图谱（如图 6-2 所示）。图 6-2 中数据点的大小表示作者的发文情况，发文量越大，数据点越大。点之间的连线表示作者之间有合作，线段越粗表示合作的次数越多。

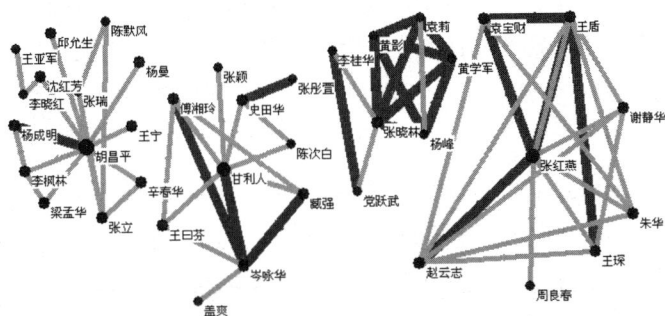

图 6-2　CSSCI 文献集合中最大的四个学术合作团体

（1）国内本研究领域的作者合作情况分析

国内图情领域有关信息服务研究的较大合作团体共有 4 个，其他的合作多发生在两人或三人之间且合作频次较低，研究的作者之间合作不紧密。这四大学术合作团体有：①以胡昌平为首的团队，成员包括胡昌平、王宁、杨成明、李枫林、梁孟华等，他们分别来自武汉大学、上海师范大学、河南财经政法大学、河南工业大学。其中有 10 名学者来自武汉大学，胡昌平与杨成明间的连线最粗，表明两者之间的合作关系较紧密，从总体来看该团队基本上是由以武汉大学为班底的研究人员组成的，其中与外校人员的合作大部分是本校人员因工作调动而在外校开展研究所产生的（例如，梁孟华是从武汉大学调入上海师范大学档案馆的）。在团队内部，由中心度最高的胡昌平教授作为团队合作网络的枢纽，在团队内部知识整合上具有支配的作用。②以甘利人为首的团队，成员包括岑咏华、臧强、傅湘玲、史田华等。在该网络中，除张颖来自国防信息中心以外，其余人员均来自南京理工大学。作为该网络中的中枢，甘利人与岑咏华、傅湘玲、臧强合作较为紧密，史田华与张彤萱合作较为紧密。概言之，整个网络封闭性较强。③以张晓林为首的团队，成员包括张晓林、黄影、袁莉、黄学军、党跃武、李桂华、杨峰，其成员大多数来自四川大学。该网络属于典型的老师带学生的团队。其中，张晓林是黄影、袁莉、黄学军以及杨峰的导师，而党跃武则是李桂华的导师。从图 6-2 中不难看出，各师生团队之间的合作较为紧密，而两个团队之间的合作则较少。④以张红燕为首的团队，成员包括张红燕、袁宝财、王盾、赵云志、周良春、王琛、朱华、谢静华，其成员分别来自宁夏农林科学院科技信息研究所、南京大学信息管理系以及宁夏中宁县图书馆。其中，以张红燕为枢纽的宁夏农林科学院科技信息研究所是该团队的主要构架，他们之间的合作较紧密，而赵云志多次加入这个团队进行合作。

（2）国外本研究领域的作者合作情况分析

从 SSCI 文献集合得到的作者合作网络图中出现了三个规模较大的作者合作团体（如图 6-3 所示）：第一个是以 Bright MA 为中心的 11 人合作团体，第二个是以 Rowley J 为中心的 4 人合作团体，第三个则是以 Gunter B 为中心的 4 人合作团体。其中，Bright MA 来自肯塔基大学医学研究中心，合作团体中的其他人分别是加利福尼亚肿瘤研究所的研究员 Davis SW，迈阿密西尔维斯特癌症综合治疗的研究员 Thomsen C、Kornfeld J，美国国家癌症研究所的研究员 Wolfe P、Fleisher L 与 Rutten LJF，密歇根大学媒体研究实验室的学者 Strecher V，阿斯系统工程公司的研究员 Heimendinger J，CODA 工程研究公司的研究员 TerMaat J，丹佛肿瘤研究中心的研究员 Marcus AC；第二个团体均由来自威尔士大学的学者构成；第三个团体的成员均来自英国伦敦大学。从图 6-3 可以看出，第三个团体中的 Nicholas D 与 Huntington P 合作次数最多，两人共计合作了 4 次。

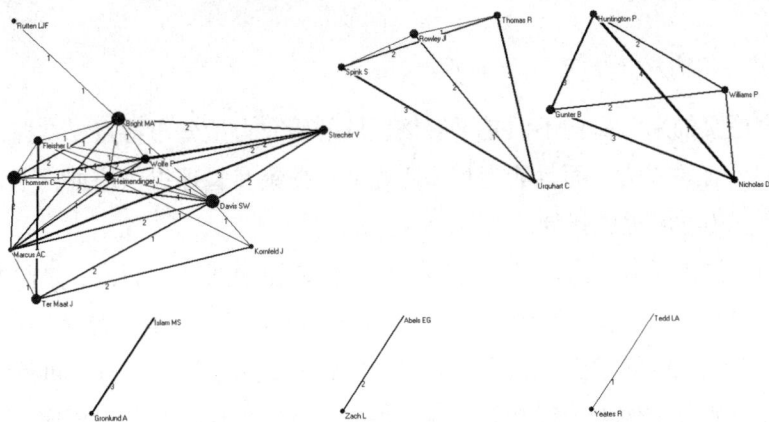

图 6-3 SSCI 文献集合中的作者合作网络

从上述中外合作网络图中可以看出，图书情报领域的信息服务研究，既有共同点又存在一定的差异。主要差异是国内合作团体规模较大，但合作关系不稳定，合作最多的是张晓林、杨峰、袁莉、黄影等人合作了两次。整体研究较为分散，存在很多两人合作关系。国外合作虽然存在整体规模较小的问题，但是交流合作频繁，连接紧密。通过深入分析后发现，国内外存在的相同问题是，信息服务研究的合作研究模式倾向于同一学校或者师生之间进行的合作，不同学校、不同师承或者高产作者之间的强强合作较少，特别是大部分合作是"老师—学生"型的合作方式（这方面的典型代表是张晓林等团队），尽管该方式可以迅速开展科研合作，但合作网络主要依赖于权威学者，所以网络具有一定的脆弱性。目前，国外学者已经有了"走出去"的趋势，其中，Bright MA 团队就实现了跨区域多方合作，积极与美国各地研究所或者企业进行合作，这样不仅能够挖掘知识创新的潜力，壮大信息学科的科研力量和优化合作网络。因此，这种合作模式值得借鉴。

在基于 CSSCI 文献集合的作者合作网络中，网络中心度为 0.71%，平均每个点的度为 1.798，点的度最大为 11，最小为 1。在基于 SSCI 文献集合的作者合作网络中，网络的中心度较高，达到了 1.69%，平均每个点的度为 4.349，点的度最大达到了 46，最小为 1。通过比较可见，由于 SSCI 文献集合中作者的合作具有一定的稳定性，网络整体的点平均来说更为集中，因此形成的作者网络中心度更大。而国内由于存在较多的 2 人合作团体，网络整体的点平均来说更低。另外，由于外文文献中形成了一个较大规模且稳定的合作团体，处于该网络中心的点度数最大达到了 46，同时合作团体网络中的其他点由于存在较多合作关系，每个点的度数都比较大,因此平均每个点的度数为4.349,远大于中文文献合作网络中的1.798。

（四）机构分析

1. 核心机构分析

研究论文的来源机构不但是了解该领域的研究力量分布特点,掌握该领域核心机构的最有效方法,而且能为相关研究文献搜集和管理提供依据,了解机构的发展特点,为学者提供指导。

目前,国内开展信息服务研究的单位主要来源于两个方面:一是图书情报院系和研究中心;二是国内各类型图书馆。从表6-2中可以清楚地看到,信息服务研究领域具有强大的学术实力和研究能力的机构大都属于第一部分,可见学术机构在信息服务研究中做出了很大的贡献,占据了非常重要的地位。同时,由表6-2可以发现,发文量位列前两位的是武汉大学信息管理学院和武汉大学信息资源研究中心。武汉大学信息管理学院是目前国内公认的图情教育规模最大、实力最强的高校院系,而武汉大学信息资源研究中心是国家普通高等学校人文社会科学重点研究基地,也是图情领域内唯一入选的重点研究机构。二者共计发文136篇,占前十位机构发文量总和的40.2%,占全部文献集合的7.1%,可见武汉大学在信息服务研究领域发挥着举足轻重的地位。其中,湘潭大学由于其管理学院于2008年改建为公共管理学院,因此将其发文合并计算位居第五。根据表6-2的首次发文时间我们可以看出,北京大学信息管理系与华中师范大学信息管理系开始研究的时间最早,应该是信息服务领域研究的先行者。

表6-2 CSSCI中信息服务领域发文量前五名的机构

发文量（篇）	首次发文时间（年）	机构
84	2001	武汉大学信息管理学院
52	2001	武汉大学信息资源研究中心
42	1998	北京大学信息管理系
36	1998	华中师范大学信息管理系
34	2002	湘潭大学

通过研究发现国外主要信息服务研究单位,除了上述的两种类型以外,还增加了企业部门。但由表6-3可知,国外与国内情况一样,都是高校在信息服务领域担任主要的研究任务,由于本次研究限定了数据库的时间范围,造成了相应的机构研究时限缩短,因此,经过扩展研究修正其首次发文时间,发文量最多为威尔士大学,从1998年开始到2012年共发表文献20篇。威尔士大学在1993年就已

经开始研究信息服务，发表了基于个人电脑接口的在线信息检索系统研究论文，该系统能够提供视窗化的操作模式，降低了用户对检索系统的使用门槛[6]。由表6-3可以看出，最早进行信息服务研究的机构是伊利诺伊大学，其在 1973 年就已经从社会信息服务系统入手对信息服务进行研究；而比勒陀利亚大学与惠灵顿大学则是近十年才开始对信息服务领域进行研究。

表 6-3　SSCI 中信息服务领域发文量前五名的机构

发文量（篇）	首次发文时间（年）	机构
20	1993	University of Wales
17	1983	Loughborough University
15	2000	University of Pretoria
13	2001	University of Wellington
12	1974	University of Illinois

2．机构合作分析

从图 6-4 来看，武汉大学是与校外机构合作最多的机构，且合作范围较广，合作频次与跨省合作较多。其他的信息服务研究机构分布比较分散，多是本区域的机构合作，且合作频次较低，跨区域机构合作则较少。可见，信息服务研究相对比较封闭，各个机构交流较少。另外，从图 6-4 来看，我国信息服务研究缺乏市场化服务机构的参与，从服务行业的行业特性来说，处于服务第一线的商业信息服务机构拥有信息服务市场的第一手资料，并且更加了解用户的需求。因此，为了加速我国信息服务的研究，需要加强商业信息服务机构的参与，即学术机构应该加强合作与交流，特别是与商业信息服务机构的合作，使理论研究与真实的信息服务市场相结合，并通过合作指导信息服务机构，促进我国信息服务业的发展。

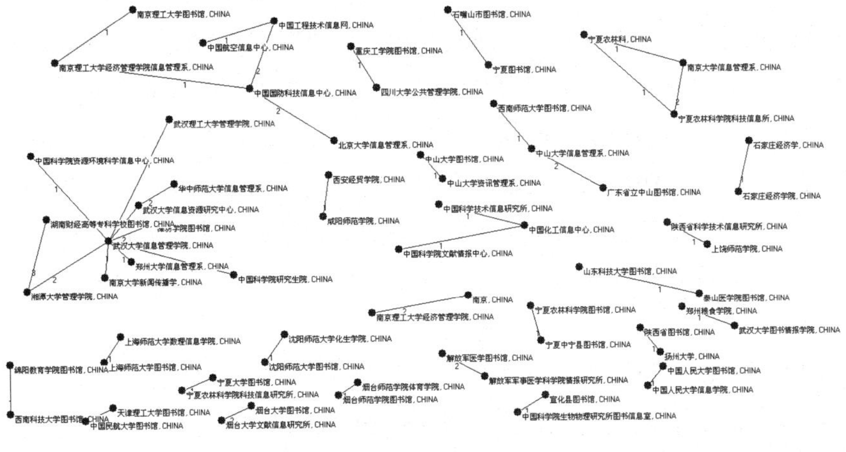

图 6-4　CSSCI 文献集合中机构合作网络

目前，国外在信息服务领域的研究已经形成相对稳定的合作网络（如图 6-5 所示）。其中，最大的两个合作网络是以加利福尼亚肿瘤研究中心为核心进行医疗信息服务研究的合作网络，以及以渥太华的医学研究所为中心而形成的关于医疗专家系统研究的合作网络。从图 6-5 中可以明显看出，与国内研究合作网络不同的是，国外有大量的商业信息服务公司参与到相关研究中。例如，《关于多维度定制信息提高癌症信息服务用户对水果和蔬菜的需求研究》就是由伊利诺伊大学与阿斯系统工程公司合作完成的，并且出现了一定的跨国合作。从上述两个网络来看，已有稳定大范围的跨地区合作，但跨国合作处于萌芽期，像加拿大与美国这种临近国家，却没有出现大范围的跨国家合作网络。

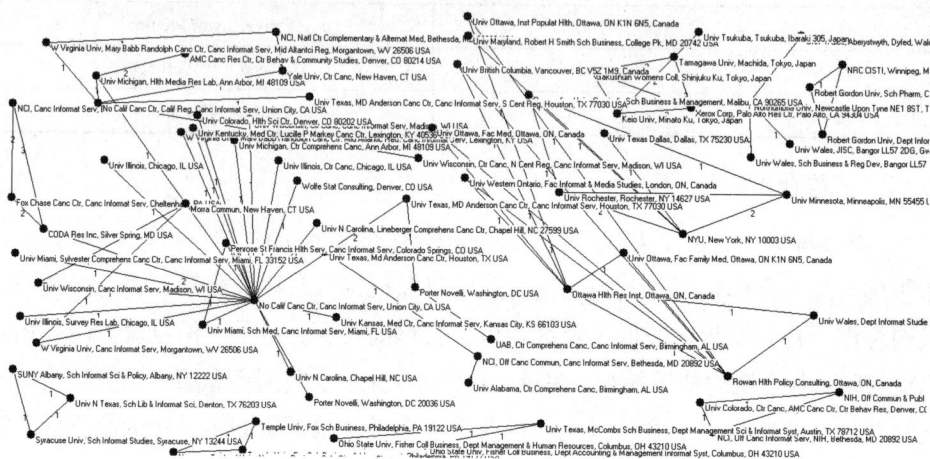

图 6-5　SSCI 文献集合中机构合作网络

（五）主题分析

1. 高频关键词的对比分析

研究热点是指一段时期内某一研究领域内的研究人员高度关注的研究主题，一般表现为相关研究成果大量涌现，反映研究主题的关键字反复出现。关键字在一篇文章中所占的篇幅很小，但却是文章的核心与精髓所在，是文章主题的高度概括和凝练。因此，频次高的关键字也常被用来确定一个研究领域的热点问题。为了研究国内外图情领域在信息服务研究主题上的区别，故本次研究对国内外图情领域有关信息服务研究的高频关键词列表进行对比分析，以发现国内外研究热点的不同。

利用 Bibexcel 得到高频关键词列表，先将不具有区分性的"信息服务"及"information services"去除，然后将高频关键词中的同义词进行合并。经过预处理以后，得到两个文献集合中出现频次最高的 10 个关键词的列表。

从高频关键词列表（如表 6-4 所示）中可以看出，在 CSSCI 文献集合中，研究对象主要有图书馆、高校图书馆、网络环境、个性化信息服务等。综合来说，就是在新的信息服务环境下，针对信息服务对象开展的各个方面的研究。研究内容主要集中在网络环境下图书馆从传统信息服务方式向个性化信息服务转变，使用新的信息技术对信息服务流程进行再造，形成个性化的信息服务机制[7]，以及未来随着人们对信息认知的加深，专业化分工的信息服务产业将会形成。

表 6-4　CSSCI 和 SSCI 检索结果集中高频关键词列表

CSSCI		SCI	
频次	关键词	频次	关键词
299	图书馆	23	Internet
214	高校图书馆	19	libraries
139	网络环境	16	digital libraries
101	个性化信息服务	13	library services
76	公共图书馆	10	academic libraries
75	数字图书馆	8	information management
72	网络信息服务	7	information retrieval
71	信息服务业	7	information evaluation
60	信息资源	6	information technology
58	服务模式	6	university libraries

SSCI 文献集合中的高频关键词有互联网、图书馆、数字图书馆、图书馆服务、高校图书馆、学术图书馆、信息管理、信息检索、信息服务评价、信息技术等。Internet 的频次最高表明国外跟国内境况大致相似，互联网出现的冲击给信息服务领域带来了深远的影响。同时，从表 6-4 中可以看出，信息技术的变革推动了信息服务模式的转变，通过用户交互性、信息关联性、有用性、可得性等指标构建信息服务评价体系，评估用户信息需求的满足程度[8]，进而提出了新的需求满足要求，而这种要求又带动了信息技术的研究与开发，整个研究环境形成一个良性的闭环。

相比较而言，国内整体研究是自下而上的，由微观的图书馆服务模式的转变上升到宏观信息产业的形成，而国外则是从微观的图书馆信息服务到辅助支持的信息技术的研究与开发，特别关注信息检索技术的研究，向下不断延伸。

2. 高频关键词的共现频率分析

利用Bibexcel 可以得到关键词的共现频次列表。某一篇文献中同时含有两个关键词，则这两个关键词就构成一次共现关系。共现频次越多，表示关键词所代表的主题关联越紧密。

从表 6-5 可以看出，共现频次较高的都是与信息服务相关的内容。而共现次数最多的前两位显示图书馆特别是高校图书馆是信息服务研究的主战场。排名第三位的是网络环境与信息服务，表明网络环境的变化给传统信息服务带来了巨大的影响，特别是移动互联网的发展，使得文献获取更加简单，更具有普及性、随身性，基于手机的掌上图书馆，可以丰富读者使用电子文献资源的手段，使读者体会到获取信息服务的便捷性[9]。从表 6-5 来看，互联网的出现使得信息服务模式发生了巨大的变革，新的服务模式开始转向数字化与个性化。数字图书馆缩短了信息用户与信息服务机构的时空距离，而数字图书馆的服务又为大数据时代的个性化信息服务提供了坚实的基础，大数据时代则需要用户数据获取的智能 Agent 技术以及用户偏好研究的数据挖掘等信息技术作为支撑[10]。未来信息服务领域研究的趋势将是加强信息技术的研发及其在信息服务机构的应用。

表 6-5　CSSCI 文献中共现频次较高的关键词列表

频次	第一关键词	第二关键词
187	图书馆	信息服务
134	高校图书馆	信息服务
105	网络环境	信息服务
41	信息服务	信息资源
38	公共图书馆	信息服务
37	服务模式	信息服务
37	高校图书馆	网络环境
36	图书馆	网络环境
35	个性化服务	信息服务
31	数字图书馆	信息服务

依据表 6-6 的统计结果发现，与 CSSCI 中关键词共现相比，SSCI 文献集合中的关键词更具多样化，因此关键词的共现频次较少。从表 6-6 来看，图书馆与信息服务、信息服务与互联网、数字图书馆与信息服务位列前 3 名，表明国内外的研究方向大体一致，但国外多了对于通信技术在信息服务领域的应用、用户行为研究以及信息服务质量的定量研究等课题。这与前文所述相吻合，国外偏重于具体实践性与前沿性研究，研究如何通过相关实际可行的技术手段或测量方法来提升服务质量，这是国内研究涉及较少的。

表 6-6　SSCI 文献中共现频次较高的关键词列表

频次	第一关键词	第二关键词
9	information services	libraries
8	information services	Internet
7	digital libraries	information services
4	Internet	libraries
4	information services	library services
3	information services	user studies
3	service quality	information services
3	information science	information services
3	communication technologies	information services
2	digital libraries	university libraries

3．关键词的共现网络分析

通过关键词共现的知识图谱，我们能更直观地看到研究热点及不同主题间的联系。将 Bibexcel 处理的文献共现矩阵导入 Pajek 中，绘制出关键词共现网络。其中两个关键词之间的连线代表它们的共现关系，连线越粗表示共现次数越多，联系越紧密。为了避免低频共现词对整个图谱的影响，因此选择将共现频次 3 次以上的词组绘制图谱。

CSSCI 文献形成的关键词共现网络图（如图 6-6 所示）中，中心度最大的点是信息服务，其次是图书馆与网络环境。可见，在 CSSCI 文献中，信息资源管理、文献信息服务、用户信息需求研究都是从图书馆与网络环境的方面延伸出来的。在 SSCI 文献形成的关键词共现网络图（如图 6-7 所示）中，中心度最大的点同样为信息服务，但除了以研究对象为主要的中心外，信息技术、信息服务质量管理与用户满意度研究等也在共现网络中占有重要地位。

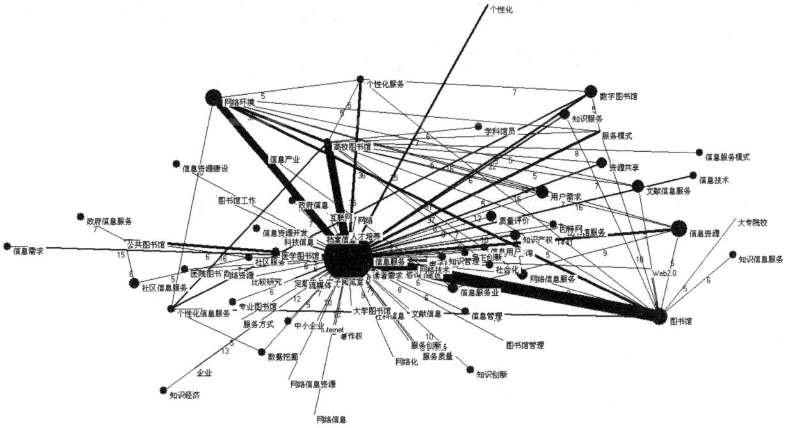

图 6-6　CSSCI 关键词共现知识图谱

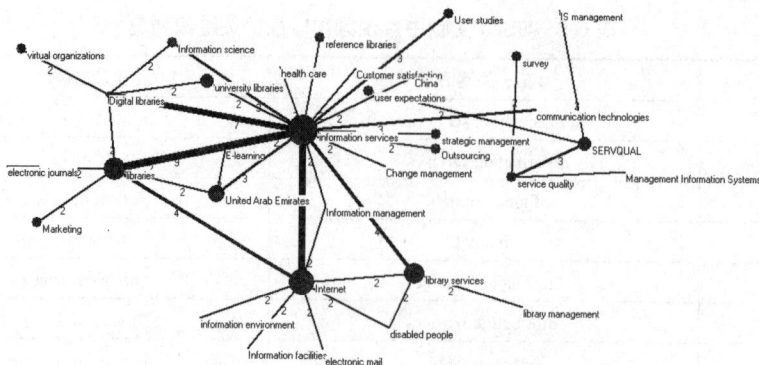

图6-7　SSCI关键词共现知识图谱

　　图书馆服务是共同体现出来的热门主题。在SSCI文献中，很注重用户行为研究，将信息服务质量管理与个性化信息服务的内容应用于研究如何提高图书馆信息服务的质量，所以才会出现信息服务质量测量与用户满意度调查在网络中占据相对重要位置的情况。而CSSCI中的文献在大方向上仍是研究信息服务变革，在这些方面的研究没有形成一定的趋势。

　　4．关键词的聚类主题分析

　　在关键词网络图中能够看到单个关键词与其他关键词之间的关系，但是相同主题的关键词在共现图中的分布仍然分散，因此很难了解该领域的研究重点。利用关键词的共现关系，可对不同的关键词进行聚类，并建立层次聚类体系。在关键词共现矩阵中，以每一关键词看作是一个特征，两个词与较多的相同关键词共现，代表它们有较多的相同特性，因此具有较大的相似性。通过Ucinet的层次聚类操作，相似度大的关键词被聚到一类中，进一步将相似的类聚在一起形成更大的类，最终以归并到一类中结束。层次聚类的过程形成了一棵层次聚类树。以合适的阈值对聚类等级进行切分，每一类中关键词在共现矩阵中都具有较高的相似度。可以用图书馆学情报学在信息服务研究领域的研究方向来解释聚在一类中的关键词。

　　（1）国内研究文献的关键词聚类主题分析

　　对CSSCI文献集合中的关键词进行聚类分析，调整阈值并查看类中及类间关键词的特点，最终确定共分三个类（如图6-8所示）。其中，第一类是总括性地介绍了图书馆借助信息技术的变革促进了信息服务方式开始向知识性、主动性信息服务转变。其中的关键字主要有高校图书馆、知识信息服务、主动信息服务、Web2.0、数字图书馆、信息资源建设等。第二类是针对信息服务方式的改变所进行的具体方向上的研究，涵盖的关键词主要有个性化信息服务、My Library、信息需求、开放存取、信息服务质量评价等。第三类表现的是信息服务业的创新，随着互联网和移动互联网技术的飞速发展，传统的信息服务开始向社会化发展，利用信息技术不断推出新型的信息服务模式，形成新的社会化信息服务行业分工[11]，其中涵盖的关键词主要有信息服务体系、个体创新、数据挖掘、智能推送服务、手机图书馆、图书馆 2.0、RSS 等。

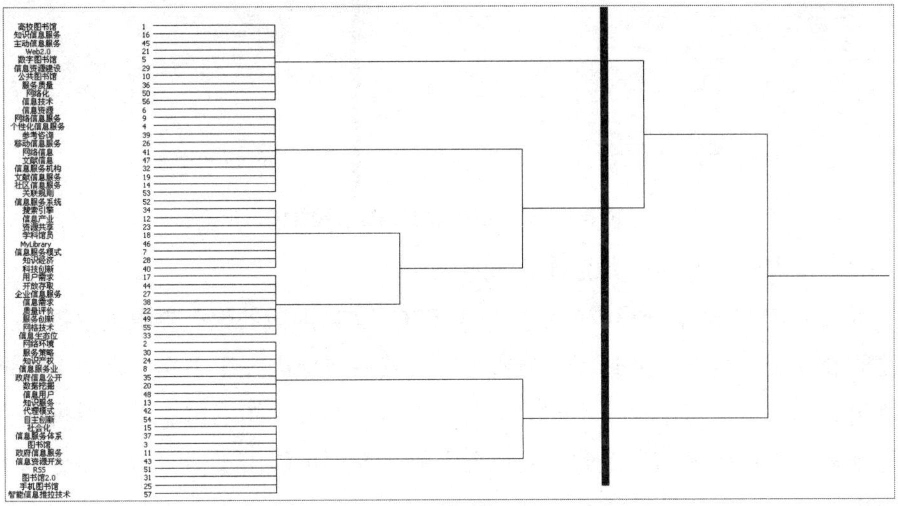

图 6-8　CSSCI 形成的文献层次聚类树

（2）国外研究文献的关键词聚类主题分析

采用相同的方法对 SSCI 的文献集合中的关键词共现矩阵进行层次聚类，从分类的清晰度来看，CSSCI 文献集合的类与类之间存在着交叉的现象，所以需要设定一定的阈值将一些类进行合并，而 SSCI 的分类结果比较直观。SSCI 集合一共得到三类（如图 6-9 所示）。其中，第一类主要集合了与信息服务市场有关的关键词，围绕信息环境下如何将新的信息资源类型——电子信息资源推向市场，提高信息服务行业的服务质量，采用了市场营销、意愿评估与信息服务质量调研等方法。这一类包含的关键词有信息环境、市场营销、电子资源、人工智能、意愿评估等。第二类主要是图书馆与信息技术相结合的研究，图书馆通过引入新的信息技术衍生出新的信息服务的方式，涵盖的关键词有图书馆、学术图书馆、高校图书馆、信息服务设施、信息检索、专家系统等。第三类针对信息系统的用户研究，Kettinger WJ 从信息系统用户需求的基本功能以及用户期待的拓展功能两个维度，定义了用户对信息系统满意度的度量区间[12]，后来的大多数研究者都在此基础上构建用户研究模型，该类涵盖的关键词有数字图书馆、地理信息系统、管理信息系统、用户研究、影响评价、顾客满意度调查、机器学习。

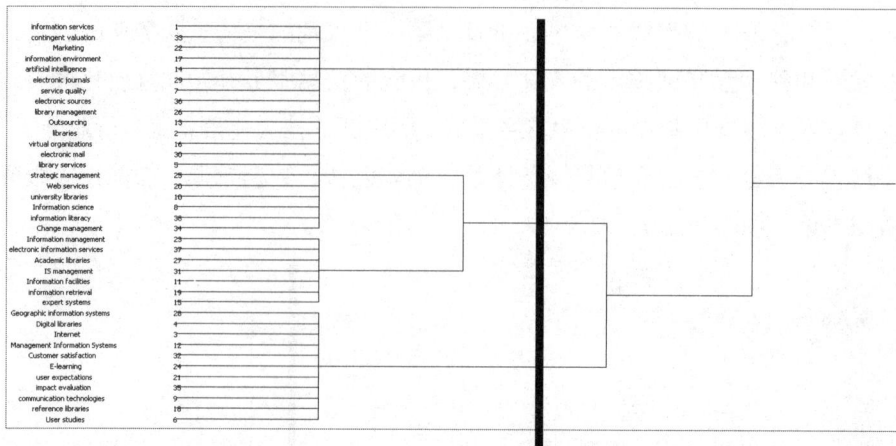

图 6-9　SSCI 形成的文献层次聚类树

（3）国内外关键词聚类的对比分析

与 CSSCI 文献集合形成的聚类相比 SSCI 文献形成的聚类界限更模糊，类与类之间相互交叉过多。通过深入分析可见，其主要原因在于中文文献中关键词不够规范，同一含义可由多个不同关键词来表达，如大学图书馆、大专院校图书馆都用来表示高校图书馆。因此，同一含义的关键词可能由于书写不同而分到不同的类中，造成了聚类结果的不准确。因此，对于 CSSCI 数据所需要做的预处理工作更多。在主题聚类中，进一步验证了高频关键词分析得到的结论，国内外关于信息服务领域热点关注的主题都是信息技术的革新带来信息服务方式的转变。

国内外图情领域在信息服务的研究上有以下不同：①在 SSCI 文献中，信息系统及机器学习与用户研究相互交叉已经形成了一种完整的模式，研究如何提高用户体验，而在 CSSCI 文献中却没有相应的体现，仍停留在理论研究如何提高服务质量；②CSSCI 文献集合所讨论的仅是转换信息服务模式，没有像 SSCI 文献集合中讨论在新环境下信息服务市场化的过程中如何解决市场问题；③SSCI 虽然提及了信息服务的市场化，但是没有像 CSSCI 那样上升至宏观信息产业的高度上讨论信息服务的发展。

5. 信息服务研究的趋势

研究前沿是科学研究中最先进、最新、最有发展潜力的研究主题或研究领域。研究前沿通常表现为新主题词的大量出现、词间关系变化、主题词含义变迁及主题词异常变化等。因此，跟踪文献集中主题词及相关属性的变化，就可以探测研究前沿的诞生。利用 Cite Space 软件中提供的膨胀词探测技术和算法，通过考察词频的时间分布，将其中词频变化率高的词从大量的主题词中探测出来，依靠词频的变动趋势，而不仅仅是频次的高低，就可以确定信息服务研究的前沿领域和发展趋势。

按照关键字共现的阈值运行 Cite Space 探测出膨胀系数居前 6 位的主题词。通过表 6-7 可以看出，膨胀系数前 6 位的是 Web2.0、公共图书馆、政府信息服务、电子政务、社会信息化和移动信息服务，其中，"Web2.0"的膨胀系数最高达 7.8178，说明 Web2.0 研究是国内信息服务研究的前沿热点。同时从表 6-7 中可以看出，目前对于信息服务的研究集中于互联网和移动互联网上的信息服务。Web2.0 的出现，改变了单纯的信息传递者与信息接受者的划分，通过交互可以更好地实现信息的组织与服务，提高服务效率[13]；智能手机的普及使得移动信息服务成为可能，特别是以 LBS（Location Based Service，基于位置服务）为基础的社区类信息服务日渐成为最大的信息服务平台。

表 6-7　CSSCI 信息服务研究领域膨胀词表

序号	膨胀系数	膨胀词	序号	膨胀系数	膨胀词
1	7.8178	Web2.0	4	3.9343	电子政务
2	5.2141	公共图书馆	5	3.1544	社会信息化
3	4.5283	政府信息服务	6	2.8544	移动信息服务

对 SSCI 文献集合使用相同方法探测出膨胀系数居前 6 位的主题词。通过表 6-8 我们可以看出，膨胀系数前 6 位的是肿瘤信息服务、图书馆信息、医疗文献、电子商务、服务质量和数字化学习。其中，"肿瘤信息服务"的膨胀系数最高达 16.3595，说明肿瘤信息服务研究在国外目前受到的关注最多，通过研究癌症患者对医疗信息使用者的用户行为以及用户需求的满足情况的关系，提出互联网医疗信息服务将在未来成为诊断疾病的强有力的工具[14]。同时，从表 6-8 中可以看出，目前信息服务研究在医疗领域蓬勃发展，膨胀系数前 3 位中的两个关键词涉及医疗领域。其次是关于信息服务市场化方向的研究，当下的热点是电子商务和数字化学习平台，同时关注用户体验，注重提高平台的服务质量，所以服务质量的研究排名也位居前列。

表 6-8　SSCI 信息服务研究领域膨胀词表

序号	膨胀系数	膨胀词	序号	膨胀系数	膨胀词
1	16.3595	cancer information service	4	8.9905	E-business
2	15.6168	library and information	5	8.6258	service quality
3	10.6255	health literacy	6	8.2425	E-learning

通过上述分析可以看出，目前国内外信息服务领域研究的方向已经出现了分岔，国内偏重于将新的信息技术引入传统信息服务领域，改变信息服务的方式，以提高信息服务的效率。而国外的研究出现了细分，除了传统的图书馆信息服

务以外，还向医疗领域进一步垂直延伸。同时，国外图情界还注重信息服务市场化的研究，对电子商务及数字化学习平台进行研究等，这些是国内图情界关注较少的领域。

（六）小结

本节通过文献计量的方法，分别收集到 CSSCI 和 SSCI 数据库中图书情报领域对信息服务研究的文献数据，对其从发文量变化趋势、主题分析、作者分析及机构分析四个大的方面揭示了国内外图情领域在信息服务研究上的现状。通过对发文量进行统计，对目前该领域的大体趋势进行把握；主题分析主要是从高频关键词分析、关键词共现分析、主题聚类分析及膨胀词分析四个方面来揭示目前的研究热点及主要研究方向；在作者与机构分析中，检测该学科是否出现了核心作者群及机构群，同时根据作者共现情况绘制了作者合作与机构合作的网络图。通过分析，主要得出以下结论：①从发文量上看，国内外图情领域在信息服务研究上都处于一个发展期，SSCI 收录的相关主题文献，年发文量从 1998 年起有较大幅度下降，到 2000 年到达一个低点后，后续几年不断波动，并基本维持在 40 篇以上，到了 2010 年又出现大幅下降，降到 30 篇以下。而体现在 CSSCI 上的增长点则提前了几年，从 1998 年开始有增长，此后一直波动，整体发文量维持在 100 篇以上，到 2008 年以后与 SSCI 趋势大致保持一致。可见，国内研究由于技术革新影响导致 21 世纪的信息服务研究起步稍晚，但关注度一直在增强，发展较快，整体来看已与国外研究保持同步。②从主题分析的结果看，国内外图情领域在信息服务研究上具有共同的研究热点，即个性化的信息服务，主要采用数据挖掘、人工智能等方法。不同之处在于，从 SSCI 的文献集合看，国外在信息服务研究上主题更为丰富，除以图书馆作为研究对象外，还以医疗信息服务为研究对象开展了大量的研究；同时，为了提高信息服务的质量，面向整个信息服务市场，国外研究还引入市场营销及服务质量管理的内容，这在 CSSCI 文献集合中是较少体现的。③从作者分析及机构分析结果看，国内外图情领域在专利的研究上还未发展成熟，都存在发一篇论文的作者占总数的 80% 以上，核心作者缺乏的情况。合作方式的差别在于，国内已形成若干合作团体，但合作规模不大，合作来自于同一所高校或机构的成员之间，且都是图情专业的人员。另一方面，国外虽然也有上述合作多来自一所高校的情况，但国外已经形成跨机构、跨地区，甚至跨国的合作团队，同时引入市场化运作的公司进行参与，也有大量不同专业背景人员之间的合作，显然合作成员之间异质性更高，但知识背景的差异促进了不同学科的交流融合。因此，主题的多样性也是可以预见的。

综合上述分析可知，国内图书情报领域在信息服务方向上的研究还有巨大的提升空间。与国外的研究相比，国内的相关研究人员可以进一步参与图书馆以外的信息服务问题的研究，并借鉴国外多样化的合作关系，将合作关系突破在某个高校或某个科研单位之内，提高合作的频度，加强交流，将信息服务研究推向一个新的高度。

二、基于知识图谱的手机图书馆研究可视化分析

20 世纪 20 年代以来，移动通信技术经历了迅猛发展，手机实现了语音接收、多媒体业务、无线上网等功能。与此同时，手机通信技术的快速升级导致手机价格及手机通信费用下降，手机用户的使用比例大大提高。2012 年 7 月 19 日，中国互联网络信息中心（CNNIC）发布了《第 30 次中国互联网络发展状况统计报告》[①]，显示中国网民规模已达到 5.38 亿，其中手机网民规模为 3.88 亿，手机成为我国网民的第一大上网终端，成为中国网民的重要组成部分[15]。越来越多的手机用户在等人、坐车等闲暇时选择利用小巧便捷的手机来打发这些碎片时间，而图书馆作为信息传播的中心，将传统的信息服务延伸至用户的手机上也成为迫在眉睫的任务。通过对手机图书馆（又称"移动图书馆"）发展情况的计量分析，并结合结果的可视化分析，可以更方便地研究人员对该领域的整体把握及文献之间隐性知识的发现。

目前，基于共现分析的可视化软件发展已经比较成熟，如 Ucinet、Citespace、Pajek 等。笔者选择了主流的 Ucinet 软件来完成本课题的分析。Ucinet 软件是社会网络分析软件，最初由加州大学尔湾分校（University of California，Irvine）社会网络研究的权威学者 Linton Freeman 编写，后来主要由波士顿大学的 Steve Borgatti 和威斯敏斯特大学的 Martin Everett 负责维护更新。该软件包含大量的网络分析指标，如中心度、凝聚力测度、派系分析等，可以对网络进行多角度测量分析[16]。Ucinet 软件有特定的数据格式要求，支持三种数据格式，包括初始数据文件、Excel 数据文件和数据语言类型文件。其中，初始数据文件是仅包含数字的文本文件，不能全面描述数据节点的属性；数据语言类型文件是含有特定描述语言的数据文件，需要使用者熟悉描述语言。两者都有一定的局限性。因此，多数研究人员选择使用 Excel 数据文件。Ucinet 导入数据文件后不仅可以利用各种网络指标分析数

---

① 根据中国互联网络信息中心（CNNIC）于 2017 年 1 月 22 日发布的第 39 次《中国互联网络发展状况统计报告》，截至 2016 年 12 月，中国网民规模达 7.31 亿，中国手机网民规模达 6.95 亿。

据，还可以使用自带的 Netdraw、Mage 等软件将数据文件中的所有网络节点可视化形成知识图谱[①]。

（一）数据来源与分析工具

1. 数据准备

截至 2012 年 9 月 5 日，在 CNKI 数据库中，以 "手机图书馆""移动图书馆" 为关键字分别在主题、关键词、题名字段进行检索，得到检索结果 408 条。为了浏览数据方便，选择每屏显示 50 条数据，逐条查看筛选并标记相关文献并选择存盘，选择 Endnote 格式，将标记好的文献题录保存为 txt 格式的文本文档。数据清理后共有 405 条相关文献的题录信息，共 9 个 txt 格式的文本文档，并将此 9 个文本文档存储在新建文件夹 data 中。

2. 矩阵生成工具

本文拟对作者共现和高频关键词共现进行可视化分析，因此需要处理数据，生成 Ucinet 软件可分析的共现矩阵文件。笔者选用了原浙江大学信息资源管理研究所刘启元开发的文献题录信息分析工具（Statistical Analysis Toolkit for Informetrics，SATI），该软件通过对期刊全文数据库题录信息的字段抽取、频次统计，进而生成共现矩阵。SATI 软件的主要特点是能对国内外期刊全文数据库所导出的题录数据进行兼顾处理，其设计思路是先将不同来源的数据格式统一转换为 SATI 处理的 XML 格式[17]，弥补了针对国外数据库 Web of Science 开发的 Ucinet、Citespace、Bibexcel 等软件不能直接处理中文文献的缺憾。

打开 SATI 软件，选择导入数据的格式为 EndNote，单击文件夹按钮，选中上述已下载完成的 data 文件夹，然后单击转换按钮，data 文件夹的题录信息将自动转换为该软件处理的 XML 格式，保存该 XML 格式以供多次分析使用。载入 XML 格式文件，可以选择软件提供的各个题录字段、抽取字段、统计频次，并进一步生成矩阵，生成的统计结果及矩阵文件可以直接导入 Ucinet 软件进行可视化分析。

（二）文献年度分布分析

对某一学科、领域文献分布年代的统计，可以准确地把握专题的发展速度和趋势[18]。笔者经 SATI 软件分析得到手机图书馆领域的期刊年代分布结果，并将结果导入 Excel 绘制了文献的增长趋势图（如图 6-10 所示）。

---

① 肖明，李立从. 手机图书馆领域的可视化研究[J]. 图书馆学研究，2013（02）：16-21.

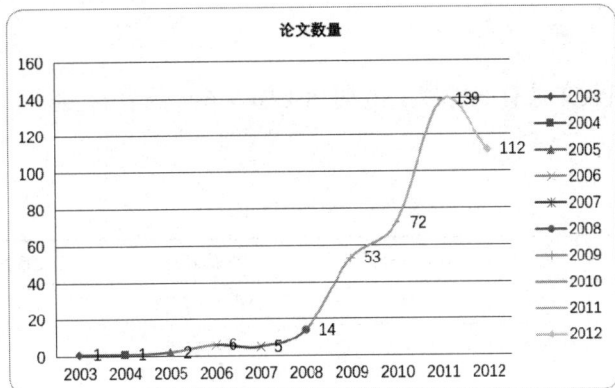

图 6-10 文献年代分布

从图 6-10 中可以看出，该领域的研究文献始于 2003 年，2003 年到 2005 年的文献量很少，是手机图书馆领域研究的起步阶段。2006 年到 2008 年的文献量有一定增长，但仍属于研究的基础阶段，文献增长趋势不够稳定，增长速度缓慢。这期间研究人员开始探索手机图书馆在信息服务中的作用，对如何构建以短信为基础的手机图书馆平台建设有所助益。该领域的文献量从 2009 年开始有了快速稳定的增长，总体呈现出蓬勃发展的势头。截至 2011 年，文献量由 2008 年的 14 篇突变为 2011 年的 139 篇，国内学者在此期间针对手机图书馆的概念、特点、服务方式、平台构建以及国外该领域的发展情况等都做了较为深入的研究，为手机图书馆的进一步发展奠定了坚实的基础。由于 2012 年文献数据不够完整，暂且不计入统计。从图 6-10 中不难看出，手机图书馆领域目前正处于快速发展时期，根据文献增长的整体趋势推测，未来几年关于手机图书馆的研究仍将成为业界热点之一。

（三）期刊来源分析

学术期刊是科学研究成果发表的重要园地，是学术交流的重要载体，一般来说，由于期刊的时效性较强，因此学术研究成果往往最先发表在期刊上。通过考察论文发表期刊情况，可以揭示某一研究领域论文成果的发展情况[19]。

1. 期刊载文情况分析

本研究共统计了 405 篇文献，其中有 22 篇找不到来源，所以期刊来源实际统计文献量为 383 篇。经分析发现，关于手机图书馆的研究文献期刊分布比较分散，期刊载文量参差不齐。文献共分布在 123 种刊物上，载文量多者有 25 篇，少者仅 1 篇。其中，载文量仅 1 篇的约占全部刊物种数的 55.3%，载文量两篇及以下的占全部期刊种数的 72.4%，总体分布比较分散。

2．重要期刊分析

笔者罗列出载文量有 5 篇以上的期刊（如表 6-9 所示），进一步了解文献的重要产出期刊特点。

表 6-9　重要期刊来源

文献来源	载文篇数	载文百分比	文献来源	载文篇数	载文百分比
科技情报开发与经济	25	6.53%	图书与情报	7	1.83%
图书馆学研究	21	5.48%	科技信息	7	1.83%
图书馆学刊	20	5.22%	大学图书馆学报	7	1.83%
图书情报工作	16	4.18%	情报探索	7	1.83%
新世纪图书馆	16	4.18%	图书馆理论与实践	6	1.57%
图书馆工作与研究	12	3.13%	情报科学	6	1.57%
图书馆建设	11	2.87%	情报资料工作	6	1.57%
农业图书情报学刊	11	2.87%	江西图书馆学刊	5	1.31%
现代情报	10	2.61%	河南图书馆学刊	5	1.31%
内蒙古科技与经济	9	2.35%	上海高校图书情报工作研究	5	1.31%
图书馆论坛	9	2.35%	图书馆	5	1.31%
现代图书情报技术	8	2.09%	图书馆杂志	5	1.31%
合计	\	\	\	239	62.40%

载文量 5 篇以上的共有 24 种期刊，占全部载文量的 62.4%，可见，这些期刊在该领域占据了主要地位。图情期刊共有 23 种，其中，含有 14 种图情类核心期刊，分别是《图书馆学研究》《图书情报工作》《图书馆工作与研究》《图书馆建设》《现代情报》《图书馆论坛》《现代图书馆情报技术》《图书与情报》《大学图书馆学报》《图书馆理论与实践》《情报科学》《情报资料工作》《图书馆》《图书馆杂志》。显然，手机图书馆文献主要集中发表在图书馆情报领域，并且突出了核心期刊的重要地位。

（四）作者网络分析

将文献题录信息导入 SATI 软件进行处理，选取作者字段，进行抽取和频次统计，选取频次大于 2 的作者 44 位，构建 44*44 的矩阵，保存为 Excel 格式。打开 Ucinet 导入 Excel 格式的作者共现矩阵，选择 transform—normalize，对共现矩阵标准化，保存为 author.##h 文件。

1．高产作者合著网络分析

为了清楚地反映著者合作网络的特点，笔者使用 Netdraw 绘制著者可视化网络。Netdraw 的主要作用就是按照研究者预先对网络节点信息的描述，绘制出一张能够详细反映出网络节点之间关系的网络关系图[20]。选择 Netdraw 菜单的 file—open—ucinet—dataset—network，导入 author.##h 文件，形成初步的合著者网络图谱。选择 transform—node attribute editor 添加每个节点的属性。在本例中，笔者添加了每位著者的频次，选取颜色、形状等菜单对网络进一步调整，得到图 6-11。

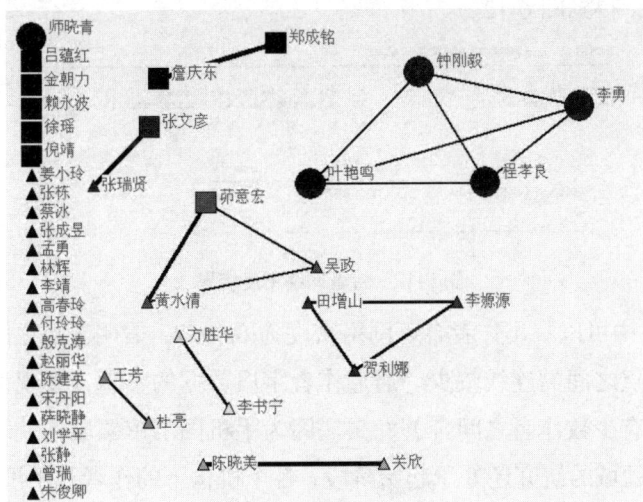

图 6-11　高产作者合著网络

图 6-11 中的圆圈、三角等代表手机图书馆的著者；节点的大小代表著者的频次，节点越大代表著者的频次越高；节点的形状代表节点不同的频次，圆圈代表节点频次为 4 的著者，矩形代表节点频次为 3 的著者，三角代表节点频次为 2 的著者；左侧的一排蓝色节点是度数为 0 的著者，即没有出现共现的作者群，而右侧有连线的著者群是相互之间有共现的作者群，连线的粗细代表两个作者之间联系的强度。

从图 6-11 中可以看出，44 位高产作者形成的合著网络图谱整体联系稀疏，仅有少数几位作家形成小团体。第一小团体是成都理工大学及成都市图书馆为合作机构下的程孝良、李勇、钟刚毅、叶艳鸣四位合著作者，合著频率是 4 次，在该合著网络中频率达到最高。该团体主要针对手机图书馆的传播影响和设计理念进行了多次探讨。第二小团体是南京农业大学的茆意宏、黄水清、吴政三位合著作者，其中代表茆意宏的节点最大，表明其在该团体中创作的频次最高，在三者中占有相对重要的地位，该团体主要研究手机图书馆的兴起、发展、系统建设、服务需求等。第三小团体是重庆邮电大学的田增山、李娽源、贺利娜三位作者形成的群体，作者之间共现合作频次是 2 次，主要对手机图书馆系统的构建进行了论述。网络中大多数节点之间没有关系，相互之间的关联程度非常小，表明正在发展的手机图书馆领域还没有一支成熟的研究队伍。

2. 合著网络密度分析

网络密度是社会网络分析中常用的一种测度，网络密度反映的是节点间联系的紧密程度。在Ucinet 中，打开菜单中的 network—cohesion—density 计算作者合著网络的密度，得到图 6-12。

```
DENSITY / AVERAGE MATRIX VALUE

Input dataset:                    E:\ucinet\author44-Normed
Output dataset:                   E:\ucinet\author44-Normed-density


                      Avg Value          Std Dev

     author44-Normed    0.0057            0.0438
```

图 6-12　合著网络密度结果

从图 6-12 中可以看出作者合著网络密度为 0.0057，表明节点之间的紧密程度较低，各个节点之间的连线较少。通过作者字段数据的整理，发现大多数著者为独立作者，仅有少数作者之间合著发文。因为手机图书馆领域正处于发展时期，多数作者对该领域的研究还处于起始阶段，各个机构下的作者几乎没有相互合作，所以相互之间的合著几率非常小。

（五）关键词网络分析

同合著者网络的处理办法一致，将高频关键词的共词矩阵导入到 Ucinet 中，生成高频关键词共现网络，利用关键词之间关系的紧密程度分析出手机图书馆领域的主要研究内容。

1. 高频关键词网络分析

打开 Netdraw 软件，导入关键词矩阵，选择菜单中的 analysis — centrality measures — betweenness 得到基于节点在网络中作用大小的图谱。图 6-13 中的圆点代表高频关键词节点，节点越大，代表节点在网络中的作用越大。节点之间的关系用实线连接，实线越粗，代表相互之间的关系越强。从图 6-13 中可以看出，高频关键词网络以手机图书馆、移动图书馆为核心，这两个节点与其他节点的联系最紧密，是该领域的核心关键词；其次，比较重要的节点还有图书馆、手机、数字图书馆，这三个节点在网络中也起到了比较重要的作用，与其他关键词有较强的联系，能够反映出该领域的研究内容。从整个网络来看，核心关键词以外的节点联系较为松散，说明手机图书馆领域还处于发展时期，还没有形成集中的研究主题。为了更深入地探析目前手机图书馆研究的主要内容，笔者进一步分析除核心关键词以外的三个主要关键词的网络特征。

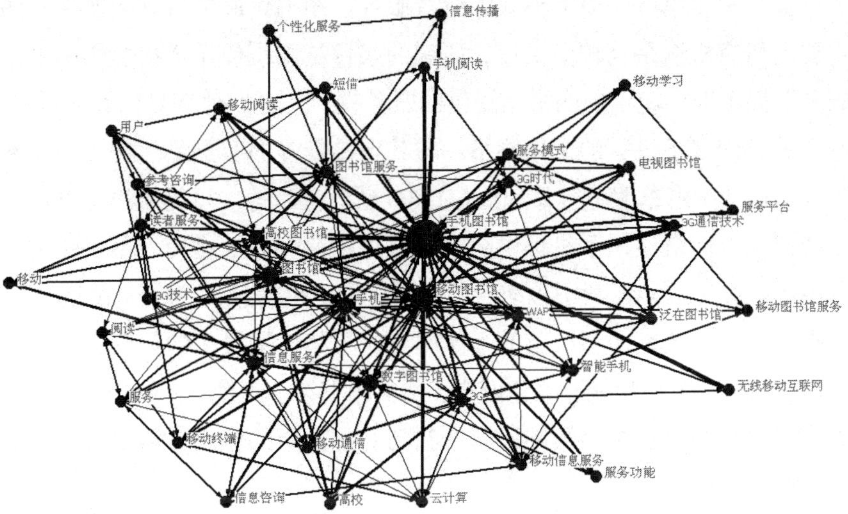

图 6-13　高频关键词共现网络

2．个体网络分析

由图 6-13 分析得知，图书馆、手机、数字图书馆是高频关键词网络中的主要关键词，通过个体关键词的网络特征可以清晰地发现节点间的更多关系。选择 netdraw 菜单中的 analysis—structural holes—ego network model，选择各个主要关键词的个体网络。本例中，笔者主要选取关键词"图书馆"的个体网络（如图 6-14所示）为例，其他个体网络图谱省略。

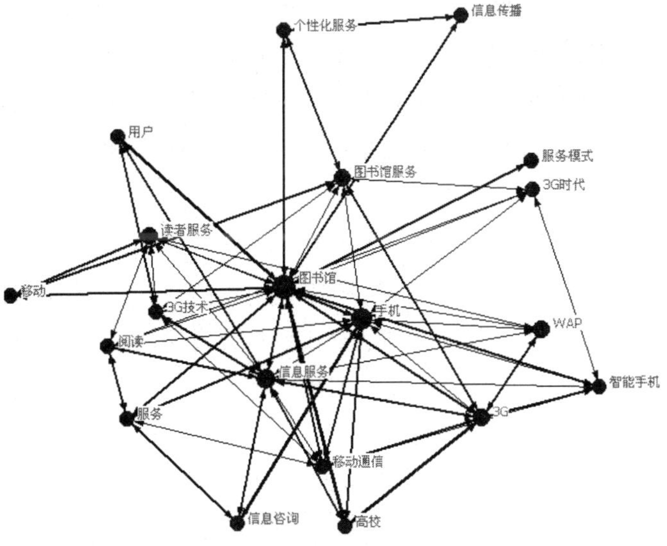

图 6-14　关键词为图书馆的个体网络

与关键词"图书馆"相连接最多的关键词有高校、用户、手机、个性化服务、移动、服务、信息服务、服务模式、读者服务、图书馆服务等。表明手机图书馆领域主要的研究机构是高校图书馆，研究的宗旨是围绕使用手机提供图书馆的个性化服务，提出新环境下的图书馆提供的服务模式，更好地满足读者的需求。

选择关键词"手机"的个体网络，与其连接最多的节点是信息咨询、参考咨询、服务、移动图书馆服务、移动通信、3G 通信技术等。可见手机图书馆领域的一个重要研究方向是使用手机提供图书馆信息咨询服务的途径，不仅注重图书馆的服务内容也要考虑如何利用移动通信技术提供手机信息参考咨询服务。

选择关键词"数字图书馆"的个体网络，与其连接最多的节点有移动、信息服务、移动通信、服务功能、服务模式、泛在图书馆、高校、3G 技术、云计算等。表明数字图书馆在手机图书馆的发展中起到非常重要的作用，需要就图书馆如何实现移动服务提供支持。

从文献高频关键词统计结果看出，手机图书馆的研究内容较为宽泛，与该领域相关的图书馆、信息服务、3G 技术、手机、短信等都有提出，但还尚未形成明显的研究主题，研究方向还处在探索阶段。

（六）小结

本节从文献计量及可视化的角度，对手机图书馆的发展现状进行了全面分析。从结果来看，目前手机图书馆领域的研究已取得一定成果，但还不是很成熟，需要更深入地进行研究。

（1）研究体系初具雏形，但研究力度不够。近年来文献的数量逐年上涨，发展速度较快，但值得注意的是论文质量还需要提高；文献的期刊分布主要散落在图情期刊上，但还没有形成核心期刊，文献的重要产出期刊还不是很明显。随着研究工作的深入，不仅期刊质量和数量迅速增长，同时文献期刊的重要产出源也要突出。

（2）研究人员形成个别小团体，但研究力量还很薄弱。多数文献的作者为独立作者，仅极少数的几位作者之间相互联系成为小团体，合著率较低，还没有形成核心作者。未来应该加强作者之间的交流，提高合著率，促进不同作者及不同机构之间的信息流通，实现跨部门、跨机构的著者群，快速促进手机图书馆领域的研究工作。

（3）研究内容宽泛，研究主题不够深入。手机图书馆领域涉及的基本概念及主题内容都有覆盖，但没有形成明显的研究主线，研究方向仅局限在基础研究上。未来需要借鉴国外相对成熟的经验来促进国内手机图书馆研究领域的发展，尽快深入到利用手机实现传统图书馆服务的各个方面。

三、基于知识图谱的大数据研究可视化分析

大数据是近年来最为流行的关键词，已引起政府部门、科技界和产业界的高度重视，但人们对大数据的内涵与认识有着不同见解。在本节中，笔者采用文献计量学方法对 2009—2013 年国内外有关大数据的研究文章进行了分析，揭示出该领域的高被引文章、高产作者、研究机构、应用领域及研究热点，为读者更好地了解大数据研究现状提供帮助[①]。

（一）数据来源与工具选择

1. 数据来源

Web of Science（以下简称 WoS）是 ISI 旗下的著名引文数据库，其中包含 SCI（科学引文索引）等知名索引库，其权威性和文章质量都有保证。利用WoS 的引文数据可以有效地揭示某一学科领域历史概况、研究现状、未来发展趋势及其与其他学科研究的关系。正因为如此，本节以 WoS 作为国外大数据研究的数据源。

CNKI（中国知网）是目前全球资源规模最大的数字内容出版商，其收录的信息内容是经过深度加工、编辑和整合，并以数据库的方式进行有序管理，具有较高的质量保证。对于某一主题的中文文献，CNKI 收录的数据比较全面，能够很好地反映该主题的研究状况。因此，本节以 CNKI 作为国内大数据研究的数据源。

2. 可视化工具

本节主要借助美国 Drexel 大学陈超美博士开发的引文可视化工具 Citespace III[21]，对大数据的研究机构和关键词等进行可视化展示。

3. 检索策略

"大数据"是近年来才逐渐进入公众视野的新兴概念，经过初期的文献预检索发现，大数据是从 2009 年开始才逐步形成研究热潮。因此，本节以近五年（2009 年—2013 年）来 WoS 和 CNKI 中收录的有关大数据的文章作为研究对象，从文献计量学角度来进行多方位的分析和研究。

在设置中外文数据库的检索条件时，将时间范围统一限定为 2009—2013 年，

---

① 肖明，孔成果. 大数据：何去何从——基于文献计量学的视角[J]. 图书馆学刊，2014（11）：110-117.

时间跨度为 5 年，检索时间是 2014 年 3 月 15 日。

外文文献的检索策略是：在 WoS 中以"TI=big data"作为检索式，共计得到 502 条结果记录。经过数据预处理后，最终得到 439 条相关结果记录。

中文文献的检索策略是：在 CNKI 中以"大数据"作为关键词进行检索，共计得到 684 条结果记录，经过数据预处理后，最终得到 465 条相关结果记录。

4. 检索结果

从图 6-15 中可以直观看出，国内外刊发的大数据研究论文是逐年增长的，且国外研究起步较早于我国。从 2011 年开始，大数据研究论文每年增幅达到 100% 以上，随着云计算、物联网等相关领域的快速发展以及大数据表现出来的巨大学术和商业价值，大数据研究也进入高峰期（2011—2013 年），产出了大量的文献，为大数据研究的持续发展打下了坚实基础。

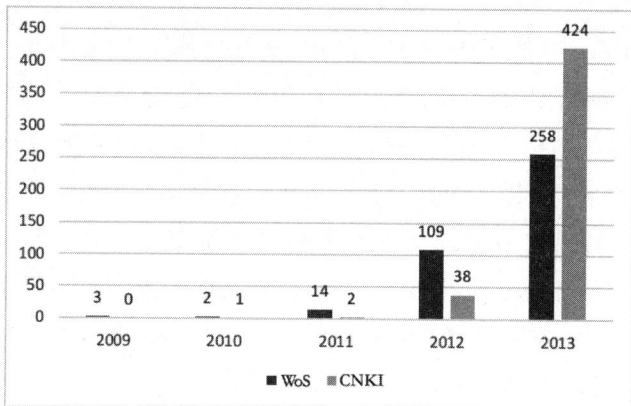

图 6-15　WoS 和 CNKI 的发文数量

（二）高被引文章分析

本节选取 WoS 和 CNKI 中有关大数据研究的被引频次为前 15 位的文章，分别介绍了其被引频次、作者和文章名、发表时间、发表期刊（分别如表 6-10、表 6-11、表 6-12 所示）。

表 6-10　WoS 中被引频次前 15 位的文章

被引频次	作者	文章名	时间	期刊
17	Jacobs, Adam	The pathologies of big data	2009	Communications of the ACM
15	Brinkmann, Benjamin H.; Bower, Mark R.; Stengel, Keith A.等	Large-scale electrophysiology:Acquisition, compression, encryption, and storage of big data	2009	Journal of Neuroscience Methods

续表

被引频次	作者	文章名	时间	期刊
13	Murdoch, Travis B.;Detsky, Allan S	The inevitable application of big data to health care	2013	JAMA-Journal of the American Medical Association
13	Trelles, Oswaldo;Prins, Pjotr; Snir, Marc 等	Big data, but are we ready?	2011	Nature Reviews Genetics
12	Birney, Ewan	Lessons for big-data projects	2012	Nature
12	Aronova, Elena;Baker, Karen S.;Oreskes, Naomi	Big science and big data in biology: From the international geophysical year through the international biological program to the long term ecological research (LTER) network, 1957-present	2010	Historical Studies in the Natural Sciences
11	Boyd, Danah;Crawford, Kate	Critical questions for big data: Provocations for a cultural, technological, and scholarly phenomenon	2012	Information Communication & Society
10	Chen, Hsinchun;Chiang, Roger H. L.;Storey, Veda C	Business intelligence and analytics: from big data to big impact	2012	MIS Quarterly
10	Lavalle, Steve;Lesser, Eric; Shockley, Rebecca 等	Big data, analytics and the path from insights to value	2011	MIT Sloan Management Review
9	McAfee, Andrew; Brynjolfsson, Erik	Strategy & Competition big data:The management revolution	2012	Harvard Business Review
8	Hampton, Stephanie E.;Strasser, Carly A.;Tewksbury, Joshua J. 等	Big data and the future of ecology	2013	Frontiers in Ecology and the Environment
8	Schadt, Eric E.;Linderman, Michael D.;Sorenson, Jon 等	Cloud and heterogeneous computing solutions exist today for the emerging big data problems in biology	2011	Nature Reviews Genetics
7	Gerstein, Mark	Encode leads the way on big data	2012	Nature
7	Schadt, Eric E	The changing privacy landscape in the era of big data	2012	Molecular Systems Biology
5	Ansolabehere, Stephen;Hersh, Eitan	Validation:What big data reveal about survey misreporting and the real electorate	2012	Political Analysis

表 6-11　WoS 中被引频次前 15 位的文章统计

总结果数	被引频次总计	除去自引的被引频次总计	施引文献	除去自引的施引文献	每项平均引用次数	h-index
15	157	155	141	139	10.47	9

表 6-12　CNKI 中被引频次前 15 位的文章

被引频次	作者	文章名	时间	期刊
74	王珊；王会举；覃雄派；周烜	架构大数据：挑战、现状与展望	2011	计算机学报
61	覃雄派；王会举；杜小勇；王珊	大数据分析—RDBMS 与 Map Reduce 的竞争与共生	2011	软件学报
44	孟小峰；慈祥	大数据管理：概念、技术与挑战	2013	计算机研究与发展
38	李国杰；程学旗	大数据研究：未来科技及经济社会发展的重大战略领域——大数据的研究现状与科学思考	2012	中国科学院院刊
20	韩翠峰	大数据带给图书馆的影响与挑战	2012	图书与情报
15	杨海燕	大数据时代的图书馆服务浅析	2012	图书与情报
11	樊伟红；李晨晖；张兴旺；秦晓珠；郭自宽	图书馆需要怎样的"大数据"	2012	图书馆杂志
11	张文彦；武瑞原；于洁	大数据时代的图书馆初探	2012	图书与情报
8	陈明奇；姜禾；张娟；廖方宇	大数据时代的美国信息网络安全新战略分析	2012	信息网络安全
7	黄升民；刘珊	"大数据"背景下营销体系的解构与重构	2012	现代传播（中国传媒大学学报）
7	彭兰	"大数据"时代：新闻业面临的新震荡	2013	编辑之友
7	韩翠峰	大数据时代图书馆的服务创新与发展	2013	图书馆杂志
7	顾芳；刘旭峰；左超	大数据背景下运营商移动互联网发展策略研究	2012	邮电设计技术
6	冯芷艳；郭迅华；曾大军；陈煜波；陈国青	大数据背景下商务管理研究若干前沿课题	2013	管理科学学报
6	杨绎	基于文献计量的"大数据"研究	2012	图书馆杂志

从一篇文章被引用的频次可以看出，在该研究领域中该篇文章的重要程度及其他学者对该篇文章的认可度。结合表 6-10、表 6-11 和表 6-12 的数据，我们可以清晰地勾勒出国内外大数据领域的研究概貌。

从表 6-10 的被引频次可以看出，在国外有关大数据研究的文章中被引频次最高的前三位都集中在 2009 年和 2010 年这两年中，其中奠基作是 Jacobs，Adam 在 2009 年发表的 *The Pathologies of Big Data*[22]。在这篇文章中，Adam 结合美国人口普查数据库，从数据库规模的变化、数据库的访问速度等角度来阐述大数据所带来的改变和影响以及大数据所面临的问题。其他被引频次较高的文章也尝试从其他角度来论述大数据。例如，Murdoch，TB[23]（2013）以大数据在医疗中的应用为例来介绍大数据对医疗行业的影响及其带来的变革；Trelles，Oswaldo[24]（2011）则以我们是否已经准备好迎接大数据的到来为主题进行分析研究。

表 6-11 对 WoS 中被引频次为前 15 位的文章的引用情况进行了详细统计，其中 h 指数[25]为 9，说明这 15 篇文章中有 9 篇文章至少被引用 9 次，这也从侧面佐证了这些文章的重要性。

从表 6-12 的被引频次可以看出，我国有关大数据研究的被引频次较高的文章主要集中发表在 2011 年和 2012 年。王珊等人[26]（2011）为了满足大数据分析的特点，设计了适合大数据分析的数据仓库架构，从技术角度阐述了大数据环境下给数据分析处理带来的变革和挑战。覃雄派等人[27]（2012）主要从技术层面分析了大数据环境下数据管理面临的挑战及相应的技术革新。李国杰等人[28]（2012）分析了在科技及经济社会的发展中大数据研究与应用面临的问题和挑战，并提出了大数据发展战略的若干建议。孟小峰、慈祥[29]（2013）则从大数据管理的角度对大数据的概念、技术、基本处理框架及挑战进行了详细论述。

从国内外的相关研究中可以看出，对于大数据基础理论的探讨，国内外学者并没有表现出浓厚的兴趣，更多的研究主要偏向于大数据的应用，包括大数据给各行各业带来的变革、存在的问题、潜在的价值和面临的挑战等方面。

（三）高产作者分析

对高产作者的统计能够帮助读者快速获取该领域的核心研究人员信息，从而更有针对性地深入了解该领域的相关研究。

表 6-13 中列举了 WoS 中近五年来发表的有关大数据的文章的作者及其发文量（2 篇及以上）。例如，Michael Stonebraker 发表过 3 篇与大数据相关的文章，他是一位著名的数据库专家，并于 1992 年提出了关系数据库模型，现为麻省理工学院（MIT）的客座教授，具有丰富的大数据理论研究和实战经验；Eric E. Schadt 为西奈山伊坎医学院教授，主要从事生物信息学、计算神经学、遗传学等领域的研究；Daniel E. O'Leary 现为南加州大学商学院教授，主要研究领域为电子商务、ERP、知识管理、虚拟组织。

表 6-13　WoS 中近五年来大数据研究的作者及其发文量（2 篇及以上）

发文量	作者	发文量	作者
3	Robert Boeri	2	Kai Du
3	Michael Stonebraker	2	S. Panitkin
2	Eric E. Schadt	2	Eric Brown
2	Peter Membrey	2	Minghua Chen
2	Johnathan Pesce	2	Pan DATeam CA
2	Walid Majid	2	G. Zaruba

发文量	作者	发文量	作者
2	Daniel E. O' Leary	2	T. Wenaus
2	Dayton L. Jones	2	Bo Li
2	Umaa Rebbapragada	2	Peter M. Kogge
2	Jianzong Wang	2	Joseph Lazio
2	Jia Fu	2	Chuan Wu
2	Danah Boyd	2	Kiri Wagstaff
2	Jesse Paquette	2	A. Vaniachine
2	Gary Gerberick	2	Lee Garber
2	Michael Batty	2	Kate Crawford
2	Mark Gardner	2	Umar Kalim
2	Linquan Zhang	2	Chris Mattmann
2	K. De	2	M. Titov
2	Larry D' Addario	2	Robert Navarro
2	A. Klimentov	2	Robert Preston
2	Collaboration ATLAS	2	D. Yu
2	Eric Pouyoul	2	Guoyou Chen
2	Matthew A. Waller	2	Francis C. M. Lau
2	David Taniar	2	Jiajia Miao
2	Chuanxiong Guo	2	Wuchun Feng
2	Patrick Tucker	2	Hans Ulrich Buhl
2	Paul Comitz		

表 6-14 是对 CNKI 中收录的我国大数据领域研究学者及其发文量（2 篇及以上）的统计。其中，发文量最多的作者为喻国明，他曾是中国人民大学新闻学院副院长、中国人民大学舆论研究所所长，其从事的新闻传媒工作与大数据之间有着密切联系，仅在 2013 年就以第一作者的身份发表了 5 篇有关大数据的论文；进行相关研究的国内学者还有吉林大学的李抵飞博士、中国人民大学信息学院的王珊教授等。值得一提的是，桂林理工大学的张兴旺和李晨晖两人合作发表了 4 篇有关大数据与图书馆相结合的研究论文。

表 6-14　CNKI 中大数据研究的作者信息

发文量	作者	发文量	作者
5	喻国明	2	成静静
5	张兴旺	2	曹刚
5	李晨晖	2	刘晓鸿

续表

发文量	作者	发文量	作者
3	王珊	2	廖方宇
3	李抵飞	2	李娜
3	胡雄伟	2	陈明奇
3	吴金红	2	张心源
3	张宝林	2	彭兰
3	王会举	2	李宏言
3	覃雄派	2	姜禾
3	麦范金	2	张燕南
3	徐国虎	2	张毅菁
2	李光亚	2	何睿
2	刘旭峰	2	徐波
2	吴锋	2	张涛甫
2	张平	2	孙凌
2	方世敏	2	左超
2	张娟	2	于石成
2	刘珊	2	刘鹏
2	于施洋	2	吴林飞
2	周枫		

结合对表 6-13 和表 6-14 的分析可知，从事大数据研究的学者拥有不同的学科背景，研究的重点是将自己的研究方向或领域与大数据相结合。此外，国内外学者在大数据的研究切入点上存在着一定差异：国外学者主要侧重于计算机科学、生物学、生态学等自然科学或信息科技领域，而国内学者则更多地侧重于社会学、图书馆学、管理学等人文社会科学领域。

（四）应用领域分析

通过对 WoS 中有关大数据的研究文章进行分析归纳，可以得出国外的大数据研究主要集中在计算机科学、工程学、通信科学、图书情报学、生物化学、分子生物学、遗传学、生命科学、经济学、管理学、医学、化学、生态学等学科领域（如图 6-16 所示）。大数据的研究为什么会集中在这些领域？究其原因，随着科学技术的发展，人类的认知水平也在不断提升，计算机科学、生物学、医学等领域信息被更深层次地挖掘，总量巨大、结构复杂的数据集层出不穷，其存储量早已达到 PB 级或以上。大数据给这些领域造成了巨大的压力，传统的技术手段和思想观念早已不再适用。"变则通，通则久远"，解决问题的需求往往是科学发展的助推剂，大数据在带来压力的同时也蕴含着巨大的潜在价值。

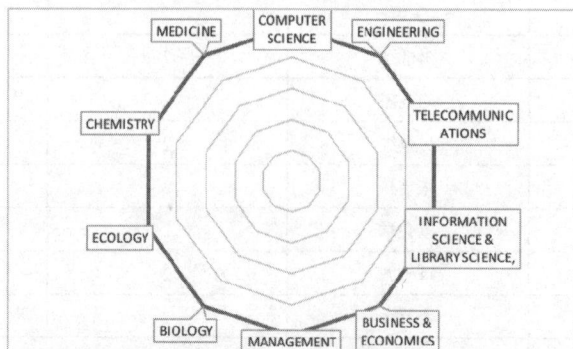

图 6-16　WoS 中大数据的相关研究领域

　　经过统计分析，国内学者对大数据的研究主要集中在如图 6-17 所示的诸多领域。其中，大数据与图书情报领域相结合的研究论文占到了全部研究的 15% 左右，可见图情学者对大数据的关注程度。图书情报领域的学者从事图书馆和信息服务等方面的工作，具有敏锐的洞察力以及准确把握科学发展脉搏的能力，他们不仅局限于自身的领域知识，同时也将目光投向其他学科的研究热点和前沿，从而更好地提供专业服务。例如，在大数据背景下，韩翠峰[30]（2012）分析了大数据时代图书馆在数据储存、数据挖掘、数据分析等方面的挑战，并预测了大数据背景下图书馆服务模式的改变。

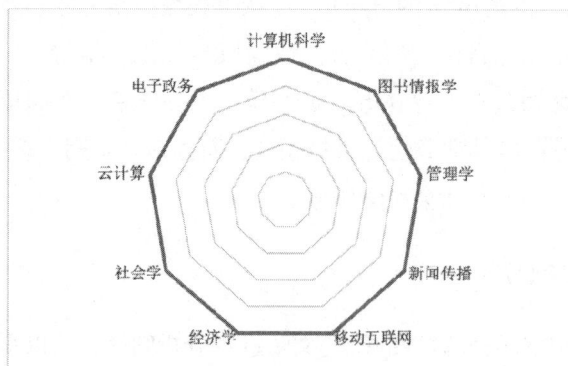

图 6-17　CNKI 中大数据的相关研究领域

　　此外，计算机科学、云计算、物联网、经济学、社会学、新闻传播等领域也和大数据紧密结合，彼此之间相互促进，共同发展。

（五）研究机构分析

　　研究机构是进行一项或多项研究的专门性组织，一定程度上可以理解为学术群体的代名词。发掘某一领域的核心研究机构，关注它们的动态能让我们准确地把握住该领域的研究风向标，大大降低了获取研究信息的盲目性。

进行大数据研究的国外机构中既有科研单位，也有企业部门。从图 6-18 中可以看出，除欧美国家的研究机构以外，中科院、香港科技大学和香港理工大学在国际大数据研究领域是比较活跃的，且研究成果显著。聚焦国外研究机构分布，麻省理工学院（Massachusetts Institute of Technology）、哈佛大学（Harvard University）、斯坦福大学（Stanford University）、加州大学洛杉矶分校（University of California，Los Angeles）、牛津大学（University of Oxford）等著名高等学府以雄厚的科研实力占据了大数据研究的半壁江山。此外，微软研究院、IBM 研究院也利用自身的资源和技术优势展开了大数据的深层研究。

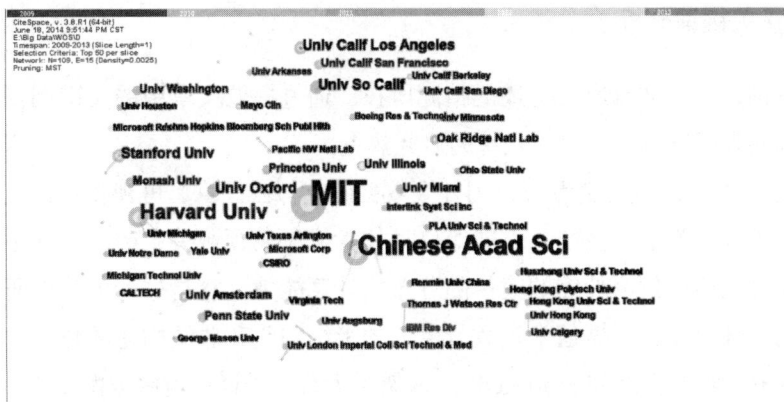

图 6-18　国外进行大数据研究的机构

我国在大数据领域进行深入研究的主要机构如图 6-19 所示。从图 6-19 中可以看出，大数据的研究既有各大高校，也有科研单位，且呈南北势均力敌之势。北方主要以中国人民大学的新闻学院和信息学院、北京大学新闻与传播学院、中国标准化研究院、国家标准委员会标准信息中心、工业和信息化部等单位或机构组成大数据研究的阵营，其中中国人民大学（以下简称"人民大学"）是大数据研究的主力军，这一方面是因为人民大学具有浓厚的大数据研究底蕴，拥有较强的学科背景；另一方面人民大学也抓住了大数据兴起所带来的机遇，占领大数据研究的制高点。南方进行大数据研究的机构主要分布在电信行业、高等教育机构和图书情报机构，中国电信股份有限公司广东研究院、中兴通讯股份有限公司、复旦大学新闻学院、上海图书馆、上海科学技术情报研究所等科研单位从各自的专业领域出发，成为大数据研究的主力军。

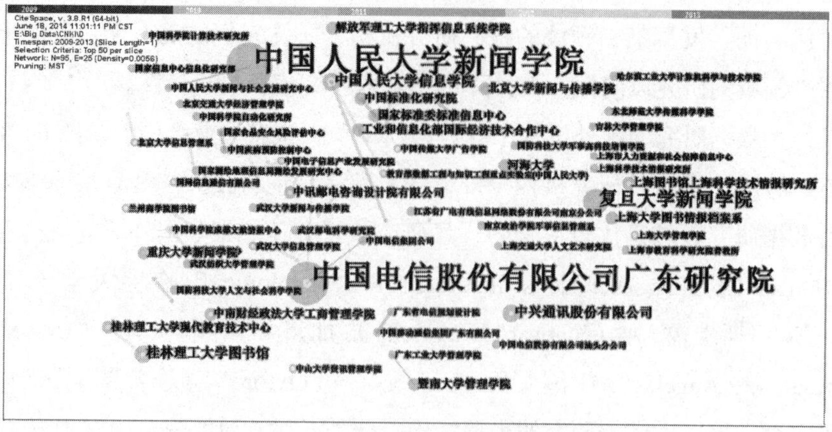

图 6-19　中国进行大数据研究的机构

（六）关键词分析

关键词是一篇文章所要论述的精髓所在，通过提取文章中的关键词，进而构建关键词共现网络，揭示出该领域的研究热点。

从图 6-20 可以直观地看出，国外大数据研究与云计算、可视化、社交网络、数据库、编程、算法、系统、性能等信息技术或应用领域关系密切。其中，云计算是指通过网络提供可伸缩的廉价的分布式计算能力，它是进行大数据研究最不可或缺的一环。而大数据通常是数量巨大的半结构化和非结构化的数据，实时的大型数据分析需要借助如 Map Reduce 框架来为数以千计的电脑分配工作。

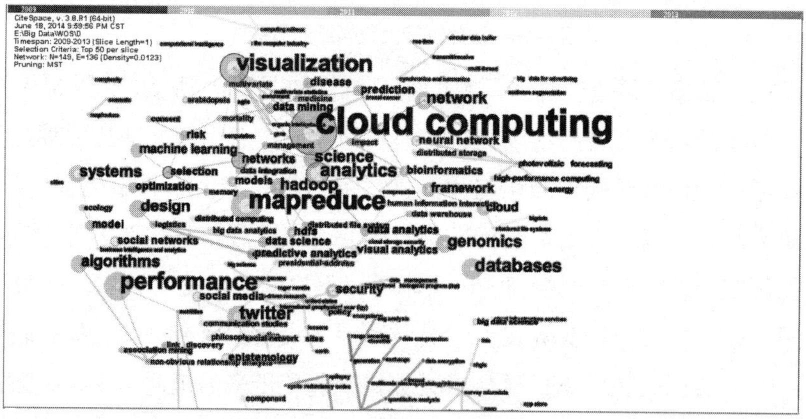

图 6-20　国外大数据研究的关键词共现

在可视化和社交网络方面，大数据也具有非常广阔的应用前景。社交网络在近几年风靡全球，注册用户节节攀升，看似杂乱无章的庞大后台数据中蕴含着惊人价值。Facebook、Twitter 等著名社交网站正基于自身的数据源开展大数据的分析研究。此外，大数据的可视化也是目前研究的重要方向之一。

结合图 6-21 可知，我国在大数据领域的研究中涉及的关键词主要有云计算、物联网、数据挖掘、数据分析、信息服务、图书馆等。在图 6-21 中，云计算、物联网、数据挖掘、图书馆、信息服务等数据节点比较突出，说明它们与大数据研究关系更加密切。究其原因，大数据的根本在于数据挖掘，目的是从大量的半结构化和非结构化的数据中获取有用的知识或潜在的价值。从总体来看，云计算是进行数据挖掘的重要技术平台支撑，物联网是大数据产生的源泉之一，而图书馆则是借助大数据环境下的有利因素更好地为读者提供信息服务。

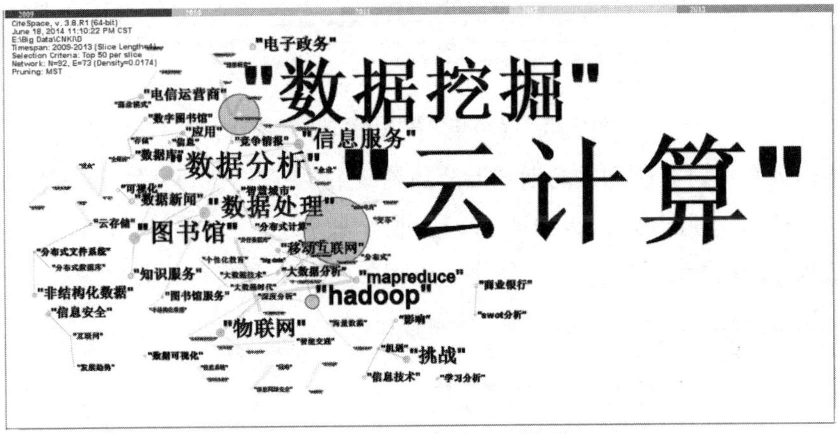

图 6-21 国内大数据研究的关键词共现

从关键词共现的角度来看，国内外学者都十分重视大数据与云计算的结合，充分利用云计算的分布式并行计算能力进行海量的、复杂的数据处理，实现大数据的高效处理。然而，国内外学者研究的侧重点也有所不同：国外学者的研究主要集中在算法、框架、编程、系统性能、可视化等技术领域，从底层来丰富和完善大数据；国内学者则主要偏向于大数据的应用研究，涉及信息服务、移动互联网、电子政务、图书馆等多个方面。

（七）期刊分析

通过对 WoS 中有关大数据研究的刊发期刊（如图 6-22 所示）进行分析不难发现：美国计算机协会通讯（*COMMUN ACM*）、科学杂志（*Science*）和自然杂志（Nature）是国外大数据研究成果汇聚的核心期刊，2012 年三大期刊的影响因子（Impact Factor）分别为 2.511、31.027 和 38.579。还有一些为大数据研究开辟的专刊，如 *Big Data Next Fronti*，这些期刊共同构成了国外大数据研究的知识共享阵地。

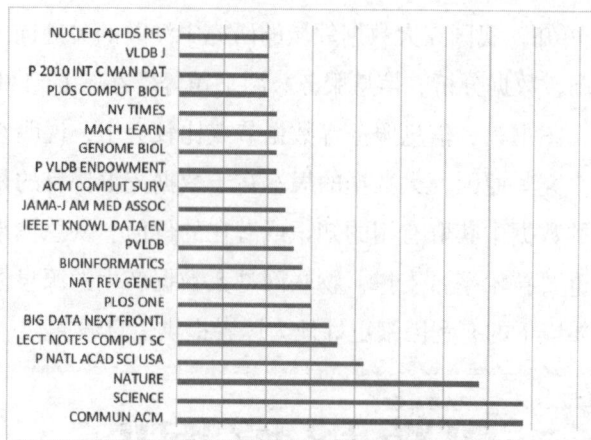

图 6-22　WoS 中大数据研究的刊发期刊

　　国内大数据研究所刊发的期刊涉及的领域主要有计算机科学、图书情报学、信息通信技术、新闻传媒、电子政务、企业管理等方面（如图 6-23 所示）。其中，图书情报领域的核心期刊——《图书与情报》发表了多篇有关大数据给图书馆带来的机遇与挑战的文章，具有较高的影响力。

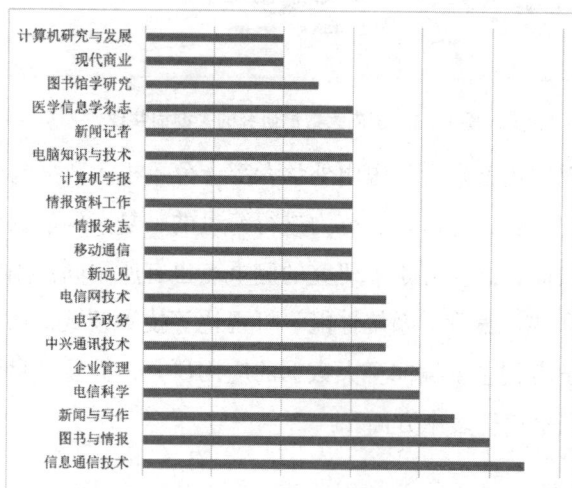

图 6-23　CNKI 中大数据研究的刊发期刊

（八）小结

　　本节以近五年（2009—2013 年）来 WoS 和 CNKI 中有关大数据研究的论文作为研究对象，从文献计量学的角度利用知识图谱工具剖析了大数据领域的国内外研究现状，着重分析了高被引文章、高产作者、研究机构、期刊、关键词和应用领域等方面的内容，归纳后得到如下所示的几点结论：①国内外学者都非常重视大数据的研究，国外研究起步较早，主要偏向大数据的应用方面；而国内的研究则相对来说较晚，但既注重基础理论的探讨又重视应用领域的研究。②大数据涉及的学科主要有计算机科学、医学、生物学、经济学、政治学、信息科学、生态学、社会学等多个学科，可见大数据研究是一个多学科交叉融合的典型，它为其他学科的发展提供了新的视角，但其自身也处在不断发展完善之中。③大数据研究的相关热点领域主要有云计算、物联网、图书与情报、商业管理、移动互联网、新闻传媒等。大数据的研究归根结底在于应用，就目前的发展趋势来看，大数据拥有非常广泛的应用前景。④高等院校和商业研究机构是大数据研究的两大主力军，从事大数据研究的机构既有像哈佛大学、北京大学、中国人民大学这样的高等学府，又有诸如微软研究院、麦肯锡研究院、中国电信研究院之类的商业研究机构，这些都是产学研相结合的最佳实践。

　　从目前发展趋势来看，大数据与云计算、物联网等技术手段的融合将会更加深入，应用领域也将会不断扩展，处理结果将会更多地以可视化方式加以呈现，最终成为战略决策的支撑。总体来说，大数据的出现既是挑战也是机遇，随着研究的不断深入，大数据的面纱将会被层层揭开。

参考文献

[1] 《中国信息服务产业发展报告》编委会.中国信息服务产业发展报告（2012-2013）[M].北京:人民邮电出版社，2013：21.

[2] 岳剑波. 信息管理基础[M]. 北京：清华大学出版社，1999.

[3] 张晓林. 走向知识服务：寻找新世纪图书情报工作的生长点[J]. 中国图书馆学报，2000（05）：30-35.

[4] Richard M,Shiffrin Katy. Mapping knowledge domain[J]. PANS,2004,6(4): 5183-5185.

[5] Hou Hai-yan, Liu Ze-yuan. Mapping of science studies: The trend of research fronts [J]. Science Research Management, 2006, 27(5):90-96.

[6] Hepworth M, Davies A. PC-based interfaces to online information services and the development of FT Profile's freeway[J]. Program, 1966, 27(2):149-163.

[7] 张晓林，袁莉等. 基于 Web 的个性化信息服务机制[J]. 现代图书情报技术，2001（01）：25-29.

[8] Tsakonas G, Papatheodorou C. Analyzing and evaluating usefulness and usability in electronic information services[J]. Journal of Information Science, 2006, 32（5）：400-419.

[9] 张曾昱,刘洪志. 基于 3G 网络和智能手机的掌上图书馆建设探讨[J]. 图书馆建设，2009（05）：49-51.

[10] 张树良,冷伏海. Web 环境下个性化信息的获取和个性化服务的实现[J]. 中国图书馆学报. 2007（04）：77-81.

[11] 乐庆玲，胡潜. 面向企业创新的行业信息服务体系变革[J]. 图书情报知识. 2009（02）：33-37.

[12] Kettinger W J, Lee C C. Zones of tolerance: Alternative scales for measuring information systems service quality[J]. MIS Quarterly, 2005, 29(29): 607-623.

[13] 王伟军，甘春梅. 图书情报学视角的 Web2.0 研究综述[J]. 中国图书馆学报. 2011（06）：67-80.

[14] Bass S B, Ruzek S B, et al. Relationship of Internet health information use with patient behavior and self-efficacy: Experiences of newly diagnosed cancer patients who contact the National Cancer Institute's cancer information service [J].Journal of Health Communication.2006, 11（2）：219-236.

[15] 第 30 次中国互联网络发展状况统计报告[EB/OL]. http://www.cnnic.net.cn/hlwfzyj/hlwxzbg/hlwtjbg/201207/t20120723_32497.htm.

[16] 刘军. 整体网分析讲义：UCINET 软件实用指南[M]. 上海：格致出版社，2009.

[17] 文献题录信息统计分析工具 SATI[EB/OL].http://sati.liuqiyuan.com/Introduction.aspx.

[18] Dhyani D, Keong W, Bhowmick S.A survey of webmetrics[J]. ACM Computing Surveys,2002,34(4):469-503.

[19] Hagel J.Armstrong AG.NetGain:Expanding markets through virtual communities [M].Boston:Harvard Business School Press.1997.

[20] 王运锋，夏德宏，颜尧妹. 社会网络分析与可视化工具 NetDraw 的应用案例分析[J]. 现代教育技术，2008，18（4）：85-89.

[21] Chen C. CiteSpace II: Detecting and visualizing emerging trends and transient patterns in scientific literature[J]. Journal of the American Society for Information Science & Technology, 2006, 57（3）:359-377.

[22] Jacobs A. The pathologies of big data[J]. Queue, 2009, 7(6):36-44.

[23] Murdoch, TB, Detsky, AS. The inevitable application of big data to health care[J].JAMA, 2013,309（13）:1351-1352.

[24] Trelles O, Prins P, Snir M, Jansen RC. Big data, but are we ready?[J]. Nature Reviews Genetics. 2011,12（3）:224.

[25] Hirsch, J. E. An Index to quantify an individual's scientific research output[J]. Proceedings of the National Academy of Sciences of the United States of America,2005（46）:16569-16572.

[26] 王珊, 王会举, 覃雄派等. 架构大数据：挑战、现状与展望[J]. 计算机学报, 2011（10）: 1741-1752.

[27] 覃雄派, 王会举, 杜小勇等. 大数据分析——RDBMS 与 MapReduce 的竞争与共生[J]. 软件学报, 2012（01）: 32-45.

[28] 李国杰, 程学期. 大数据研究:未来科技及经济社会发展的重大战略领域——大数据的研究现状与科学思考[J]. 中国科学院院刊, 2012（06）: 647-657.

[29] 孟小峰, 慈祥. 大数据管理：概念、技术与挑战[J]. 计算机研究与发展, 2013（01）: 146-169.

[30] 韩翠峰. 大数据带给图书馆的影响与挑战[J]. 图书与情报, 2012（05）: 37-40.

第七章 图书馆学情报学知识图谱软件研究

一、作者引文耦合分析软件的设计与实现

　　作者引文耦合分析是引文耦合分析的重要分支之一，是把文献引文耦合关系拓展到作者层次，用来构建一个领域的知识图谱。在传统的引文耦合分析中，往往注重引文耦合矩阵的计算、转换和分析，强调数字的计算，缺乏对数字背后所反映的信息进行分析，导致用户对这种强弱引文耦合关系没有一种直观的感受，使用户对引文耦合矩阵有一种"黑箱"的感觉，这在一定程度上削弱了用户对结果的认可。本文利用开源可视化工具 Jung[1]，实现了作者引文耦合可视化系统，该系统不但能从整体上展现某一领域作者之间的引文耦合关系，而且能动态地展示联系作者之间的引文耦合信息，让用户很好地理解引文耦合数字背后的意义。此外该系统还能展示并不直接相关联的两个作者之间的距离，以及这两位作者是通过什么样的文献联系在一起，这对我们进一步理解作者引文耦合关系非常有帮助，特别是在根据这种关系对作者进行聚类时，额外的引文信息能很好地帮助用户判断作者之间的相似程度①。

（一）作者引文耦合可视化系统框架

　　系统的实现框架借鉴了引文耦合系统[5]的结构，也分为三个部分：数据处理模块、作者引文耦合计算模块和可视化模块（如图 7-1 所示）。在可视化模块中笔者利用了开源可视化工具 Jung，其他两个模块都是笔者编写代码实现的。数据处理模块与笔者的文献引文耦合系统类似，具体可以参考文献[5]，这里不再叙述。

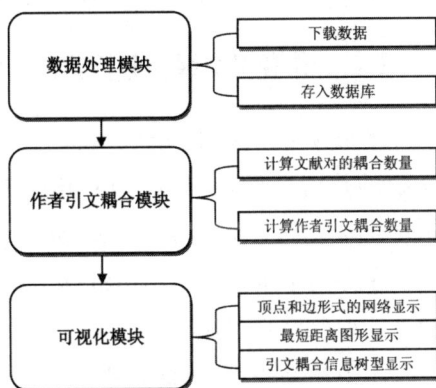

图 7-1　系统实现框架

1. 作者引文耦合模块

　　根据作者引文耦合的定义，两个作者引文耦合数量是指两个作者发表的文献

---

① 李国俊，肖明，邱小花，等. 作者引文耦合分析可视化研究[J]. 图书情报工作，2012，56（12）：81-84.

中相同参考文献的数量。在实际操作中存在两种理解方式：一种是将一个作者发表文献的所有参考文献放到一个集合中，另一个作者发表文献的所有参考文献放到另一个集合中，然后比较这两个集合中的参考文献，两个集合中相同的参考文献数量即为两个作者的引文耦合数量；另一种是将一个作者所发表的文献放到一个集合中，另一个作者发表的文献放到另一个集合中，然后两两计算一个集合中每篇文献与另一个集合中所有文献的引文耦合数量，最后将每篇文献的引文耦合数量相加即为这两个作者的引文耦合数量。这样，计算作者引文耦合的方法也有两种，本文采用第二种方法来计算作者引文耦合数量，因为第二种方法可以在文献引文耦合矩阵的基础上计算作者引文耦合数据。为了简单起见，在计算时只考虑第一作者。

2．可视化模块

本模块是基于开源可视化工具 Jung 完成的。Jung 是一款对网状数据进行建模、分析和可视化的、通用的、可扩展的类库。Jung 支持多种实体以及实体间关系的表示，包括无向图和有向图，多模态图、平衡线图等。本模块主要包括三个功能：以顶点和边的形式对作者引文耦合关系进行显示、最短路径图形显示和引文耦合信息树型显示。

作者引文耦合关系可以看成一个网络，用圆点表示作者，边表示引文耦合关系，边上的权表示引文耦合数量。为了更清楚地显示两个作者之间的引文耦合关系，笔者保留了连接两个作者的文献对，这些文献对的引文耦合数量并没有合并。从图形上看，一个文献对就是一条边，连接两个作者边的数量就是两个作者拥有共同参考文献的文献数量，即两个作者具有引文耦合关系文献的数量。

（二）作者引文耦合分析软件实证研究

本节以 JASIS&T 期刊 2005 年至 2009 年的数据为例，分析在这个刊物上发表文献的作者之间的联系。JASIS&T[6]即《美国情报学会会刊》（*Journal of the American Society for Information Science and Technology，JASIS&T*），是美国情报学协会主办的学术性刊物。JASIS&T 在世界情报界具有广泛的影响，是世界情报界公认的权威核心刊物。

本节从 Web of Science 引文数据库中下载 2005 年至 2009 年间 JASIS&T 期刊文献的完整题录数据，然后将其导入到数据库中，利用本系统分析作者之间的关系。2005 年至 2009 年 JASIS&T 期刊共刊载了 1061 篇文献，共有 36224 条引文。其中有 50 篇文献没有引文，不在本节的研究范围之内，剩余的 1011 篇文献被用来进行作者引文耦合分析。这里只显示可视化引文耦合阈值大于 8 的文献（如图 7-2 所示）。

1. 作者引文耦合网络

图 7-2 中显示的是 2005 年至 2009 年间在 JASIS&T 期刊上发表过文献的作者引文耦合网络，并且两个作者间的每对文献的引文耦合数量都大于 8。引文耦合关系没有方向性，因此使用无向图来构建作者引文耦合网络。图中的圆点表示文献的第一作者，边表示两个作者间满足引文耦合阈值的文献对，边上的数字表示这个文献对的引文耦合数量。由于我们只考虑第一作者，所以很多顶点都是自己到自己的边，即环。顶点的环表示作者发表的文献间拥有共同的参考文献，如果一个作者的环越多，表示这个作者所发表文献的主题越集中，因为作者所发表的这些文献都引用相同的参考文献。在图 7-2 中，Leydesdorff, L 拥有最多的环，高达 26 个环，环的权重为 326。也就是说，在 Leydesdorff, L 所发表的文献中，至少有 326 篇共同的参考文献（其中有些参考文献会相同），说明 Leydesdorff, L 在 2005 年至 2009 年的研究主题非常集中。从文献的标题和引文来看，Leydesdorff, L 此间的研究主要集中于引文分析。此外，环比较多的作者包括研究信息查询的 Xu YJ、Thelwall, M、Egghe, L、van Raan AFJ 等。

如果两个作者之间存在两条边，说明其中一个作者至少有两篇文献与另一个作者的文献拥有满足阈值的引文耦合数量（这里的阈值是引文耦合数量大于 8）。两个作者之间的边越多，表明这两个作者所引用的参考文献越类似，那么这两个作者的研究主题也就更类似。在图 7-2 中，Rafols, I 与 Leydesdorff, L、Saracevic, T 与 Xu YJ 之间都有六条边相连，说明这两对作者间在某一主题的研究上非常类似，Rafols, I 与 Leydesdorff, L 在期刊分类方面，Saracevic, T 与 Xu YJ 在相关性理论方面都有深入的研究。

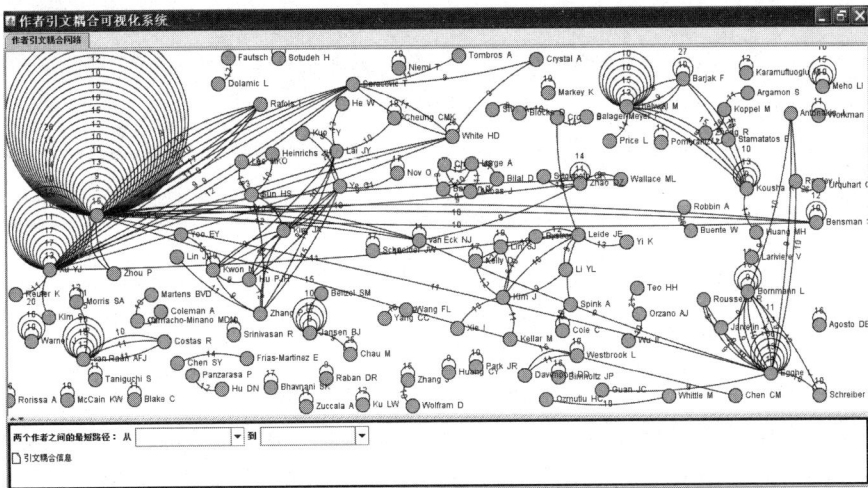

图 7-2　作者引文耦合网络

2. 两个作者之间的最短路径可视化

两个作者之间的最短路径是指从一个作者顶点经过最少的边到达另一个作者顶点，可视化是指将经过的边和顶点在图形中显著地表示出来。从引文耦合角度来看，两个作者之间的最短路径是指两个作者研究主题的相似程度，最短路径越短表示作者之间的研究主题越密切。这对于了解作者间的关系、查找潜在合作者方面非常有帮助。

在查找两点间的最短路径时，本文采用的是迪杰斯特拉（Dijkstra）算法，并在图中显著地标出两个顶点之间的最短路径，除了最短路径之外的顶点和边用淡灰色显示。图7-3显示的是赵党志（Zhao DZ）与陈超美（Chen CM）两位作者的最短路径，两个作者的顶点用蓝色表示，中间经过的顶点用红色表示，经过的边用蓝色表示。可以看出这两位作者的最短路径为2，经过两条边、一个顶点（Leydesdorff, L）即可到达对方，说明这两位作者在某方面的研究存在相似之处。同时这也说明 Leydesdorff, L 的研究范围更加广泛，充当了中间人的角色。若要了解这两位作者在哪方面的研究主题相似，是通过哪些文献进行耦合相似的，可以查看下面的引文耦合信息（如图7-4所示）。

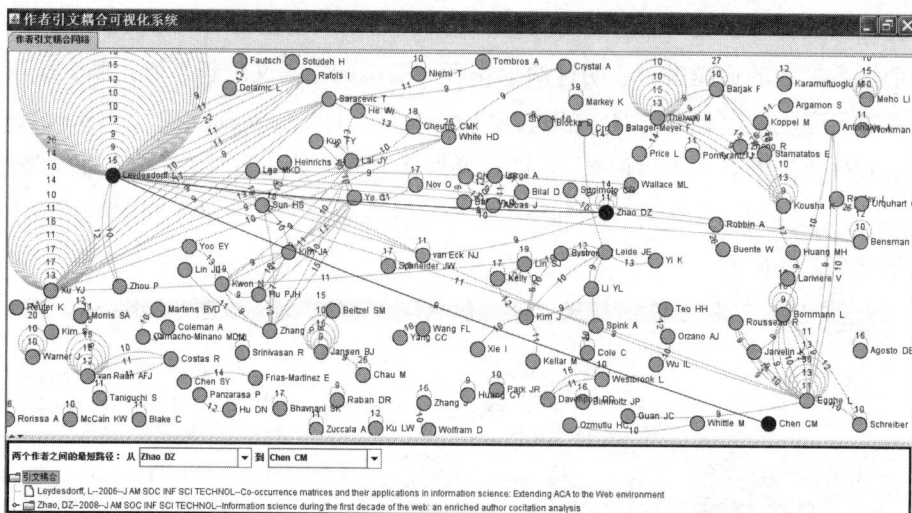

图 7-3　赵党志与陈超美的最短路径

3. 引文耦合信息可视化

为了更加详细地了解两个作者之间的引文耦合关系，本系统提供了两个作者引文耦合信息可视化的功能。笔者使用树型结构来可视化引文耦合信息，根节点为引文耦合，固定不变。一级子节点每两个节点为一组，表示一个文献对，一条边。每个一级子节点包含了文献的第一作者、发表年份、期刊名称和标题四部分信息。每组一级子节点中的后一个节点下面的二级子节点表示该组文献共同的参考文献信息，一个二级子节点表示上级父节点一篇共同的参考文献，包含了序号、第一作者、出版年份、发表期刊、卷号和开始页码六部分信息。

图 7-4 中显示了赵党志（Zhao DZ）与陈超美（Chen CM）最短路径的引文耦合信息，该最短路径有两条边，所以有两组文献对，包含了四篇文献。第一个文献对（Zhao DZ[7]和 Leydesdorff, L[8]）主要是关于同被引分析方法的应用，而第二个文献对（Chen CM[9]和 Leydesdorff, L[10]）是关于能否用期刊引证来划分科学分类的讨论。第一个文献对中的两篇文献共有 10 篇相同的参考文献，而第二个文献对中的两篇文献共有 9 篇共同的参考文献。通过对这些具体的引文耦合信息进行分析，我们可以更加深入地理解两位作者引文耦合关系背后的联系。

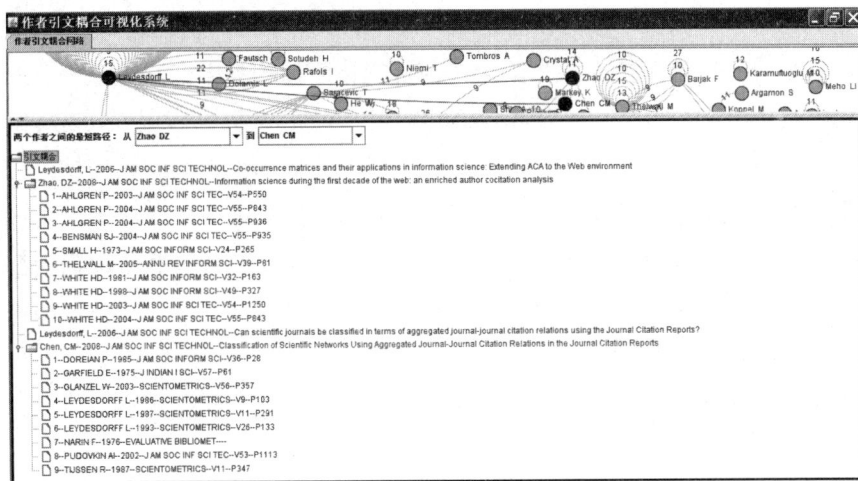

图 7-4　赵党志与陈超美最短路径的引文耦合信息

本系统能够从宏观和微观两个角度展现作者引文耦合关系，并用图形可视化的方式显著地显示任意两个作者之间的最短距离，这对于用户理解作者引文耦合关系背后的意义非常有帮助，同时也有助于更加深入地理解两个作者之间的研究关系，帮助研究者寻找潜在的合作者。当然，本系统还存在一些有待改进的地方，包括处理数据的速度、图形的控制方式、增加多种关系类型等方面，这也是下一步研究的内容。

二、Prefuse 知识图谱分析软件的设计与实现

本节基于 Prefuse 的信息可视化技术，综合网络科学的理论体系，针对 CNKI、CSSCI、维普、万方四个中文文献数据库，开发了一个集数据获取、文献计量、知

识图谱构建及可视化为一体的系统软件。利用该软件可以对中文文献数据库中某一学科领域的期刊论文、博士/硕士学位论文、学术会议等题录信息进行全方位的知识图谱构建和可视化分析，提供了处理中文文献数据的新途径，从而能够更好地创造和实现学科价值①。

（一）Prefuse 简介

Prefuse 是一个基于 Java 的可扩展的工具包，能够帮助软件开发人员使用 Java 编程语言开发交互的信息可视化程序。Prefuse 由杰夫瑞·希尔、斯图尔特·卡德、杰姆斯·兰迪等[11]提出的信息可视化框架，为数据建模、数据可视化以及用户交互提供了丰富的软件库，可以支持丰富的数据建模、可视化、用户交互的功能，提供了优化的数据结构、布局和视觉编码技术以及对动画、动态查询、综合搜索、数据库连接等方面的支持，大大简化了与可视化数据的界面交互的过程。Prefuse 的后台数据库可以进行重新组合或随机抽取某一或某些部分，应用 Java2D 图形库，很容易与 Java Swing 应用程序和 Web Java 应用程序进行整合。它为新型可视化的设计和实施提供了更好的支持，提供了一个完整的结构来开发新技术和具体领域的设计，能生成节点—连线图、障碍图和点图以及时间线这样非结构化数据的可视化（如图 7-5 所示）。此外，Prefuse 遵守 BSD 许可证的条款，可以免费用于商业和非商业目的的开发[12]。

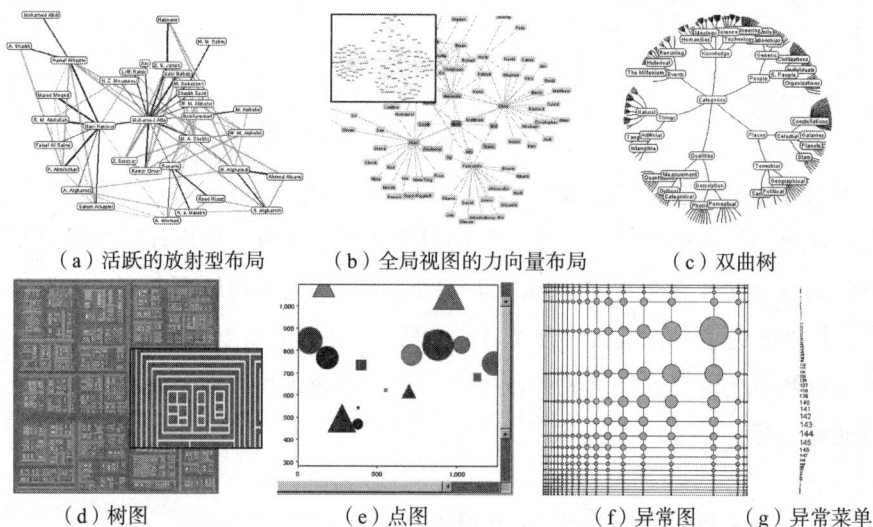

（a）活跃的放射型布局　　　（b）全局视图的力向量布局　　　（c）双曲树

（d）树图　　　　　（e）点图　　　　　（f）异常图　（g）异常菜单

图 7-5　Prefuse 可视化图例

（来源：Preufse: A Toolkit to Interactive Information Visualization[11]）

---

① 肖明. 知识图谱工具使用指南[M]. 北京：中国铁道出版社，2014：220-230.

　　从下面的网址可下载最新的 Prefuse 源代码:https://github.com/prefuse/Prefuse(如图 7-6 所示)。

📁 data	Initial GitHub commit	5 years ago
📁 demos/prefuse/demos	Initial GitHub commit	5 years ago
📁 lib	Initial GitHub commit	5 years ago
📁 src/prefuse	trim() invoked and updates query before comparison to m_query	10 months ago
📁 test/test	Initial GitHub commit	5 years ago
📄 README	Initial GitHub commit	5 years ago
📄 build.bat	Allow spaces in JAVA_HOME directory	4 years ago
📄 build.sh	Initial GitHub commit	5 years ago
📄 build.xml	added encoding attribute to javac task	3 years ago
📄 license-prefuse.txt	Initial GitHub commit	5 years ago
📄 readme.txt	Initial GitHub commit	5 years ago

图 7-6　Prefuse 源代码下载界面截图

1. Prefuse 的主要特点

Prefuse 的主要特点概述如下。

（1）支持由表、图和树组成的数据结构，以高效的内存占用支持任意的属性数据、数据索引和选择查询；

（2）已存的组件帮助完成布局、颜色、大小和形状设定、变形、动画及更多功能；

（3）包括与用户交互和操作的一组库函数；

（4）通过一组活动的时序机制来实现动画；

（5）可视化的变形效果，包括物体位置移动和通过空间和语义的放大放小；

（6）动态查询过滤数据显示；

（7）融合使用了 Lucene 文本搜索引擎；

（8）在位置和动画中利用了物理学中力的模拟；

（9）灵活的多种显示方式，包括概貌+详细的方式和多个显示图；

（10）内建类似于 SQL 的语言语句，可以针对数据进行行和列的操作；

（11）支持数据库的查询结果集合和 Prefuse 内部数据的映射；

（12）为开发人员提供简单、友好的 API 接口，方便开发人员创建自定义的处理、互动和渲染组件；

（13）需要具备一些 Java 开发基础知识，Swing 和数据库开发的经验很重要。

2. Prefuse 的运行与开发环境

Prefuse 源代码使用 Java1.4 来进行开发，并且利用了 Java2D 图形库。为了能够成功编译 Prefuse 代码，并且建立和运行 Prefuse 应用程序，必须使用 jdk1.4.2

或者更高版本。用户可以从下面的网址下载到最新版本的 JDK 程序：

http://www.oracle.com/technetwork/java/javase/downloads/index.html

本研究的开发环境为 JDK 1.6、Eclipse 3.6 Helios 以及 MySQL 5.0。开发过程中使用的组件主要包括：JDBC 连接 MySQL 的 mysql-connector-java-5.1.8- bin.jar、Eclipse 的 VE（Visual Editor）插件以及 Prefuse 的 Java 插件包。

3. Prefuse 的基础模型

Prefuse 工具包的设计是基于信息可视化参考模型，它将可视化过程分解成数据采集、数据编码可视化建模、交互展示等一系列不连续的步骤。具体过程如图7-7 所示。

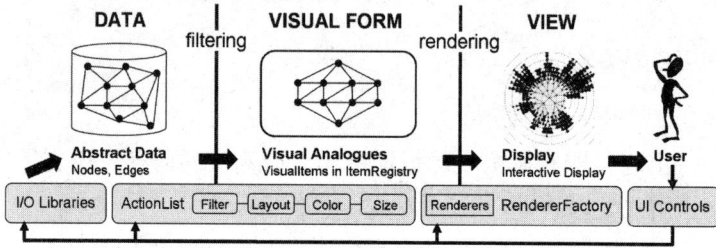

图 7-7　信息可视化参考模型构建过程示意图

（来源：Preufse: A Toolkit to Interactive Information Visualization[11]）

图 7-7 描绘了信息可视化参考模型的构建过程。这个框架将结构分为三部分：数据（Data）、可视表（Visual Form）和视图（View），将其处理过程分为四步：抽象数据（Abstract Data）、将抽象的数据映射成可见的形式（即 Filtering）、利用显示技术将可视表转换为视图（即 Rendering）、最后将视图呈现给用户（Interactive Display）。Prefuse 可视化框架的一系列组合功能把抽象数据过滤成可视化内容，并指定可视化的性质（位置、颜色、大小、字体等），描绘器模型（描绘器库提供的每个数据项的基础）生成可视化数据项，并用于构建交互式显示。然后，用户通过人机交互，改变框架内的任何一个步骤或方法，就可以改变可视化的形式。

（1）抽象数据（Abstract Data）

Prefuse 可视化处理过程以抽象数据的可视化为起点，即用一些标准形式描述这些抽象数据。Prefuse 为非结构化的图形和树形数据提供界面和默认使用的数据结构，为数据输入和输出提供可扩展的界面，并且包括很多支持功能，如为不断下载并存储的数据库或其他外部设备提供支持。这些源数据之后被用来构建数据表以及这些表的内部关联，以便进行可视化。从源数据到数据表的转化过程可能只涉及从一个格式化的文件或数据库阅读数据，但也可能涉及一定量的数据转换。

默认状态下，Prefuse 提供三种可视化数据项：节点数据项、边数据项、统计数据项，用于可视化实体组。这些数据项处于与源数据分离的图结构中，有助于保持数据的独立版本，并保证可视化的灵活表述。可视化数据项被创建并存储在一个数据项注册的集中式数据结构中，数据项注册存储了特定可视化的所有状态。过滤功能需要从注册中获得可视化的替代形式，注册返回可视化数据项，如果需要则创建这些数据并记录抽象数据和可视化内容之间的映射。

（2）过滤（Filtering）

过滤是将抽象数据映射为适合可视化表述的过程。在数据状态模型中，过滤构成了可视变换：将抽象数据概括为可视化内容。通过使用独立的过滤器，可以产生一个共享数据集的多种可视化，即重复使用同一个过滤对象，可以产生一个可视化的不同视图。由此产生的数据表（尽管也可以称之为网络数据结构，如图和树）被用于构建一个视觉抽象，一个包括视觉特征（如空间布局、颜色、尺寸和形状）的数据模型。这个视觉抽象负责包含所有绘制可视化表示所需要的信息。

Prefuse 设计中基本的应用部件是功能部件：在数据项注册中更新可视化数据项的合成处理模块。功能部件在选择可视化数据并设置可视化性质的同时，运行诸如过滤、设计、颜色分配和插入这些任务。此外，为特定的功能部件类型（如过滤器和设计算法）提供了基本类。功能部件能够主观处理的任务可分为三种类型：过滤器、任务和动画器功能。

（3）渲染与绘图（Rendering）

实际的数据绘制通过一系列视觉变换完成视觉抽象，而渲染组件将视觉抽象的内容转化为一定数量的交互视图。这些视图可以提供不同的数据透视。例如，通过在特定区域支持平移和缩放操作，或者使用"小倍数"的数组，来显示不同波动变量数据的快照。

为了执行数据处理，功能部件构成了可运行的功能列表，功能列表可顺序执行这些功能。这些列表形成的处理途径可用来响应用户或系统事件。功能列表是功能本身，允许列表被用作其他列表的子程序。功能列表可设置成只运行一次或是在具体期间内周期性地运行。一个总的活动调度程序管理功能列表的执行。调度程序接受活动对象（功能列表的高级类），通过开始时间、持续时间和每步速率对其参数化，然后据此运行这些客体。调度程序用一个专用线索来运行并监督所有操作中的 Prefuse 可视化，确保原子性并避免事件并发。

（4）可视化呈现与交互（Interactive Display）

与用户交互（最常见的是通过鼠标和键盘输入）的可视化反馈到这个过程，

在可视化的任何阶段都可以引起变化或更新。例如，拖动一个部件，缩放一部分视图，或者打开一个不同的数据文件。描绘器使可视化数据项在显示器上显示，数据项可视化属性（如位置、颜色）决定了数据项在屏幕上的实际外观。Prefuse引入描绘器，用来画基本图形、直线和弧形边界线、文本和图像（包括图像的下载、剪切和保存）这些功能。通过扩展已存在的描绘器或实施描绘器界面，可以实现定制的交付任务。

显示部件执行可视化数据的描述，接受注册中一些可视化数据项的有序数据，应用视图的转变，计算固定区域并用合适的描绘器画出所有可视化数据视图。显示部件通过控制监听程序界面支持与可视化数据项的交互性，提供回叫，响应鼠标和键盘事件。显示部件也可以对数据项内容文本编辑直接控制，并且允许使用主观的 Swing 部件作为交互式工具箱。

4．Prefuse 的程序包

图 7-8 说明了 Prefuse 的各个程序包和类如何在可视化的每个阶段提供支持，并最终实现信息可视化参考模型。

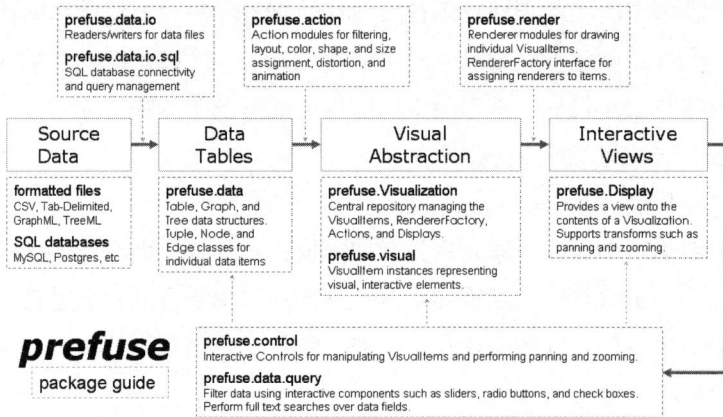

图 7-8　Prefuse 的各个程序包和类示意图

（来源：Prefuse Introduction. http://prefuse.org/doc/manual[12]）

（1）prefuse.data 程序包提供了表、图、树的数据结构用来表示数据，并提供了参考模型的数据表。Tuple 类代表了数据表中的行；Node 和 Edge 类表示图和树数据结构的基础部件；通过 Table 实例存储节点和边数据来实现 Graph 和 Tree 类。这些数据结构存储高效，而且可以查询特定的数据范围或值。

（2）prefuse.data.io 程序包提供了从固定格式文件中读写表、图和树数据的类。对于表结构，可以支持 CSV 格式文件和分隔文本（如制表分隔）；对于网络结构，可支持基于 XML 的 GraphML 和 TreeML 文件格式。prefuse.data.io.sql 程序包提供了向 SQL 数据库发出查询请求并返回 prefuse 表结果的功能。当然，从数据库返回的结构化表也可以用来作为一个图或树中的节点和边数据表。

（3）通过将数据添加到 Prefuse 的 Visualization 类中，可以创建一个数据集合的视觉抽象。新创建的数据结构不仅包括原始数据，而且包括新的特定可视化数据字段（例如，XY 坐标、颜色、尺寸和字体格式）。对于任何可支持的 Tuple、Node 或者 Edge 加入到可视化视图中，即会创建相应的 VisualItem 实例。VisualItem 为视觉属性和基本数据值提供入口，NodeItem 和 EdgeItem 作为 VisualItem 实例也同时提供一个支持图结构的入口。

（4）Action 模块提供具体的视觉映射，这些都是独立的处理模块，可以设置部件视距、计算布局、指定颜色，以及 VisualItem 实例的任何处理任务。prefuse.action 程序包及其子程序包提供了丰富的 Actiom 元件类库，以便支持布局、视觉编码、变形（如鱼眼视图）和动画。自定义可视化往往涉及创建新的 Actiom 子类，以便提供特定应用程序的处理任务。

（5）VisualItem 实例的实际外观由渲染模块（Renderer）来决定。渲染模块负责绘制元素并且计算元素边界（一个元素占用屏幕多少空间）。Prefuse 支持渲染模块绘制各种形状、标签及图像。此外，该接口非常简单，可以很方便地创建自定义渲染模块。Rendererfactory 模块决定对于特定的 VisualItem 哪个渲染 Renderer 需要被使用，每当一个 VisualItem 绘制到屏幕上时，RendererFactory 就会请求适当的渲染模块。

（6）交互视图（Interactive views）由 Display 组件来支持，它充当一个可视化内容的快照。Display 组件绘制出当前视图下的所有元素，并且根据所需可以平移、缩放和旋转。一个 Visualization 可以与多个 Display 实例相关联，以实现不同的视图配置，包括缩放视图或者"小倍数"显示。Display 实例是一流的用户交互组件，可以添加到 Java 应用程序或 applets 中。

（7）每个 Display 模块还支持任何数量的交互的 Controls 模块。Controls 模块可以处理鼠标或键盘的操作行为。prefuse.controls 程序包提供了预先创建的控制行为，如可选择重要元素、拖拽元素及平移、缩放和旋转视图。此外，通过创建 ControlAdapter 类的子类，可以很方便地创建自定义的 Controls 模块。

（8）交互模块（interaction）也可以通过使用 prefuse.data.query 程序包进行动态查询。这些类创建了一个表的列与查询表达式之间的绑定。这些绑定可以自动生成相应的用户界面组件（如滑块、单选按钮、复选框、文本搜索框等），进而直接操纵查询设置。

表 7-1 中介绍了 Prefuse 各程序包及其详细功能。

表 7-1　Prefuse 各程序包及其功能介绍

程序包	功能介绍
prefuse	顶级的可视化类，定义整个工具包的常量
prefuse.action	用于执行数据处理或分配视觉属性的可重用和可组合的模块库
prefuse.action.animate	构建动画的操作模块
prefuse.action.assignment	分配视觉属性的操作模块，如颜色、大小和字体等
prefuse.action.distortion	扭曲演示空间的操作模块，用以支持增强的导航和浏览
prefuse.action.filter	通过控制可见度而实现视觉上的组件过滤的操作模块
prefuse.action.layout	为使用 Prefuse 可视化而提供的布局算法的操作模块
prefuse.action.layout.graph	为计算图或树结构的数据布局的操作模块
prefuse.activity	调度和运行指定的开始时间和持续时间行为的一般类
prefuse.controls	在 Prefuse 显示中并入交互的控制模块
prefuse.data	表、图和树类型的数据结构
prefuse.data.column	将指定类型数据存储在一个数据表中的数据列
prefuse.data.event	监测 Prefuse 数据结构和表达的监听器接口
prefuse.data.expression	实施类 SQL 语言表达式来过滤及操纵数据的类
prefuse.data.expression.parser	prefuse 表达语言的分析器/编译器
prefuse.data.io	从特定格式文件中读写数据的输入/输出类
prefuse.data.io.sql	从 SQL 数据库加载数据的输入库
prefuse.data.parser	不同的数据类型的文本分析器以及自动推断数据类型的分析器
prefuse.data.query	动态查询绑定以及创建动态查询的数据范围模型
prefuse.data.search	支持前缀、关键字和正则表达式的文本搜索
prefuse.data.tuple	数据元组（数据表中的一行）的实现类
prefuse.data.util	支持 Prefuse 数据结构（包括索引器、迭代器、过滤器以及列预测）的实用工具类
prefuse.demos	Prefuse 的实例演示
prefuse.demos.applets	Prefuse 的网络应用实例演示
prefuse.render	将 VisualItems 渲染为图形内容的接口和模块
prefuse.util	使用工具包和应用程序的共用程序类，包括颜色和字体支持
prefuse.util.collections	提供 Java 集合框架中不支持的有价值的数据结构的共用程序类
prefuse.util.display	特定 Display 类的共用程序类
prefuse.util.force	提供了一个物理仿真的布局和动画的共用程序类
prefuse.util.io	有关输入和输出的共用程序类
prefuse.util.ui	促进产生和组成用户界面组件的共用程序类
prefuse.visual	表示和存储 VisualItems 的类
prefuse.visual.expression	VisualItems 特定的查询表达语言
prefuse.visual.sort	ItemSorter 的实例类，以确定 VisualItems 的渲染顺序
prefuse.visual.tuple	实现 VisualItem 类型以及备份 TupleManager 实例

（二）Prefuse 知识图谱软件核心模块

Prefuse 是一项相对比较成熟的技术，已经有了很多应用的实例，可以自由地应用于商业和非商业领域。例如，使用 Prefuse 工具分析作者之间的引用关系，用户可以从不同的聚集中单击不同的作者的名字来检索该作者的文章或共引作者的论文；分析关键词之间共现的频率关系；分析主题之间的相互影响；分析期刊的级别；分析地理位置之间的关系；分析某一科学领域的研究状况和关系；还可以利用这些引文分析研究学科的历史。

本节在 Prefuse 的信息可视化框架基础上，对知识图谱系统框架进行了设计。该框架主要包括三个模块：数据读取与处理模块、知识图谱构建模块、知识图谱可视化模块（如图 7-9 所示）。

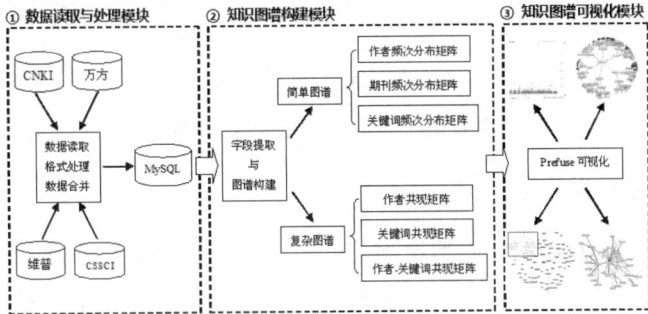

图 7-9　基于 Prefuse 的知识图谱系统框架

1. 数据读取与处理模块

该模块主要实现对 CNKI、CSSCI、万方、维普四个中文文献数据库的文献题录读取及处理，形成"对象-关系"映射（Object/Relation Mapping，ORM），完成可用户转化为知识图谱的基础数据模型。其主要开发流程包括：多数据源数据读取与格式处理；利用 MySQL 数据库管理系统来构建数据库；构建数据处理层，形成基于 Java 的对象-关系映射，以便使用 Java 语言对数据库的增、删、查、改等操作。该模块设计的主要界面如图 7-10 所示。

该模块的关键技术难点在于对国内多种数据源（CNKI、CSSCI、维普、万方）的数据检索及格式化存储。设计思路是先分析不同数据库的数据导出格式，针对不同格式设计相应的数据提取方法，然后将返回结果统一转换为自定义的数据库格式，最后存储到数据库中。按此思路，笔者将数据统一转换成自定义的数据库格式，即{题名，作者，第一作者，作者单位，期刊名称，期数，ISSN，页码，关键词，摘要，参考文献，被引频次，下载频次，文献类型，发表时间}。在进行格式转换和存储的过程中，如果文献题录的某些字段存在缺省值或噪音值，则将其去除，所以该过程也实现了数据的清理。

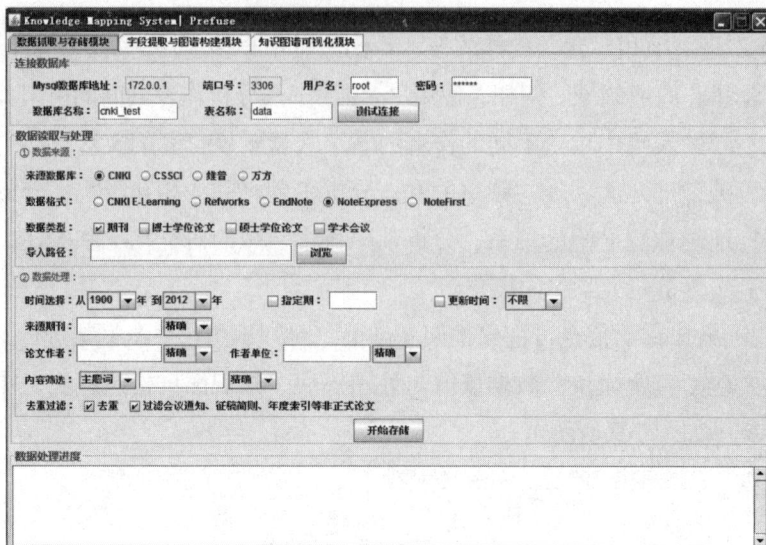

图 7-10　数据读取与处理模块界面

2. 知识图谱构建模块

该模块的主要功能是完成知识图谱可视化显示前的数据准备工作，包括题录数据处理、图谱构建算法和生成相应的数据文件。其主要开发流程包括：提取主题词及频次统计；设计主题词频次矩阵算法和共词矩阵算法；将算法得出的数据矩阵保存为 txt 或 xml 格式的文件，供可视化模块使用。该模块设计的主要界面如图 7-11 所示。

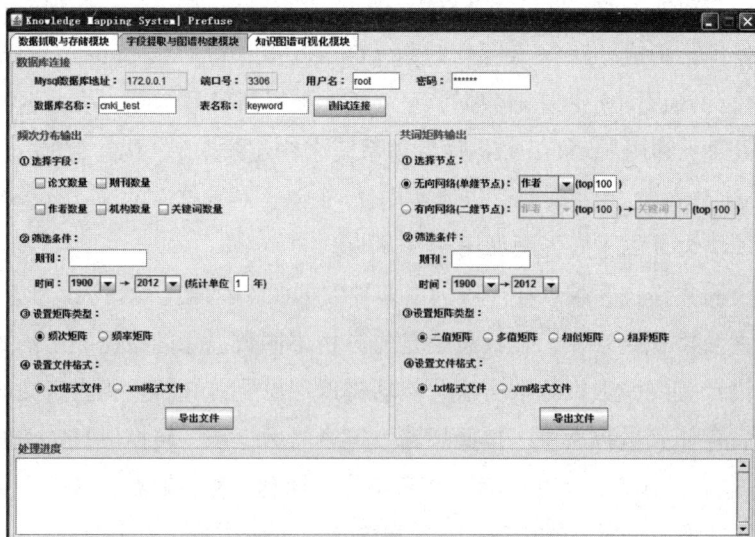

图 7-11　知识图谱构建界面

知识图谱通常采用词频统计分析、社会网络分析、共词分析、多元统计分析等方法理论进行分析，而分析所需要的基础数据可以归纳为频次分布和共词矩阵这两种数据格式。因此，该模块的主要技术难点在于生成两种数据格式的算法设计上。

（1）频次统计图谱算法设计

将数据库中存储的字段信息（如关键词、作者、机构、期刊、文献类型等）的频次按照单位时间进行统计和排序，同时可以按照期刊或时间对输出数据进行限定，生成相应字段的逐年分布矩阵（包括频次分布矩阵和频率分布矩阵）。分布矩阵的行与字段信息对应，列与时间对应。其中，频次矩阵的元素值为各字段在单位时间出现的频次，而频率矩阵的元素值为各字段在单位时间出现的频次与该单位时间内所有字段频次总和的商（式 7-1）。

$$R_{ij} = \frac{F_{ij}}{\sum_{k=1}^{n} F_{kj}}$$ （式 7-1）

其中，R_{ij} 为频率分布矩阵元素的值，F_{ij} 为第 i 个字段在第 j 个时间单位的频次，F_{kj} 为第 k 个字段在第 j 个时间单位的频次，假设第 j 个时间单位共有 n 个字段。

在频次分布输出界面中，设定好相应的字段信息，并限定一定期刊或时间后，可以实现的功能有统计某一学科论文的总体时间分布情况（论文数量时间分布、合著论文数及合著率时间分布、每年一位/两位/三位/四位/五位及五位以上作者发表的论文数量及所占总数的比例），统计某一学科每年科研人员、科研机构、学术期刊的频次分布。

（2）共现分析图谱算法设计

可自行设定共现矩阵的输出行列节点类型，将相应的字段按照频次降序排列输出一定数量条目作为数据单元进行运算，以构建共现矩阵。共现矩阵类型可分为多值矩阵（式 7-2）、二值矩阵（式 7-3）、相似矩阵（式 7-4）和相异矩阵（式 7-5）。

多值矩阵：　　　　　　　　　　　$A_{ij} = F_{ij}$　　　　　　　　　　　（式 7-2）

二值矩阵：　　　　　　$A_{ij} = \begin{cases} 0, & \text{if } F_{ij} = 0 \\ 1, & \text{if } F_{ij} > 0 \end{cases}$　　　　　　（式 7-3）

相似矩阵：　　　　　　　　　　$E_{ij} = \frac{F_{ij}^2}{F_i \times F_j}$　　　　　　　　　　（式 7-4）

相异矩阵：　　　　　　　　　$E_{ij} = 1 - \frac{F_{ij}^2}{F_i \times F_j}$　　　　　　　　（式 7-5）

其中，F_{ij} 为第 i 个字段与第 j 个字段的在同一篇论文中出现的频次，F_i 为第 i 个字段在所有论文中出现的总频次，F_j 为第 j 个字段在所有论文中出现的总频次。

在频次分布输出界面中，设定好相应的字段信息，并限定一定期刊或时间后，可以实现的功能有关键词共现矩阵、作者共现矩阵、机构共现矩阵、引文共现矩阵、关键词—作者共现矩阵、关键词—期刊共现矩阵、作者—期刊共现矩阵等。计算结果都会以 txt 或 xml 的文件格式输出到指定目录下的相应文件中，继而实现了对海量文献信息的定量分析和可视化呈现。

3. 知识图谱可视化模块

该模块的主要功能是完成知识图谱可视化工作，包括数据可视化及交互控制等。其主要开发流程包括：根据指定图谱类型进行可视化展现；用户交互模块的算法设计；计算知识图谱中的字段指标（比如，度值、聚集系数、介数等）实时计算并呈现给用户。该模块设计的主要界面如图 7-12 所示。

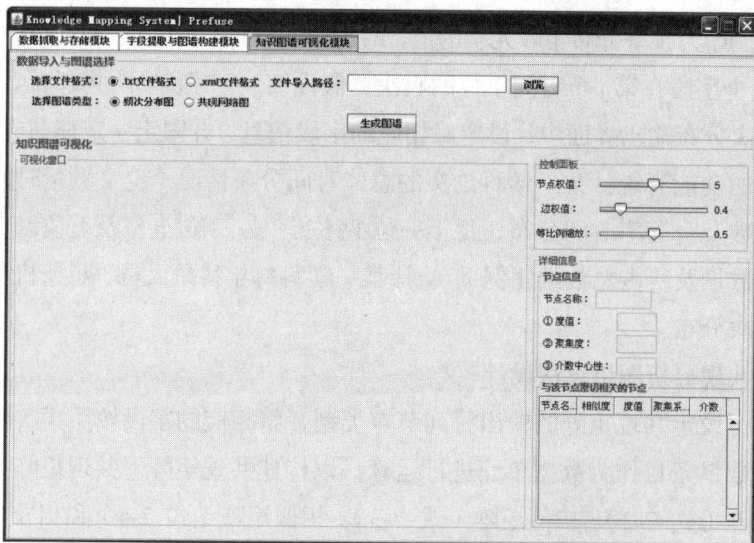

图 7-12　知识图谱可视化界面

该模块在可视化方面利用了 Prefuse 可视化框架，主要实现了频次分布图和共现网络图的可视化效果。此外，本模块增加了用于用户交互操作的控制面板，可支持根据节点权值或边权值对可视化图的修改、移动、等比例缩放等基础操作。

此外，为了方便用户对可视化后的知识图谱进行分析和解读，当用户选中图谱中某节点时，系统可实时计算图谱的相应指标，并将该节点及与该节点密切相关的节点的度值、聚集系数、介数等信息实时反馈给用户。网络中一个节点的度值描述的是网络中直接与该节点相连的边的数目。在合作者网络中，每个作者的度数代表了与其有合作关系的人数，度数越大的作者在网络中掌握的信息量越多；合作者网络中一个节点的聚集性反映网络中与一个作者合作的另两个作者也有可能彼此合作的概率。聚集系数大的网络，说明科学家之间合作频繁，学术交流活跃；而介数中心性指的是网络中通过某结点的最短路径数目占网络中总最短路径数目的比例。在科研合作网络中，介数反映了在一个领域内某位作者控制整个网络中信息交流的能力，全部顶点的介数分布反映的是科学家影响力的层次[20]。

图 7-13 中给出的是共现网络图可视化实现过程中的关键代码。

```
//创建一个可视化图的抽象概念（内部存储的数据结构），此结构包括原始数据域和新的可视
化信息，如x，y坐标，颜色，大小等
    Visualization vis = new Visualization();
    vis.add("graph", graph);
//render实例化，用来传递数据
    LabelRenderer r = new LabelRenderer("name"); //使用name来创建带有标签
的节点
    r.setRoundedCorner(8, 8);
    vis.setRendererFactory(new DefaultRendererFactory(r)); //决定图形怎
么画的主要工具
//数据处理动作，优先级高于前面的visualization处理
    int[] palette = new int[] { ColorLib.rgb(255,180,180),
        ColorLib.rgb(190,190,255), ColorLib.rgb(100,100,200) };
    DataColorAction fill = new DataColorAction("graph.nodes", "gender",
        Constants.NOMINAL, VisualItem.FILLCOLOR, palette);
    ColorAction textColor = new ColorAction("graph.nodes",
        VisualItem.TEXTCOLOR, ColorLib.gray(0));
    ColorAction edgesColor = new ColorAction("graph.edges",
        VisualItem.STROKECOLOR, ColorLib.gray(200));
//用来将前面的数据处理动作集合在一起
    ActionList color = new ActionList();
    color.add(fill);
    color.add(textColor);
    color.add(edgesColor);
    ActionList layout = new ActionList(Activity.INFINITY);
    layout.add(new ForceDirectedLayout("graph"));
    layout.add(new RepaintAction());
    vis.putAction("color", color);
    vis.putAction("layout", layout);
//显示和交互控制
    Display display = new Display(vis);//显示可视化数据
    display.setSize(getPreferredSize());
    display.addControlListener(new DragControl());
    display.addControlListener(new PanControl());
    display.addControlListener(new ZoomControl());
    display.addControlListener(new NeighborHighlightControl());
//显示出可视化效果
    jPanel3227.getFocusListeners();
    jPanel3227.add(display);
    vis.run("color");
    vis.run("layout");
```

图 7-13　共现网络图可视化实现过程中的关键代码

（三）Prefuse 知识图谱软件实证研究

为了测试系统的可行性和有效性，本节以 CNKI 中国重要会议论文全文数据库的 2000 年至 2011 年近十二年中图书情报专业的国内会议论文作为研究对象，利用本系统进行全面的知识图谱构建和可视化分析，以此来了解该领域国内学术会议过去的关注点、现在的热点及未来的发展趋势。

1．数据来源与读取

本节以 CNKI 中国重要会议论文全文数据库作为数据来源，CNKI 收录国内 9100 多种重要期刊，以学术、技术、政策指导、高等科普及教育类为主，内容覆盖自然科学、工程技术、农业、哲学、医学、人文社会科学等各个领域，全文文献总量高达 3252 多万篇。

选取 CNKI 中国重要会议论文全文数据库 2000 年至 2011 年近十二年期间图书情报专业下全部论文题录信息，包括论文题目、作者、第一作者、作者机构、会议名称、关键词、摘要、被引频次、下载频次、会议召开时间等 10 个字段，去除会议通知等非学术性论文后共计得到 5916 条题录信息。

2．频次统计图谱构建及可视化

在频次统计图谱的实证研究中，笔者主要借助本系统研究了 2000 至 2011 年间情报学领域学术会议的高产作者和研究热点（关键词）的变迁。

（1）高产作者图谱可视化

通过本系统统计出 2000 至 2011 年期间的高产作者及其发表论文数量如表 7-2 所示。

表 7-2　2000—2011 年图书情报学高产作者及其发文量（Top20）

序号	作者名称	作者单位	发文量
1	黄诗南	南安市图书馆少儿部	11
2	王菲菲	福建省泉州市图书馆	9
3	孙金立	西安第四军医大学图书馆	9
4	张玉华	中国科技信息研究所	8
5	蔡艺洪	晋江市图书馆	8
6	赵立红	福建漳州师范学院图书馆	8
7	陈丰	福建省德化县图书馆	7
8	杨艳	哈尔滨工业大学计算机科学与技术学院	7
9	傅德华	复旦大学历史系	7
10	李莎	山东省科学技术情报研究所	7
11	梁观金	福建农业职业技术学院图书馆	7
12	李晓红	清华大学人文图书馆	6
13	杨瑞英	福建省图书馆典藏部	6
14	黄钢水	福建省南安市图书馆	6
15	林健	福建省宁德蕉城图书馆	6
16	李建中	黑龙江大学计算机科学技术学院	6
17	王芳	武汉大学中南医院图书馆	6
18	金明生	浙江师范大学图书馆	6
19	郭秦茂	西安财经学院图书馆	6
20	张丽	西安财经学院图书馆	6

进一步导出这 20 位作者的每年论文发表情况，生成 author_year.txt 文件，然后进行可视化，得到作者时间分布，其中横坐标表示年份，纵坐标为发表论文数，图 7-14 中的节点代表不同作者在不同时间的发表论文数量。图 7-14 为查询作者"李莎"后该作者在各年发表论文数量的频次分布图。

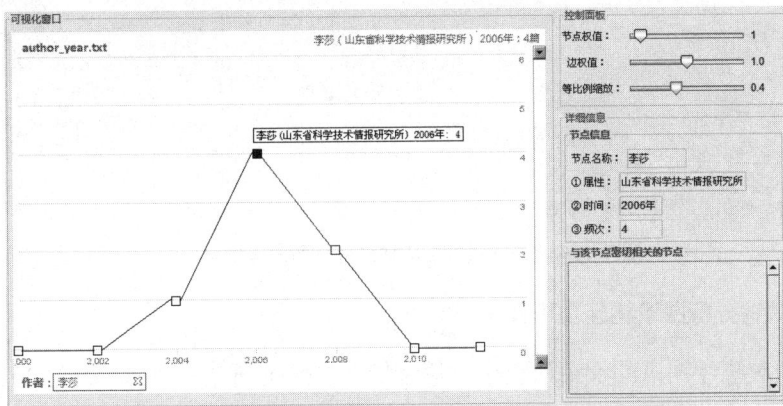

图 7-14　高产作者各年发表论文频次分布图谱可视化示例

（2）高频关键词图谱可视化

统计后得到 2000 年至 2011 年期间的高频关键词及其频次（如表 7-3 所示）。

表 7-3　2000—2011 年图书情报学高频关键词及出现频次（Top20）

序号	关键词	出现频次	序号	关键词	出现频次
1	图书馆	712	11	信息资源	70
2	高校图书馆	279	12	管理	63
3	公共图书馆	195	13	建设	62
4	信息服务	172	14	科技期刊	55
5	网络环境	144	15	知识经济	52
6	数字图书馆	128	16	少儿图书馆	51
7	读者服务	94	17	数据库	48
8	图书馆员	91	18	对策	48
9	服务	91	19	和谐社会	46
10	地方文献	81	20	影响因子	45

进一步导出这 20 个关键词每年在论文中出现的情况，生成 keyword_year.txt 文件，然后进行可视化，得到关键词时间分布，其中横坐标表示年份，纵坐标为关键词频次，图中的节点代表不同关键词在不同时间的出现频次。图 7-15 为查询关键词"图书馆"后该词在各年出现的频次分布图。

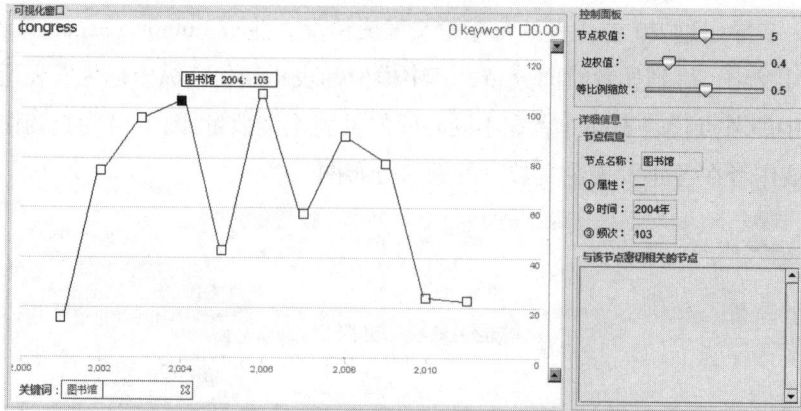

图 7-15　高频关键词各年频次分布图谱可视化示例

3．共词分析图谱构建及可视化

在频次统计图谱的实证研究中，笔者借助本系统研究了 2000 年至 2011 年间情报学领域学术会议的合作者网络和关键词共现网络。

（1）合作者网络图谱可视化

通过本系统统计出 2000 年至 2011 年期间的合作频次较高（大于 1 次）的作者对，并生成 coauthor.txt 文件，然后进行可视化，得到合作者网络图谱（如图 7-16 所示）。其中选择最大连通子图中的某位作者"李莎"，右侧详细节点信息会显示出该作者的度值为 9，聚集度为 0.23，介数中心性为 0.35。与李莎密切相关的节点有蔡磬燕、杨德祥、杨春红、张玉华等。

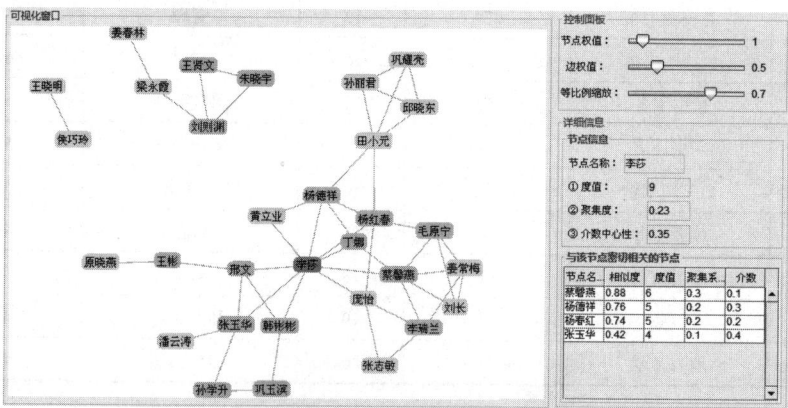

图 7-16　合作者网络图谱可视化示例

（2）关键词共现网络图谱可视化

通过本系统统计出 2000 年至 2011 年期间的关键词共现频次较高（大于 1 次）的关键词对，并生成 cokeyword.txt 文件，然后进行可视化，得到关键词共现网络图谱（如图 7-17 所示）。其中选择最大连通子图中的关键词"图书馆"，右侧详细节点信息会显示出该词的度值为 28，聚集度为 0.53，介数中心性为 0.49。与"图书馆"密切相关的节点有"图书馆服务""少儿图书馆""信息素养""服务模式""资源共享"等。

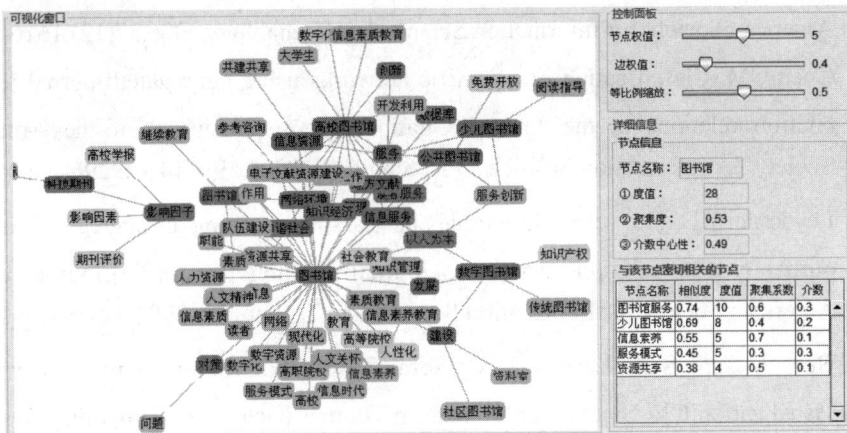

图 7-17　关键词共现网络图谱可视化示例

参考文献

[1]　Jung[EB/OL].http://jung.sourceforge.net.

[2]　Kessler M M. Bibliographic coupling between scientific papers[J].American Documentation,1963,14 (1),10-25.

[3]　Vladutz G, Cook J. Bibliographic coupling and subject relatedness[C]//American Society for Information Science. Proceedings of the 47th ASIS Annual Meeting. Philadelphia: Institute for Science Information, 1984:204-207.

[4]　Zhao DZ, Strotmann A. Evolution of research activities and intellectual influences in information science 1996-2005: Introducing author bibliographic coupling analysis [J]. Journal of the American Society for Information Science and Technology, 2008,59（13）:2070-2086.

[5]　肖明，李国俊. 引文耦合分析可视化系统设计与实现[J]. 图书情报工作，2010，54（23）：120-123.

[6]　肖明，李国俊，袁浩等. 国外情报学研究前沿可视化分析：基于 JASIS&T（2000—2009 年）的引文耦合分析[J]. 图书情报工作网刊，2011（2）：1-5.

[7]　Zhao DZ, Strotmann A. Information science during the first decade of the web:

An enriched author cocitation analysis[J].Journal of the American Society for Information Science and Technology,2008,59（6）:916-937.

[8]   Leydesdorff L, Vaughan L. Co-occurrence matrices and their applications in information science: Extending ACA to the web environment[J].Journal of the American Society for Information Science and Technology,2006,57(12):1616-1628.

[9]   Chen CM. Classification of scientific networks using aggregated journal-journal citation relations in the Journal Citation Reports[J].Journal of the American Society for Information Science and Technology,2008,59（14）:2296-2304.

[10] Leydesdorff L. Can scientific journals be classified in terms of aggregated journal-ournal citation relations using the Journal Citation Reports?[J].Journal of the American Society for Information Science and Technology,2006,57（5）:601-613.

[11] Heer J, Card S K, Landay J A. Prefuse: A toolkit for interactive information visualization[C]// Sigchi Conference on Human Factors in Computing Systems. 2005:566-8.

[12] Prefuse Introduction [EB/OL].http://prefuse.org/doc/manual/introduction/overview.

[13] 陈祖香. 面向科学计量分析的知识图谱构建与应用研究[D]. 南京理工大学，2010.

[14] 陈玉光. 面向中文数据库的学科知识计量及可视化系统研究与实现[D]. 大连理工大学，2010.

[15] 刘军. 社会网络模型研究论析[J]. 社会学研究，2004，01：1-12.

[16] 王日芬，宋爽等. 共现分析在知识服务中的应用研究[J]. 现代图书情报技术，2006（4）：29-34.

[17] 李志辉，罗平. SPSS for Windows 统计分析教程[M]. 北京：电子工业出版社，2004.

[18] 马庆国. 管理统计[M]. 北京：科学出版社，2002.

[19] 侯海燕. 基于知识图谱的科学计量学进展研究[D]. 大连理工大学，2006.

[20] 方锦清，汪小帆，郑志刚等. 一门崭新的交叉科学：网络科学（上）[J]. 物理学进展，2007，27（3）：239-343.